抗日战争时期中国人口伤亡和财产损失调研丛书
主　编　李忠杰
副主编　李　蓉　姚金果
　　　　霍海丹　蒋建农

抗日战争时期
八路军人员伤亡和财产损失
档案选编

4

中央党史研究室第一研究部
中国人民解放军档案馆　编

中共党史出版社

140. 晋绥军区部队1942年全年被敌袭击战斗统计

(1942年)

类别/数目/部别	被袭次数				我人员损失					我损失枪支	我马匹损失			伤毙敌		附记
	班以下部队	连排部队	营团部队	合计	负伤	阵亡	被俘	失联络	合计		伤亡	失去	合计	人	马	此统计是根据我们现有的材料所搞成的，所以与军分区的年终统计不完全相符合
一二零师	24	26	7	57	140	88	37	110	375	149	11	59	70	144	15	
新军	8	9	2	19	54	52	36	73	215	106		3	3	79		
游击队	13	23	2	38	40	75	102	84	301	165		4	4	41	2	
合计	45	58	11	114	234	215	175	267	891	420	11	66	77	264	17	

一二〇师一九四二年全年被袭战斗统计

类别/数目/部别	被袭次数				我人员损失					我损失枪支	我马匹损失			伤毙敌		附记
	班以下部队	连排部队	营团部队	合计	负伤	阵亡	被俘	失联络	合计		伤亡	失去	合计	人	马	
军区直属队	5	5		10	4	4	11	2	21			14	14			
抗大	2			2				3	3							
军区特务团	1	2		3	2	1		14	17	3				14		
独一旅	3	2		5			2		2	4						
独二旅	5	3	1	9	27	17	8	2	54	24				20		
三五八旅	5	6	3	14	77	35	4	4	120	25		5	5	96		
雁北支队		2		2	9	11	5	28	53	45		18	18	8	15	
骑兵支队	3	6	3	12	21	20	7	57	105	48	11	22	33	12		
合计	24	26	7	57	140	88	37	110	372①	149	11	59	70	144②	15	

①② 原文如此，计算有误。

晋西北新军一九四二年全年被袭战斗统计

类别／数目／部别	被袭次数				我人员损失					我损失枪支	我马匹损失			伤毙敌		附记
	班以下部队	连排部队	营团部队	合计	负伤	阵亡	被俘	失联络	合计		伤亡	失去	合计	人	马	
暂一师	2	3		5	1		8	8	17	7						十二月份四纵队被袭两次详情不明故未统计在内
工卫旅	3		1	4	7	6		20	33	9		3	3	5		
二纵队	2	5	1	8	45	45	28	45	163	89				73		
四纵队	1	1		2	1	1			2	1				1		
合计	8	9	2	19	54	52	36	73	215	106		3	3	79		

军区游击队一九四二年全年被袭战斗统计

类别／数目／部别	被袭次数				我人员损失					我损失枪支	我马匹损失			伤毙敌		附记
	班以下部队	连排部队	营团部队	合计	负伤	阵亡	被俘	失联络	合计		伤亡	失去	合计	人	马	
兴游		1		1		2	11		13	11						
二分区	5	10		15	5	19	22	8	54	18				30	2	
三分区	2	5	1	8	2	20	24	5	51	37		4	4	1		
四分区	5	5		10	3	3	11	1	18	1				10		
五分区	1	1		2	1			17	18	4						
八分区		1	1	2	29	31	34	53	147	94						
合计	13	23	2	38	40	75	102	84	301	165		4	4	41	2	

军区直属队一九四二年全年被袭战斗统计

类别 数目 月份	被袭次数				我人员损失					我损失枪支	我马匹损失			伤毙敌		附记
	班以下部队	连排部队	营团部队	合计	负伤	阵亡	被俘	失联络	合计		伤亡	失去	合计	人	马	
二月份	4	2		6	2		10	2	14			14	14			
六月份	1	2		4	2	4			6							
七月份		1					1		1							
合计	5	5		10	4	4	11	2	21			14	14			

抗大一九四二年全年被袭战斗统计

类别 数目 月份	被袭次数				我人员损失					我损失枪支	我马匹损失			伤毙敌		附记
	班以下部队	连排部队	营团部队	合计	负伤	阵亡	被俘	失联络	合计		伤亡	失去	合计	人	马	
二月份	2			2				3	3	1						
合计	2			2				3	3	1						

军区特务团一九四二年全年被袭战斗统计表

类别 数目 月份	被袭次数				我人员损失					我损失枪支	我马匹损失			伤毙敌		附记
	班以下部队	连排部队	营团部队	合计	负伤	阵亡	被俘	失联络	合计		伤亡	失去	合计	人	马	
九月份	1	2		3	2	1		14	17	3				14		
合计	1	2		3	2	1		14	17	3				14		

独一旅一九四二年全年被袭战斗统计表

类别 数目 月份	被袭次数				我人员损失					我损失枪支	我马匹损失			伤毙敌		附记
	班以下部队	连排部队	营团部队	合计	负伤	阵亡	被俘	失联络	合计		伤亡	失去	合计	人	马	
八月份	3	2		5			2		2	4						
合计	3	2		5			2		2	4						

独二旅一九四二年全年被袭战斗统计表

类别 数目 月份	被袭次数				我人员损失					我损失枪支	我马匹损失			伤毙敌		附记
	班以下部队	连排部队	营团部队	合计	负伤	阵亡	被俘	失联络	合计		伤亡	失去	合计	人	马	
一月份			1	1	17	5			22	4				20		
四月份	1	1		2	9	3	6	2	20	8						
七月份	1			1	1		1		2	1						
九月份	2	2		4		6	1		7	9						
十月份	1			1		3			3	2						
合计	5	3	1	9	27	17	8	2	54	24				20		

三五八旅一九四二年全年被袭战斗统计表

类别 数目 月份	被袭次数				我人员损失					我损失枪支	我马匹损失			伤毙敌		附记
	班以下部队	连排部队	营团部队	合计	负伤	阵亡	被俘	失联络	合计		伤亡	失去	合计	人	马	
一月份			2	2	23	11			34	5		5	5	7		
三月份	1	1		2	3	3	3	2	11	4						
七月份	2	1		3	2	1			3	2				20		
八月份	1	1		2	16	1		2	19①	1				9		
九月份		2	1	3	31	15			46	9				30		
十一月份	1	1		2	3	4	1		8	4				10		
合计	5	6	3	14	78	35	4	4	121②	25		5	5	76		

①② 原文如此，计算有误。

雁北支队一九四二年全年被袭战斗统计表

类别 数目 月份	被袭次数				我人员损失					我损失枪支	我马匹损失			伤毙敌		附记
	班以下部队	连排部队	营团部队	合计	负伤	阵亡	被俘	失联络	合计		伤亡	失去	合计	人	马	
四月份		1		1				4	4	4		1	1			
五月份					7	5	5	14	31	24				8	15	
六月份		1		1	2	6		10	18	17		17	17			
合计		2		2	9	11	5	28	53	45		18	18	8	15	

骑兵支队一九四二年年度被袭战斗统计表

类别 数目 月份	被袭次数				我人员损失					我损失枪支	我马匹损失			伤毙敌		附记
	班以下部队	连排部队	营团部队	合计	负伤	阵亡	被俘	失联络	合计		伤亡	失去	合计	人	马	
一月份		1		1	2		2		4	4						
三月份		1	1	2	4	14		10	28	9	8		8	10		
四月份	1	1		2	3	2	5	11	21	6		10	10			
五月份								19	19	16						
六月份		1	1	2	3	3		16	22	16	3	12	15			
八月份	2	2	1	5	9	1		1	11	7				2		
合计	3	6	3	12	21	20	7	57	105	58	11	22	34	12		

新军暂一师一九四二年全年被袭战斗统计表

类别 数目 月份	被袭次数				我人员损失					我损失枪支	我马匹损失			伤毙敌		附记
	班以下部队	连排部队	营团部队	合计	负伤	阵亡	被俘	失联络	合计		伤亡	失去	合计	人	马	
一月份	1			1	1				1							
二月份		2		2				6	6							
六月份	1			1			2		2	1						
八月份		1		1			6	2	8	6						
合计	2	3		5	1		8	8	17	7						

新军工卫旅一九四二年全年被袭战斗统计表

类别 数目 月份	被袭次数				我人员损失					我损失枪支	我马匹损失			伤毙敌		附记
	班以下部队	连排部队	营团部队	合计	负伤	阵亡	被俘	失联络	合计		伤亡	失去	合计	人	马	
二月份			1	1	5	3		20	28	7		2	2			
四月份	1			1	1				1							
六月份	1			1		2			2	1		1	1			
十月份	1			1	1	1			2	1				5		
合计	3		1	4	7	6		20	33	9		3	3	5		

新军二纵队一九四二年全年被袭战斗统计表

类别 数目 月份	被袭次数				我人员损失					我损失枪支	我马匹损失			伤毙敌		附记
	班以下部队	连排部队	营团部队	合计	负伤	阵亡	被俘	失联络	合计		伤亡	失去	合计	人	马	
一月份			1	1	30	28		29	87	51				70		十二月份被袭两次战果不明
二月份		1		1		1		5	6	2						
三月份		1		1	8	4		8	20	12						
九月份		1		1	4	12	28	3	47	23						
十一月份	2	2		4	3				3	1				3		
合计	2	5	1	8	45	45	28	45	163	89				73		

新军四纵队一九四二年全年被袭战斗统计表

类别 数目 月份	被袭次数				我人员损失					我损失枪支	我马匹损失			伤毙敌		附记
	班以下部队	连排部队	营团部队	合计	负伤	阵亡	被俘	失联络	合计		伤亡	失去	合计	人	马	
十月份		1		1	1	1			2	1				1		
十二月份	1			1												
合计	1	1		2	1	1			2	1				1		

兴游一九四二年全年被袭战斗统计

类别 数目 月份	被袭次数				我人员损失					我损失枪支	我马匹损失			伤毙敌		附记
	班以下部队	连排部队	营团部队	合计	负伤	阵亡	被俘	失联络	合计		伤亡	失去	合计	人	马	
二月份		1		1		2	11		13	11						
合计		1		1		2	11		13	11						

二分区地方武装一九四二年全年被袭战斗统计表

类别 数目 月份	被袭次数				我人员损失					我损失枪支	我马匹损失			伤毙敌		附记
	班以下部队	连排部队	营团部队	合计	负伤	阵亡	被俘	失联络	合计		伤亡	失去	合计	人	马	
一月份		3		3		1	1	3	5	2				6		
二月份		1		1			1		1	1						
三月份		2		2	1	16	5	5	27	3						
七月份	2	1		3		2	10		12	9						
八月份	2			2			1		1	1				4	2	
九月份	1	3		4	4		4		8	2				20		
合计	5	10		15	5	19	22	8	54	18				30	2	

三分区地方武装一九四二年全年被袭战斗统计表

类别 数目 月份	被袭次数				我人员损失					我损失枪支	我马匹损失			伤毙敌		附记
	班以下部队	连排部队	营团部队	合计	负伤	阵亡	被俘	失联络	合计		伤亡	失去	合计	人	马	
一月份		4		4	2	19	24	5	50	33						
三月份																
六月份	1	1		2		1			1	4		4	4	1		
八月份			1	1												
九月份	1			1												
合计	2	5	1	8	2	20	24	5	51	37		4	4	1		

四分区地方武装一九四二年全年被袭战斗统计表

类别 数目 月份	被袭次数				我人员损失					我损失枪支	我马匹损失			伤毙敌		附记
	班以下部队	连排部队	营团部队	合计	负伤	阵亡	被俘	失联络	合计		伤亡	失去	合计	人	马	
八月份	2	1		3	1	1	4		6							
九月份	3	2		5	2		7		9							
十月份		2		2		2		1	3	1				10		
合计	5	5		10	3	3	11	1	18	1				10		

五分区地方武装一九四二年全年被袭战斗统计表

类别 数目 月份	被袭次数				我人员损失					我损失枪支	我马匹损失			伤毙敌		附记
	班以下部队	连排部队	营团部队	合计	负伤	阵亡	被俘	失联络	合计		伤亡	失去	合计	人	马	
九月份		1		1	1			17	18	4						
十二月份	1			1												
合计	1	1		2	1			17	18	4						

八分区地方武装一九四二年全年被袭战斗统计表

类别 数目 月份	被袭次数				我人员损失					我损失枪支	我马匹损失			伤毙敌		附记
	班以下部队	连排部队	营团部队	合计	负伤	阵亡	被俘	失联络	合计		伤亡	失去	合计	人	马	
一月份		1	1	2	26	24	14	53	117	77						
二月份					3	7	20		30	17						
合计		1	1	2	29	31	34	53	147	94						

141. 晋绥军区抗战五年来团以上军政干部负伤阵亡统计表（1942年）

抗战五年来团以上军政干部负伤阵亡的有下列诸同志：

甲、负伤的：

1. 一二〇师：

（一）三五八旅七一六团副政委黄新义，七团团长唐金龙、八团参谋长刘子云。

（二）三五九旅七一七团副团长陈外欧、参谋长左齐、政委刘春宫、主任罗宝连、副政治主任廖明，副团长陈宗尧、参谋长陈嵩岳，七一九团副政委张云善，四支队支队长苏鳌，教导营政委肖头生，雁北支队支队长徐国贤。

（三）独立一旅副政委幸世修，七一五团团长王尚荣，团长顿星云，参谋长鲁赤诚，二团团长傅传作，一团政委王宝珊。

（四）独立二旅七一四团团长张绍武，政委［张］世良，参谋长樊哲祥。五团政治主任王坚，六支队支队长刘华香，政委陈云开。

（五）独立二旅四团团长王庭文，副政治主任蔡光友。

（六）一支队支队长杨嘉瑞。

（七）三支队政治主任李光照。

（八）六支队支队长常德善，副政委熊世钧，副政委朱少田。

（九）师供给部副部长谭凯风<丰>。

2. 新军：

（一）暂一师政治主任饶一化。三十六团政治主任黄亚谟，三十七团政委曹铭，政治主任李学勤，二支队副支队长匡扶照。

（二）二纵队副参谋长郑治彰，三团团长曹诚，供给处副处长戎占芳。

（三）四纵队三十五团政委姚仲康。二十团参谋长王兰麟，四团参谋长吴化民，卫生处政委马善丞。

（四）工卫旅二十一团团长彭家诗，政治主任麻志皓，二十二团团长彭敏，政治主任侯成<承>章。

乙、阵亡的：

1. 一二零师：

（一）三五八旅八团副团长左清臣，教导营政委郭友松，旅政组织科长闫德茂。

（二）三五九旅七一七团政委刘礼年，政治主任刘理明，七一九团政委陈文彬，四支队政委孙春利。

（三）独立一旅参谋长郭征，七一五团政治主任胡道全，二团副团长曹庆云，参谋长张云，三团政委朱吉昆。

（四）独立二旅一团政委赖香洪。

（五）独立二旅旅长魏大光。

（六）骑兵支队政治主任彭德大，骑二团政委刘水仔，骑二团团长王贤光。

（七）警六团参谋长秦实菴。

（八）师政民运部副部长王邦秀，锄奸科长高尚福。

2. 新军：

（一）新总队列科长刘公彰。

（二）暂一师：一支队支队长周平，支队长谭公强。支队长刘森唐。

（三）八分区副司令员刘德明，卫生处长张汉彬，卫生处政委牛继真。保安旅政治主任彭永年。四团团长王和泉。五团参谋长闫杰，团政治主任郭健中。

（四）四纵队：十八团团长董一飞。

（五）洪赵①总队总队长宴显生。

阵亡	营级 110	负伤	营级 167
	团级 25		团级 46
	旅级 6		旅级 4

营级

（1）负伤副营长张忠才

（2）负伤教导员潘韬光

（3）阵亡教导员李寿符

（4）负伤锄奸股长余升云

3. 团级

（1）21 团副主任侯承璋

工卫旅

1940 年 11 月至现在干部伤亡

1. 连级：

① 洪赵：指原洪洞县、赵城县。

（1）阵亡政指任应基。

（2）阵亡连长王昌顺。

（3）阵亡副连长陈杰。

（4）阵亡副政指雷存荣。

（5）阵亡副政指邓茂烈（四连）

（6）阵亡医宫。

（7）负伤连长闫慕礼。

（8）负伤连长杨文彬。

（9）负伤政指阮清通。

（10）阵亡政指李进贤。

（11）阵亡政指乔惠轩。

（12）受伤连长宋玉琦。

（13）负伤副政指马玉性。

（14）阵亡特派员张凯。

142. 晋绥军区第2军分区抗战第五周年阵亡登记表
(1942年)

二分区卫生部

阵亡登记表

队别	四团特务连	同	同	同	通讯连	侦察排	同	七连	九团五连	骑一连	同
职别	副班长	战士	同	同	同	侦察员	同	班长	副班长	排长	副班长
姓名	杨生岐	陈建忠	张全虎	陈独	张银娃	梁长浩	高存富	武三贵	董月胜	马定邦	曹德林
年龄	23	24	36	27	25	20	25	22	25	25	32
籍贯	山西	河北	同	同	同	同	同	陕西	绥远	河北	
负伤日期地点	四一年九月七日	同	同	四一年七月二十六日	四一年九月七日	四一年七月二十六日	四一年九月七日	四一年六月十日	四一年七月十九日	同	同
负伤部位	头部	腹部	颈部	头部	腹部	颈部	头部	胸部	头部	胸部	头部
伤名	贯通	同	同	同	同	同	同	同	同	同	同
阵亡地点	偏关火石山	同	同	河曲寺墕村	偏关火石山	偏关菜家山	偏关火石山	清河缓泉村	绥远朱铁梁	同	同
备考											

阵亡登记表

队别	一营	基干队	团部	工作团	同	同	二连	同	同	同	三连
职别	副特派员	队长	通讯员	工作员	同	同	班长	战士	副班长	班长	班长
姓名	张树信	王金龙	王四	梁志成	张连清	贺秀	黄买牛	赵永全	张七	邵宽	李付明
年龄	24	32	20				25	29	29	30	20
籍贯	山西	河南	山西				陕西	山西	山西	绥远	同
负伤日期地点	四一年七月二七日	四一年八月四日	同	四一年八月二三日	同	同	四一年七月二十七日	同	同	同	同
负伤部位											
伤名											
阵亡地点	口外大坡村	口外东头号	同	绥远大弯火	同	同	大坡村	同	同	杀虎口	同
备考											

阵亡登记表

队别	九团二连	同	一营一连	同	同
职别	战士	同	班长	副班长	战士
姓名	石礼贵	周岐	贺儒	王毛二	白富贵
年龄	29	19	20	29	17
籍贯	山西	同	同	陕西	绥远
负伤日期地点	一九四一年七月	同	同	四二年四月十二日	同
负伤部位	腰部			右肩腹部	腹部
伤名	贯通			贯通	同
阵亡地点	绥远朱铁梁	同	同	河曲云地峁	五寨长咀村
备考					

143. 八路军第120师第358旅抗战五年来伤病亡统计表
(1942年)

第三五八旅卫生部下半年统计表							
项别 数目 种类	原有数	增加数	治愈数	转院数	死亡数	逃亡数	现有数
步枪弹伤	三一	五五	七零		二		一四
机枪弹伤	七	四零	二六		二		一九
炸弹伤	七	二五	一七				一五
飞机弹伤							
手榴弹伤	一	七	六				三
地雷弹伤							
中毒伤							
刺伤							
其它							
合计	四六	一二七	一一九		四		五零
附记							

第五周年月份弹类统计表

项别 数目 种类	原有数	增加数	治愈数	转院数	死亡数	逃亡数	现有数
步枪弹伤	一三	一八九	一三六	二四	六	五	三一
机枪弹伤	一五	九九	八三	二零	四		七
炸弹伤	一零	四五	三九	一零	四		二
飞机弹伤	五		五				
手榴弹伤	一二	一	一二				一
地雷弹伤							
中毒伤		一	一				
刺伤	一	八	九				
其它		一	一				
合计	五六	三四四	二八六	五四	一四	五	四二
备考	1. 挫伤未填此表内　2. 其它为刀伤　3. 中毒非毒气伤						

自1940年5月份起至1941年5月份止

项别 数目 种类	原有数	增加	治愈	转院	死亡	逃亡	现有	备考
步枪弹伤		274	230	31	1		13	第四周年
机枪伤		310	254	38	3		15	
炸伤		90	78	1	1		10	
手榴弹伤		30	16	1		1	12	
飞机弹伤		10	3	1	1		5	
刺伤		15	14				1	
合计		729	595	72	6	1	56	
附记	1. 百团大战转师卫伤员58名已不在此表内； 2. 1940年二所7、8两月的死伤员8名不在此表内； 3. 跌伤不在此表内。							

120D358R 卫生处弹类负伤统计表					
项别 数目 种类	第一周年	第二周年	第三周年	总计	附记
步枪弹伤	104	311	176	590①	(a) 增减全在此内 (b) 现未有伤员 (c) 中毒的另有一表 (d) 一二周年未有四团只有六团 (e) 挫伤放在其他数内 (f) 四团和六团、旅直都在三周年。
机枪弹伤	122	401	192	715	
炮弹伤	37	106	33	170②	
手榴弹伤	5	39	29	73	
地雷弹伤					
刺伤	5	15	5	25	
中毒伤					
其它	7	9	18	34	
飞机弹伤	5		29	34	
合计	279③	880④	482	1641	
备考					

1941 年全年

一二零师八旅全年月份弹类统计						
项别 数目 种类	原有数	增加	减少	转院	现有	备考
步枪弹伤	二三	一二一	一一九	一一	一四	此表是四一年全年统计
机枪弹伤	一二	七三	六九	八	八	
炮弹伤						
飞机弹伤	四	四五	三五	三	一一	
手榴弹伤						
地雷弹伤						
刺伤	一	一	二			
跌伤						
中毒		一			一	
合计	四零	二四一	二二五	二二	三四	
附记	减少格内将死亡逃的治愈的转院均填入					

①②③④ 原文如此，计算有误。

陆军一二零师三五八旅军医处第五周年月份伤类统计表

区分 伤别		伤名	原有数	增加数	治愈数	转院数	死亡数	逃亡数	现有数
头颈部	枪伤	贯通伤		7	3	1	2		1
		盲贯伤							
		刀伤							
		刺伤		2	2				
		炸伤		3	1	1	1		
		擦伤	2	12	13		1		
		挫伤		2	2				
胸腹部	枪伤	贯通伤		16	8	5	1		2
		盲贯伤		1		1			
		刀伤							
		刺伤		1	1				
		炸伤		1		1			
		擦伤	2	2	4				
		挫伤							
背部	枪伤	贯通伤	2	22	17	3	3		1
		盲伤贯	2	5	5	2			
		刀伤							
		刺伤							
		炸伤	1	1	2				
		擦伤		3	3				
		挫伤		1		1			
臀部	枪伤	贯通伤	1	13	8	3	1		2
		盲贯伤		4	3	1			
		刀伤							
		刺伤							
		炸伤	2	2	3	1			
		擦伤	1	3	4				
		挫伤		7	6				1
上肢	枪伤	贯通伤	5	54	35	7			17
		盲贯伤		15	8	5		1	1
		刀伤							
		刺伤		5	5				
		炸伤	9	18	20	4	2		
		擦伤	2	29	31				
		挫伤	2	15	15			1	1
下肢	枪伤	贯通	6	72	52	8	2	4	12
		盲贯	1	16	8	8			1
		刀伤		1	1				
		刺伤	1		1				
		炸伤	15	21	30	4			2
		擦伤	4	14	17				1
		挫伤	4	26	25	2			3
毒气伤		中毒		1	1				
		合计	62	395	334	57	14	6	46

此表根据前方各兵团统计游击队不在内。中何毒应说明之

伤类统计表

第一二零师卫生部医务科制　　四零年八月十日于黑峪口地填

区分/伤别	头颈部								胸腹部								背部								臀部		
	枪伤		刀伤	擦伤	刺伤	炸伤	挫伤	合计	枪伤		刀伤	擦伤	刺伤	炸伤	跌伤	合计	枪伤		刀伤	擦伤	炸伤	挫伤	刺伤	合计	枪伤		刀伤
伤类	贯通	盲贯							贯通	盲贯							贯通	盲贯							贯通	盲贯	
原有																											
增加	16	25		44	1	35	6	127	27	18		9	1	23		78	43	23	1	16	29	28	1	141	52	15	
治愈	15	22		44	1	29	6	117	25	15		9	1	19		69	36	18	1	14	25	24	1	119	42	6	
转院	1	3				6		10	2	3				4		9	7	5		2	4	4		22	10	9	
死亡																											
逃跑																											
现有																											

续表

区分＼伤别	臀部					上肢								下肢								毒气伤	总计	附记
						枪伤								枪伤										
伤类	擦伤	刺伤	炸伤	挫伤	合计	贯通	盲贯	刀伤	擦伤	刺伤	炸伤	挫伤	合计	贯通	盲贯	刀伤	擦伤	刺伤	炸伤	跌伤	合计			
原有																								中何种毒应说明
增加	30	4	39	1	141	236	68		75	7	82	3	471	121	62		75	5	74		337		1295	
治愈	29	4	32	1	114	156	51		75	7	73		362	65	48		74	5	48		240		1021	
转院	1		7		27	80	17				9	3	109	56	14		1		26		97		274	
死亡																								
逃跑																								
现有																								

三五八旅全旅伤类统计表

1940 年 5 月份

区分／伤别	总计	毒气伤	下肢							上肢							臀部							背部							胸腹部							头颈部							
伤类			擦伤	挫伤	炸伤	刺伤	刀伤	枪伤		挫伤	炸伤	刺伤	刀伤	擦伤	枪伤		挫伤	炸伤	刺伤	刀伤	擦伤	枪伤		挫伤	擦伤	炸伤	刺伤	刀伤	枪伤		挫伤	炸伤	刺伤	刀伤	擦伤	枪伤		挫伤	炸伤	刺伤	刀伤	擦伤	枪伤		
								盲贯	贯通						盲贯伤	贯通伤						盲贯伤	贯通伤						盲伤贯	贯通伤						盲贯伤	贯通伤						盲贯伤	贯通伤	
原有数	118		6		8			7	12		6			4		50		2			3		4	5		1			2	2		1							2			1	2	2	一九四〇年六月第三周年统计
增加数	421		29		26	1		18	39	1	25	2		21	18	11		27			13	7	11	7		18		1	9	12		18	1		17	13	20		15			23	12	6	
治愈数	432		34		28	1		18	22	1	25	2		24	16	42		27			16	2	12			17		1	8	22		17	1		17	10	18		15			24	12	7	
转院数	106		1		6			7	29		6				2	19		2				5	3			2			3	2		2				3	2		2				2	1	
已愈数																																													
死亡数																																													
现有数																																													

三五八旅全旅伤类统计表

1940 年 5 月份

区分／伤别	总计	毒气伤	下肢							上肢						
								枪伤							枪伤	
伤类			擦伤	挫伤	炸伤	刺伤	刀伤	盲贯	贯通	挫伤	炸伤	刺伤	刀伤	擦伤	盲贯伤	贯通伤
原有数	44		3					5	1		2			4	3	10
增加数	620		33		48	4		27	40	2	46	5		40	31	180
治愈数	431		30		20	4		20	21	2	40	5		40	20	90
转院数	115		20					5	18		2					50
已愈数																
死亡数																
现有数	118①		6		8			7	12		6			4		50

区分／伤别	臀部							背部							胸腹部						
						枪伤							枪伤							枪伤	
伤类	挫伤	炸伤	刺伤	刀伤	擦伤	盲贯伤	贯通伤	擦伤	挫伤	炸伤	刺伤	刀伤	盲伤贯	贯通伤	挫伤	炸伤	刺伤	刀伤	擦伤	盲贯伤	贯通伤
原有数					2	2	3									1					
增加数		12	3	9	9	9	33	19		11	1		14	26							
治愈数		8	3		8		24	12		8	1		10	20							
转院数		2					6	2		2			2	4							
已愈数																					
死亡数																					
现有数		2			3		4	5			1		2	2		1					

区分／伤别	头颈部							
						枪伤		
伤类	挫伤	炸伤	刺伤	刀伤	擦伤	盲贯伤	贯通伤	
原有数								一九四零年六月第二周年统计
增加数		14			21	12	8	
治愈数		10			20	10	6	
转院数		2						
已愈数								
死亡数								
现有数		2			1	2	2	

① 原文如此，计算有误。

月　　份　　伤类统计表

区分／伤别	总计	毒气伤	下肢							上肢							臀部							背部							胸腹部							头颈部							
伤类			擦伤	挫伤	炸伤	刺伤	刀伤	枪伤 盲贯	枪伤 贯通	挫伤	炸伤	刺伤	刀伤	擦伤	枪伤 盲贯伤	枪伤 贯通伤	挫伤	炸伤	刺伤	刀伤	擦伤	枪伤 盲贯伤	枪伤 贯通伤	擦伤	挫伤	炸伤	刺伤	刀伤	枪伤 盲伤贯	枪伤 贯通伤	挫伤	炸伤	刺伤	刀伤	擦伤	枪伤 盲贯伤	枪伤 贯通伤	挫伤	炸伤	刺伤	刀伤	擦伤	枪伤 盲贯伤	枪伤 贯通伤	第一周年统计
原有数																																													
增加数	252		13					17	42		11			14	19	45		1	1		8	8	8	9		9				5		5			9	5	7	6	6	1			1	2	
治愈数	166		10					10	23		8			10	14	24		1	1		5	4	4	7		7				4		2			9	4	6	6	4	1				2	
转院数	41							2	9		1				2	11					1	2	1	2		2				1		2				1	1		2				1		
死亡数																																													
逃亡数																																													
现有数	45		3					5	10		2			4	3	10					2	2	3									1													

1941 年全年三五八旅全年负伤部位统计表

1941 年 12 月 31 日

区分 伤别	头颈部									胸腹部									背部									臀部									上肢									下肢									总计	附记
伤类	枪伤		炸伤	刀伤	擦伤	挫伤	跌伤	刺伤	合计	枪伤		炸伤	刀伤	擦伤	挫伤	跌伤	刺伤	合计	枪伤		炸伤	刀伤	擦伤	挫伤	跌伤	刺伤	合计	枪伤		炸伤	刀伤	擦伤	挫伤	跌伤	刺伤	合计	枪伤		炸伤	刀伤	擦伤	挫伤	跌伤	刺伤	合计	枪伤		炸伤	刀伤	擦伤	挫伤	跌伤	刺伤	合计		
	盲贯	贯通								盲贯	贯通								盲贯	贯通								盲贯	贯通								盲贯	贯通								盲贯	贯通									
原有数					四				四	一								一	一	一							二		二				一			三	五	四	二		五	二			一八	四	五	二		三	五		一	二零	四八	①增加与现有数内有一名毒气未统计内但总数已有②此表是三五八旅四一年全年统计
增加数			一		八				九	五		一						六	一零	三							一三	一二	五	八			四			二九	五八	八	一五		一八	一五			一一四	四二	一零	二零		一五	一八		一	一零六	二七八①	
治愈数					一零				一零	三								三	七	二							九	六	五	六			五			二二	五五	九	一二		二三	一四			一一二	三八	一二	一四		一八	一九		二	一零三	二五九	
转院数					一				一										四	二							六	四	二	二						八	二								二	三	一	一						五	一二	
死亡数			一						一	一		一						二																																					三	
逃亡数																																							一						一										一	
现有数					一				一	二								二										二								二	六	三	四		一	三			一七	五	二	七			四			一八	四一	

① 原文如此，计算有误。

陆军一二零师三五八旅军医处四二年下半年伤类统计表

区分／伤别	总计	毒气伤	下肢							上肢							臀部							背部							胸腹部							头颈部							
伤类			挫伤	擦伤	炸伤	刺伤	刀伤	枪伤		挫伤	擦伤	炸伤	刺伤	刀伤	枪伤		挫伤	炸伤	刺伤	刀伤	擦伤	枪伤		挫伤	擦伤	炸伤	刺伤	刀伤	枪伤		挫伤	擦伤	炸伤	刺伤	刀伤	枪伤		挫伤	擦伤	炸伤	刺伤	刀伤	枪伤		
								盲贯	贯通						盲贯伤	贯通伤						盲贯伤	贯通伤						盲伤贯	贯通伤						盲贯伤	贯通伤						盲贯伤	贯通伤	
原有数	29		1		3				7	2	2	3				5			1			1	1						1											2					
增加数	164		11	13	3			8	33	4	19	4	2		6	21	3	3					4							6		2		1			5	2	9		2			3	中何毒应说明之
治愈数	98①		8	12				2	17	5	21	1	2			4	2	3												3		2		1			1	2	8		2			1	
转院数	39		1		4			5	5			4			4	5			1			1	2						1	2							2			1				1	
死亡数	5								2			1											1																1						
逃亡数	5								4						1																														
现有数	46②		3	1	2			1	12	1		1			1	17	1						2							1							2								

①② 原文如此，计算有误。

陆军一二零师三五八旅军医处四二年下半年病类统计表

类别	病名	原有数	增加数	治愈数	转院数	逃亡数	死亡数	现有数	备考
传染病	流感	九	一二五	一一九	二			一三	
	赤痢	二	五七	五五				四	
	伤寒		一二	一六	一		三	一	
	副伤寒	一	一	一			一		
	发疹伤寒		四	四					
	痘疮		四	四					
	疟疾		四	三				一	
	合计	一二	二一六	二零二	三		四	一九	
呼吸器病	普感	三二	三五六	三五六				三二	
	急性气管支炎	七	一零六	一零九				四	
	慢性气管支炎	四	四八	四七	三			二	
	气支喘息	五	二	六			一		
	肺炎		一一	一			七	三	
	肋膜炎		一二	五	五			二	
	咯血	一	一八	一九					
	肺水肿		一				一		
	气管炎		二	二					
	肺脓疡		一				一		
	肺结核		五	一			二	二	
	毛细管支炎		一				一		
	合计	三九	五六三	五四六	八		一三	三五	
	口腔炎	一	三六	三七					
	扁桃腺炎	一	七	八					
	胃癌	一	一	二					
	胃痛	一	三七	三四				四	
	胃溃疡	一	一	二					
	消化不良		一八	一五				三	
	胃酸过多	一	八一	七八				四	
	急性胃加答尔	五	七四	七四				五	
	慢性胃加答尔	二	四九	四六				五	
	急性肠加答尔	二	二四	二四				二	
	慢性肠加答尔	一	七二	六七			一	五	
	蛔虫	一	五	六					
	下痢	三	六八	六二				九	
	痔疮	一	二二	九	八			六	
	胃酸缺乏		四一	四零				一	
	龋齿		二	二					
	痔核		八	五				三	
	胃扩张		五	四				一	
	腹水		一					一	
	吐血		二	一	一				
	合计	一二一①	六五四	六零六	九		一	五九	
附记	游击支队不在内 医务科长								

① 原文如此，计算有误。

陆军一二零师三五八旅军医处四二年下半年病类统计表

类别	病名	原有数	增加数	治愈数	转院数	逃亡数	死亡数	现有数	备考
外科皮肤系	切伤		七	三				四	
	蹄伤		一				一		
	跌伤		二零	一二				八	
	瘤疽		二	二					
	痒疹		二二	一七				五	
	关节炎		五	五					
	疖疡	一	八	二				七	
	疖肿	二	五	五				二	
	咬伤		五	五					
	冻疮	八	一九	二七					
	蜂窝织炎	四	三	六				一	
	脓疡	二七	一六四	一四一				五零	
	疥疮	四四	二一四	二三零		一	一	二六	
	湿疹	四	三二	二八				八	
	溃疡	二一	二二零	一八二				五九	
花柳泌尿系	合计	六	三一	二二				一五	
	赫尔尼亚		五					五	
	肾脏炎		三	三					
	淋症	一	一一	七				五	
	软性下疳	一	一零	六				五	
	鱼口	四	二	六					
五官系病	合计	一一	七二一	六四七	二		一	八二	
	咽头溃疡		一				一		
	脓漏眼		二					二	
	鼻加答尔		二	二					
	耳下腺炎		二	一					
	白内障		一	一					
	夜盲症		五一四	四五九				五五	
	中耳炎		一零	九				一	
	角膜炎	三	八	九				二	
	沙眼	二	六三	六一				四	
	结膜炎	六	一一八	一零五	二			一七	
神经系病	合计	一三	一八二	一八六				九	
	贫血		一					一	
	三叉神经痛		七	五				二	
	遗精		四	四					
	头痛		五一	五一					
	偏头痛	一	五六	五六				一	
	神经衰弱	二	二七	二七				二	
	慢性痿麻质斯	六	一零	一四				二	
	急性痿麻质斯		一六	一五				一	
	腰神经痛	二	八	一零					
	下肢神经痛	二	二	四					

附记：一九四　年　月　日　医务科长

陆军一二零师三五八旅军医处四二年下半年伤类统计表

附记	枪伤类									类别
游击支队不在内 医务科长	总计	合计	挫伤	刺伤	炸伤	擦伤	盲贯	贯通	合计	病名
	二四二	二九	三		九	二	二	一三	一一一	原有数
	三二五八	一六四	二零	五	七	四六	一四	七二	七二七	增加数
	二九七二	九八	一七	五	二	四六	二	二六	六六五	治愈数
	六一	三九	一		一零		一一	一七		转院数
	六	五					一	四	一	逃亡数
	二六	五			一	一		三	二	死亡数
	四三五	四六	五		三	一	二	三五	一七零	现有数
										备考

716R 二周年全年总计

区分 / 种类 / 数目 / 战斗地点	负伤																阵亡												总计
	青干	特派员	副官	卫生人员	营长	教导员	连长	指导员	排长	副排长	班长	战士	支书	文化教员	文书	合计	参谋	连长	连副	指导员	排长	副排长	班长	战士	支书	文化教员	文书	合计	
榆林			1	军医1	2	1	3	1	9		219	119	2	2	1	167	1	2		3	3		11	51	1			72	
斗沟雁门关							1		1		1	7				10								3				13	
滑石片				卫员2		1	2	2	6		11	51	1		1	77		1		2			5	12		1	1	22	
解中保		1			1	1		1	6	1	18	64	2			95		1	1	1	2		5	35				45	
大曹村					1		3	1	1	1	9	25				41					2		3	7	1			13	
里马张庄	1	1				1	3	1	3		8	52				70					2		3	7	1			13	
石马	2						1		4		1	33	1			42					1	1	3	18				23	
齐会战三次					1		1	3	5		14	83	1	2		110					2		3	24	1			30	
任村	1						1	1	3		3	37				46							3	18				22	
何家庄		1					1		2		1	12	1	1		19					1		3	16				20	
夜间袭击												1				1								1				1	
统计	4	3	1	3	5	4	16	10	40	2	91①	484	9	5	2	679	1	5	1	6	13	1	39	192	4	1	1	262	941

① 原文如此，计算有误。

战役负伤阵亡统计表

等级 数目 月份	负伤																			阵亡																		总计
	组织干事	参谋	营长	副营长	教导员	连长	副连长	政指	排长	副排长	班长	战士	支书	文书	文教	团长	特派员	司务长	合计	参谋	营长	副营长	教导员	连长	副连长	政指	排长	副排长	班长	战士	支书	文书	文教	政治干事	特干	司务长	合计	
五月份											3	7							10											2							2	12
六月份	1	1				9		5	16	3	39	215	8	2	3	1		2	305	1					1		6	1	9	96							114	419
七月份									1	1	2	18							22											10				1			11	33
八月份			1		1	1	1	3	7	2	12	76							104					1			4		7	30	3				1	1	47	151
九月份		1				3	4	1	9	1	22	125		1	1				168					3		1		4	9	27							44	212
合计	1	2	1		1	13	5	9	33	7	78	441①	8	3	4	1		2	609②	1				4	1	1	10	5	25	165	3			1	1	1	218	827③
一二〇师三五八旅卫生部一九四零年　　月　　日　填																																						

①②③　原文如此，计算有误。

一二〇师三五八旅三年负伤阵亡统计表

区分 / 种类 / 数目 / 战斗日期地点 / 部队	负伤																				阵亡																			总计
	一参谋	参谋	营长	营副	教导员	连长	连副	指导员	排长	排副	班长	战士	支书	文化教员	文书	特派员	组织股长	卫生员	副官	合计	参谋	副官	营长	营副	教导员	连长	连副	指导员	排长	排副	班长	战士	支书	文化教员	文书	特派员	特派干事	特务长	合计	
第一周	1	1				6	1	3	19		50	208	2		2					372①		1		1		6	1	4	10	2	45	193							263②	556③
第二周			6		5	19		10	50		116	633	11	3	4			7	1	880④	1	1				8	1	9	18	5	59	313	7	1			1	1	424⑤	1304⑥
第三周		1	1			3	2	4	13	2	40	248	2	2		1	1			224⑦	1			1		1		1	4		12	70				1	1		91⑧	415⑨
备考	三年的伤亡统计，内有政治干事七名，政治处在外七名																																							

一二〇师三五八旅卫生部负伤阵亡统计表

区分 / 种类 / 数目 / 战斗日期地点 / 部队	负伤																		阵亡																				总计
	参谋	营长	营副	教导员	连长	连副	指导员	排长	排副	班长	战士	支书	文化教员	文书	特派员	副官	组织干事	合计	副官	参谋	营长	营副	教导员	连长	连副	指导员	排长	排副	班长	战士	支书	文化教员	文书	特派员	组织干事	特务长		合计	
一周	3	3		1	13	1	7	38		72	439	2			3	1		590⑩						6	1	5	20		67	197	6							294	884
二周		6		5	19		10	50		116	133	11	3	4		1		897⑪	1	1				8	1	9	18	5	59	313	7	1			1	1		424⑫	1304
三周		1	1		3	2	4	13	2	46	248	2	2		1		1	324⑬				1		1		1	4		12	70				1	1			91	415

①②③④⑤⑥⑦⑧⑨⑩⑪⑫⑬ 原文如此，计算有误。

144. 晋察冀军区排以上干部伤亡登记
(1942 年)

排以上干部伤亡登记表　1942 年

番号	一团	四区队	井陉大队	骑团一营		一团	七区队	七区队	3R
职别	三营副	教导员	政委	副教导员	总支书	教导员	宣传队长	敌军干事	三营副
姓名	柳卜	郑岔职	红正清	李晨光	许丙斌	孙正谟	郭子杰	大由	刘金章
年龄	23	30	25	27		24	28	20	28
籍贯	河北肃宁	江西万安		河北安新		陕富平	河北完县	河北正定	江西瑞金
成份									
入伍年月				1937					
入党年月									
伤或亡	亡	伤	亡	亡		亡	亡	亡	伤
伤亡原因									
伤亡地点	深水（易南）	勋地（代）	柏村（平山东）	口底（唐西北）		梁村（易县）	大王庄（完县）	同	易县杨家庄
简历									
备考	1 月 14 日	1 月	1 月 24 日			5 月 23 日	4 月	4 月	4 月 25 日

月份排以上干部伤亡登记表

番号	3R	3R	3R	三区队		四团	四分区	骑团	
职别	十一连长	二连长	三连长	一连长	十连长	十一连长	连级	九连副	十连副
姓名	彭永胜	韩金录	张玉耀	马风岗	曾宪金	马清海		刘佳杰	王兴贵
年龄	28	25	30	34	27	24			27
籍贯	江西城武	鲁城武	鲁清平	冀涞源	江西兴国	冀定县		冀阜平	河南滑县
成份									
入伍年月									
入党年月									
伤或亡	伤	伤	伤	伤	伤	伤	亡	亡	
伤亡原因									
伤亡地点	易县台鱼	易武枣庄	易县荆山	易〔县〕钟家庄	易〔县〕钟家庄	五台松岩江		唐县都亭	唐县都亭
简历							两个		
备考	4月25日	4月25日	4月13日	4月14日	4月14日	4月14日	4月	3月5日	3月5日

月份排以上干部伤亡登记表

番号	1R	35 团	四分区	6 团	五区队	八区队	五团二营	教团二营	8 区队
职别	一连副	侦察连副	连级	二营副	总支书	总支书	营长	教导员	副区队长
姓名	郝旭	赵安然		陈前	贾臣汗	许世昌	胡聪明	史击	韩光宇
年龄	20	23		24	29	26	29	24	
籍贯	冀徐水	冀高阳		粤合浦	晋朔县	陕商县	赣吉安人	冀霸县	河北平山
成份									
入伍年月				1937					
入党年月									
伤或亡	伤	伤	伤	亡	亡	亡	伤	伤	伤
伤亡原因									
伤亡地点	易县薛晏山	平山苏家庄		钟家庄（易县）	定县南庄	朱食	平山三汀	南曲巧（行唐北）	平山义羊
简历			2 个						
备考	3 月 17 日	4 月 24 日		5 月 15 日	5 月 7 日	5 月 3 日	5 月 10 日	4 月 5 日	

月份排以上干部伤亡登记表

番号	六团三营	三团	六团二连	六团二连	一团一连	六团五连	六团十一连	六团十一连	四区队
职别	教导员	作战参谋	连长	政指	连长	连长	连长	连长	队长
姓名	刘一山	杨兴堂	张耀宗	李远兴	赵永胜	刘福荣	黄宝	郭恒金	杨丰泰
年龄	32	26	23	31	24	27	25	22	19
籍贯	广西白洋	晋天镇	冀迁安	赣吉水	冀曲阳	陕上桑凹	辽宁苇山	甘肃中卫	冀定兴
成份									
入伍年月									
入党年月									
伤或亡	亡	亡	亡	亡	伤	伤	伤	伤	亡
伤亡原因	阵亡								
伤亡地点	河北遵化（8月5日）	大坎（易县）	神堂堡（阜平西）	神堂堡（阜平西）	冀东罗村	易县钟家店	满城西岗头	神堂堡（阜平西）	代县崖岗村
简历									
备考	1942	1942. 7. 15	1942. 7. 22	1942. 7. 24	1942. 5. 23	1942. 5. 15	1942. 5. 2	1942. 6. 22	1942. 5. 5

月份排以上干部伤亡登记表

番号	34R 三连	34R 三连	定襄基干队	34R 侦察连	五台基干队	34R 二连	34R 三连	五区队一中队	2R 一连
职别	连长	政指	队长	连长	政委	政指	政指	队长	副政指
姓名	梁升功	刘福临	齐建荣	胡海存	黄光翠	杨佐乡	韩乡	刘玉生	陈玉民
年龄	28	22	25	25	29	23	24	27	23
籍贯	晋五台	冀望都	晋定襄	晋定襄	蜀广元	蠡县（冀）	晋繁峙	定兴	冀高阳
成份									
入伍年月									
入党年月									
伤或亡	亡	亡	亡	亡	亡	伤	伤	伤	亡
伤亡原因									
伤亡地点	盂县上社	定襄南庄	忻县辛庄	盂县田家庄	王村	盂县大够	盂县上社	盂县龙凹	唐县岳烟村
简历									
备考	1942. 5. 25	5. 7	5. 18	6. 24	6. 16	5. 25	5. 25	5. 31	5. 28

月份排以上干部伤亡登记表

番号	2R 一连	2R 八连	骑团一连	骑团二连	九区队三连	5R 二连	5R 六连	5R 九连	5R 四连
职别	连长	政指	副连长	连长	政指	政指	连长	政指	连长
姓名	陈玉祥	马振武	郭敬荣	刘元堂	楚焕周	张秀年	任保庆	崔钊亭	苗登文
年龄		29	26	29	22	28	31	27	27
籍贯		冀完县	冀高阳	陕西安	冀平山	冀平山	冀保定	冀平山	晋平定
成份									
入伍年月									
入党年月									
伤或亡	伤	伤	伤	伤	亡	伤	伤	伤	伤
伤亡原因									
伤亡地点	唐县岳烟村	完县西	唐县城	唐县岳烟	井径三方山	苏家白雁（灵寿）	吴家庄（灵寿）	平山黄壁村	宋食（灵寿）
简历									
备考	1942. 5	5. 18	5. 3	5. 28	6. 4	5. 25	5. 25	5. 7	5. 25

月份排以上干部伤亡登记表

番号	八区队	八区队四连	八区队二连	九区队二连	34 团	5R	5R 六连	军区炮兵营
职别	管理员	政指	政指	连长	政指	组干	政指	政委
姓名	王占庭	王子哲	尹保夏	卫大章	伍文彬	李通溪	梁风禄	宋培文
年龄	24	24	22	29	25	22	23	
籍贯	冀遵化	冀获鹿	晋盂县	四川	冀平山	冀平山	冀建屏	
成份								
入伍年月								
入党年月								
伤或亡	伤	伤	伤	伤	伤	伤	伤	亡
伤亡原因								敌炮击死
伤亡地点	宋食（灵寿）	宋食（灵寿）	阜安车站	井陉沙窑	王青季	平山七级	灵寿下部	韩家庄（沟西）
简历								
备考	1942. 5. 24	1942. 5. 24	1942. 5. 22	6. 4	7. 10	8. 7	8. 7	11. 20

月份排以上干部伤亡登记表

番号	1R 二营	1R 三营	三分区作战股	三分区武装部	三分区七区队	四分区教导团	1 团二连	四团	34 团三连
职别	副营长	副政教	股长	干事	队长	一营教导员	连长	参谋长	政指
姓名	胡俊文	王育华	姚之一	黄厚金	高瀑	田静济	张锦德	周宏	庄鼎
年龄	27	26	28	27	26	24	30	28	26
籍贯	赣兴国	冀满城	晋应县	赣	辽宁凤	冀献县	鲁郓城	晋崞县	闽霞浦人
成份									
入伍年月									
入党年月									
伤或亡	亡	伤	亡	亡	亡	伤	亡	重伤	伤
伤亡原因	战斗	战斗	战斗	战斗	战斗	战斗	战斗	战斗	战斗
伤亡地点	南白虹（易县南）	肖家庄（易县南）	完县三地村	完县三地村	完县南亭西庄	灵寿东南东瓦仁	易县韩庄	五台杨家庄	盂县香炉口
简历									
备考	1942. 10. 18	10. 13	11. 25	11. 25	11. 25	12. 29	11. 23	11. 1	10. 14

月份排以上干部伤亡登记表

番号	七区队	骑兵团二连	骑兵团二连	教团三连	教团五连	军直炮兵营	军区司令部	3团三连	雁北区队
职别	侦察参谋	连长	政指	连长	连长	营政委	队训科参谋	连长	队训参谋
姓名	王子鑫	朱丙臣	王培中	党潜	贺迁毛	宋培文	郭忠	张王耀	口瑞林
年龄	27	26	35	20	27	31	27	30	33
籍贯	完县（冀）	冀高阳	山东	冀定县	辽宁开原		冀玉田	四川青神	晋平定
成份									
入伍年月									
入党年月									
伤或亡	亡	轻伤	轻伤	亡	伤	亡	亡	亡	亡
伤亡原因	战斗	战斗	战斗	战斗	战斗	战斗	战斗	战斗	战斗
伤亡地点	完县南三地村	完县合水	完县合水	行唐南	行唐刘王村	于满城	崞县辛庄	满城大娄村	应县龙王堂
简历									
备考	11. 25	11	11	11. 25	10. 28	11. 21	11. 8	12. 3	12. 3

月份排以上干部伤亡登记表

番号	十九团三连	十九团一连	十九团一连	五团一营
职别	连长	连长	政指	政委
姓名	钱吉宣	常姜输	徐北龙	曲竞济
年龄	28	30	23	24
籍贯	黔毕节	晋五台	晋五台	豫巩县
成份				
入伍年月				
入党年月				
伤或亡	亡	伤	伤	重伤
伤亡原因				
伤亡地点	盂县侯王沟	盂县侯王沟	盂县侯王沟	行唐东瓦仁
简历				
备考	12. 23	12. 23	12. 23	12. 24

145. 晋察冀军区1942年人员、武器、弹药损失统计
(1942年)

一九四二年武器增减统计表

项别	数目 项别	增加				减少							
		缴获	补充	地方调来	合计	损坏	遗失	落伍失连络带去	逃亡带去	投敌与被俘带去	送后方	调地方	合计
步马枪	六五	131	305	19	455	20	268	29	46	6	327	36	732
	七九	320	3100	46	3466	108	491	48	68	25	1865	257	2862
	杂枪	10	203	45	113	17	8	3	3	9	160	3	203
驳壳枪		14	94	5	87	6	67	16	9	3	59	11	171
手枪		12	73	2	87	4	25	10	4	1	77	13	134
手机枪			97		97	10	15	1	6		60	5	97
花机枪			5		5	3					14		17
轻机枪	六五	3	9	1	13		10			1	5		16
	七九	3	14		17		9			1	6		16
重机枪	六五		3		3								
	七九	2		2	4	1					5		6
	九二												
合计		495	3903	120	4518	169	893	107	136	46	2578	325	4254
迫击炮	八二		2		2						9		9
	八三		1		1						1		1

续表

项别 数目 项别		增加				减少							
		缴获	补充	地方调来	合计	损坏	遗失	落伍失连络带去	逃亡带去	投敌与被俘带去	送后方	调地方	合计
掷弹筒		1	104		105						14		14
合计		1	107		108						24		24
刺刀	六五	87	966	2	1055	331	279	15	25	17	331	6	1004
	七九	60	1140	70	1270	170	274	16	18	15	353	9	855
马刀		4	104	1	109	23	61			12	72	2	170
梭标			2		2	2	31	2			32		67
合计		151	2212	73	2436	526	645	33	43	44	788	17	2096
工作具	十字镐	5	301		306	40	92	3	3		235		373
	圆锹	6	344		350	59	167	2	2	7	277		514
合计		11	645		656	99	259	5	5	7	512		887

一九四二年弹药增减统计表

项别 数目 项别		增加					减少							
		缴获	补充	地方调来	买来	合计	遗失	损坏	消耗	落伍失连络带去	逃亡带去	调地方	送后方	合计
步马枪弹	六五	5110	104749	930	3857	114646	7525	526	104528	1609	2420	2210	9039	127857
	七九	11513	151196	548	2489	165746	9161	361	127402	2365	4238	9819	24068	177414
	杂弹	2340	4218		268	6826	127		2171	186	130	124	8	2746
驳壳枪弹		660	1803	277	144	2884	619	77	3785	310	232	346	1101	6470
手枪弹		319	395	36	23	773	145	4	673	148	40	132	467	1609
手机枪弹		3	9998			10001	944	81	4947	25	400	139	810	7346
花机枪弹							58		137				40	235
轻机弹	六五	1885	26346	283	540	29054	1655	15	41713	180	343	942	3856	48704
	七九	772	26481		125	27378	1191	15	39415			566	80	41267
重机弹	六五	1600	2815			4415	7		1382				2578	3967
	七九	1889	10842			12731	251	4	8574			1016	1360	11205
	九二	432	845			1277			1782					1782
合计		26523	339688	2074	7446	375731	21683	1083	336509	4823	7803	15294	43407	430602
迫击炮弹	七五								12				35	47
	八二		471			471			561				100	661
	八三		74			74			74				73	147
山炮弹（七五）		3	97			100			83				12	95
步炮弹（七〇）			31			31			1					1
掷筒弹		85	3788	40	3	3916	28	36	2776		6		303	3149
手榴弹		460	57375	154	6	57995	1692	930	12408	462	652	1954	8072	26440
合计		548	61836	194	9	62587	1720	966	15915	462	658	1954	8595	30270

146. 八路军野战卫生部药品资材物资损失统计表
(1942年)

野战卫生部全卫损失统计表

钱信忠孙仪之于隘峪口

部别	卫生部	政治部	卫生学校	白求恩医院	附属医院	药厂	总计
药品价格	272776.795						272776.795
物质公物价格	11739	2135.1	2136.8	2855	11628	44381.5	74875.4
合计	284515.795						347652.195
备考	（一）此次敌人扫荡各部损失物质（小米油盐药品器材）等 （二）兵院野院有公物损失名册未有估其价格白院亦有许多物品未有估价						

卫生部五月反扫荡中人员、马匹、武器、弹药损失统计表

部别	卫生部	白求恩医院	白求恩医院	白求恩医院	白求恩医院	白求恩医院	白求恩医院	白求恩医院	白求恩医院	卫生部	卫生部	白求恩医院	白求恩医院	白求恩医院	白求恩医院	白求恩医院
职别	排长	教干	管理员	医生	医生	副所长	文书	司药	文书	运输员	公务员	班长	通讯员	通讯员	公务员	上士
姓名	段登龙	牛成功	宋万荣	叶寿昌	常维国	刘维贤	尹春生	方文耀	王建生	董风禄	范金亭	张功杰	齐德学	左小林	伍文德	刘德力
籍贯	山西	山西	河北	四川巴中	山西	河南	湖北	河南	河北	河北	河南	河北	山西	河北	河北	河北
备考	上次反扫荡时被敌俘去	在宋家岩被俘去	扫荡时牺牲	扫荡时投敌	扫荡时服毒自杀	扫荡时被俘	扫荡时失踪	同上	扫荡时被俘去	扫荡时在武安东沟被俘	同上	扫荡时牺牲	扫荡时被俘	同上	同上	同上

部别	白求恩医院	白求恩医院	白求恩医院	白求恩医院	白求恩医院	白求恩医院	白求恩医院	白求恩医院	白求恩医院	白求恩医院	白求恩医院	白求恩医院	白求恩医院	白求恩医院	白求恩医院	白求恩医院	白求恩医院
职别	饲养员	看护	看护	炊事员	同上	理发员	看护	同上	看护班长	炊事班长	炊事员	清洁员	饲养员	公务员	炊事员	同上	同上
姓名	张学	胡雪冰	康世杰	张德山	陈光水	蔡春荣	李启保	冯贵鹏	崔子祥	王余德	谭老旦	胡佩珍	陈天坤	陈爱和	李清	张有福	张学春
籍贯	河北	河北	河北	河北	山西	山西	山西	山西	河北	四川广元	山西	河北	山西	山西	山西	山西	山西
备考	扫荡时被俘	扫荡时牺牲	扫荡时失踪	扫荡时牺牲	扫荡时负伤	扫荡时失踪	扫荡时牺牲了	扫荡时被俘	同上	扫荡时牺牲	扫荡时被俘	同上	同上	扫荡时失踪	同上	同上	同上

部别	白求恩医院	白求恩医院	白求恩医院一所	荣校	荣校
职别	炊事员	担架员	休养员	休养员	战士
姓名	郭二毛	张照旺	十八名	廿四名	四名
籍贯	河南	山西			
备考	扫荡时失踪	同上	这不能详细填造被俘牺牲	在扫荡时黄家台山沟被敌俘去瞎子十一名其余被杀	扫荡时被俘

武器弹药损失表

数目 名称 部别	白求恩医院	荣校	卫校	卫部	合计
步马枪	五支	三支	二支	二支	
马步枪弹	540 粒	50 粒	50 粒	150 粒	
手榴弹	八个	六个		九个	
备考					

马匹损失表

数目 名称 部别	卫生部	卫政部	白求恩医院	荣校	合计
乘马	3				3
驮骡	8	1	16	3	28
毛驴					
合计	11	1	16	3	31
备考					

147. 八路军野战卫生部物资损失一览表

(1942 年)

这次扫荡各单位公物损失统计表

部别	院部						一所	二所												
损失品名	玉茭	盐	箩盖	箩子	小秤	小铲子	席子	锅盖	油桶	大斧	公大衣	竹帘	躺椅	兰球板	风箱	条桌	萝卜	小米	另外管理股损失食盐 120 斤，皮大衣 3 件，破枪 3 支。
损失数目	200 斤	160 斤	1 个	2 个	1 支	2 个	8 条	5 个	2 个	1 个	16 个	4 个	1 个	1 块	2 个	40 条	500 斤	1900 斤	
损失品名	小米	山药蛋萝卜	海菜	煤油	木匠家具	大锅	门帘子	席子	铁锅	勺子	草包	枕头	架床	子弹	乒乓球板	油灯	煤炭		
损失数目	100 斤	200 斤	14 斤	5 斤	全套	3 口	1 个	28 条	5 个	3 个	30 个	21 个	6 个	15 发	1 副	80 个	1900 斤		
损失品名	白面	大秤	木板	席围子	生产锄	萝头		担架	蒸笼	毛笔	公棉袜	铺板	痰盂	门（整个）	被单衣	土碗	羊子		
损失数目	100 斤	1 支	2 块	5 个	1 个	2 个		12 个	1 套	2 支	14 双	52 块	77 个	58 扇	8 件	120 个	12 个		
损失品名	青油	水担	菠箩	簸箕	抓子	骡子		扁担	草帘	公棉毯	布门帘	橙子	尿桶	窗子板	药架		黄豆		
损失数目	20 斤	7 担	1 个	1 个	1 个	1 头		3 条	105 条	22 个	7 个	138 个	3 个	64 个	2 个		90 斤		
说明																			

白求恩医院管理股 3 月 18 日

野卫本部此次损失一览表

种类	存放地点	存放情形	数量	损失	原因	时间	估价
小米	辽县南沟	放在老乡家用席圈着	55石	55石合7700斤	敌人烧了	2.17	6160.0
小米	黄漳	丢在外面吃没有藏及	1500斤	1500斤	被敌烧了	2.16	1200.0
小米	黄泥岭	老乡家窑洞里放着	1200斤	1200斤	敌驮走	2.17	960.0
小米	水泉	老乡家里放着	1800斤	1800斤	敌驮走了	2.17	1440.0
麦子	黄漳	发老乡磨藏在窑洞里	101斤	101斤	敌人吃了	2.16	100.0
海盐	黄泥岭	老乡的窑里放着	80斤	80斤	敌驮走了	2.16	320.0
猪油	黄漳	老乡的窑里放着	15斤	15斤	敌吃了	2.16	60．0
萝葡	黄漳	院里窖里放着	800斤	800斤	敌吃了	2.16	80.0
山药蛋	黄漳	院里窖里放着	700斤	700斤	敌吃了	2.16	70.0
煤炭	黄漳	刚买来丢下烧没藏及	2200斤	2200斤	敌烧了	2.16	220.0
谷糠	黄漳	没藏得及	1400斤	1400斤	敌烧了	2.17	84.0
干草	黄漳	堆在马房院子内的	11000斤	11000斤	敌人铺和烧了	2.17	880.0
料（玉茭）	黄漳	堆在马房院子内的	1石5斗	1石5斗	敌人践踏了	2.16	120.0
干草	大发沟	看说明	300斤	300斤	无故不见了	2.25	45.0
合计							11739.0
说明	损失这300斤干草是因那夜到大发沟买来喂牲口，但当夜又移动了，继后来就不见了。 王子明　饶世泽　唐孝贤　米贵山　3月20日						

148. 八路军第129师1942年秋季反“扫荡”战斗损耗统计表（1942年）

1942年秋季反“扫荡”战斗斩获损耗统计表　　129D于赤岸

项目		数目
战斗分计	大小战斗	369次
战斗分计	袭击	66次
战斗分计	伏击	28次
战斗分计	迎击	38次
战斗分计	追击	13次
战斗分计	侧击	24次
战斗分计	急袭	8次
战斗分计	被袭	6次
战斗分计	破袭	30次
战斗分计	不明战斗手段者	156次
毙俘敌伪人马	毙敌指挥官	15名
毙俘敌伪人马	毙伤敌伪兵	1548名
毙俘敌伪人马	毙伤其他人员	41名
毙俘敌伪人马	俘伪军	23名
毙俘敌伪人马	俘其他人员	55名
毙俘敌伪人马	合计	1682
毙俘敌伪人马	毙敌骡马	13头
毙俘敌伪人马	获敌骡马	15头
毙俘敌伪人马	合计	28
解救	解救民夫	3700名
解救	夺回毛驴	32头
解救	驱散牲口	170头
缴获武器弹药	步枪	14支
缴获武器弹药	刺刀	14把
缴获武器弹药	指挥刀	1把
缴获武器弹药	合计	29
缴获武器弹药	各种子弹	680发
缴获武器弹药	手榴弹	36发
缴获武器弹药	迫炮弹	34枚
缴获武器弹药	地雷	6枚
缴获武器弹药	合计	756
	军毯	15床
	军装	20套
	钢盔	7顶
	饭菜盒	25个
	马鞍	5个
	电线	7006斤

项目		数目
缴获军用品	电杆	40根
缴获军用品	手电筒	1个
缴获军用品	手表	2个
缴获军用品	水笔	1支
缴获军用品	日旗	1面
缴获军用品	伪钞	24元
缴获军用品	棉花	17斤
缴获军用品	大米	160斤
缴获军用品	铁轨	2条
缴获军用品	子弹盒	13个
缴获军用品	自行车	7辆
我军伤亡	伤旅干	1名
我军伤亡	伤连干	5名
我军伤亡	伤排干	15名
我军伤亡	伤班干	22名
我军伤亡	伤战士	108名
我军伤亡	伤不明职务	47名
我军伤亡	小计	198名
我军伤亡	亡营干	1名
我军伤亡	亡连干	2名
我军伤亡	亡排干	2名
我军伤亡	亡班干	10名
我军伤亡	亡战士	32名
我军伤亡	亡未明职务者	43名
我军伤亡	小计	90名
我军伤亡	失连络者	149名
我军伤亡	共计	307名
我军消耗	各种子弹	36042发
我军消耗	手榴弹	910发
我军消耗	掷弹	320发
我军消耗	地雷	93枚
我军消耗	迫炮弹	90
我军消耗	合计	37455
我军消耗	雷管	60个
我军消耗	信管	10个
我军消耗	炸药	45斤
我军消耗	导火管	5公尺

项目		数目
我损失	刺刀	23把
我损失	工具	23把
我损失	合计	46把
我损失	步马枪	148支
我损失	手枪	5支
我损失	手机枪	1支
我损失	轻机枪	4支
我损失	掷弹筒	1个
我损失	合计	159个
我损失	各种子弹	4475发
我损失	手榴弹	119发
我损失	掷弹	25发
我损失	迫弹	9发
我损失	地雷	7发
我损失	合计	4635
我损失	炸药	12块
损坏	步机	16支
损坏	轻机	4支
损坏	掷筒	3支
损坏	合计	23支
损失军用品	各种弹袋	145个
损失军用品	军毯	144床
损失军用品	军装	175套
损失军用品	军帽	67顶
损失军用品	鞋袜	361双
损失军用品	包袱	17个
损失军用品	电话机	4个
损失军用品	电池	5筒
损失军用品	冀钞	30000元
损失军用品	小米	89325斤
损失军用品	食盐	303斤
损失军用品	马	22匹
毁敌资财	汽车	10辆
毁敌资财	火车头	7个
毁敌资财	火车箱	80个
毁敌资财	铁路	90公尺
毁敌资财	公路	2110公尺
毁敌资财	桥梁	30座

149. 八路军第129师第385旅第769团2月份反“扫荡”中伤亡人员登记表
(1942年)

阵亡登记表

队别		七六九团特务连	九团一营一连	九团一营一连	九团一营二连	七连	七连	七连
职别		战士	副班长	副班长	副班长	副指导员	排长	副排长
姓名		赵松克	杨玉田	任建海	张大恒	刘志英	刘国兴	栗兴法
年龄		28	26	24	24	21	31	26
籍贯	省	山西	河北	山东	冀	冀	川	山西
	县	昔阳	束鹿	夏津	赞皇	赵县	苍溪	襄垣县
	区乡	三区			三区		第二乡	
	村	北思贤			檀山村	余家庄	龙山	水碾村
家庭通讯处及收信人姓名		本村赵怀让			本村张树本		刘国盛	本村
家庭经济状况		人三口地十亩房六间			人五口地十亩房三间	人三口地十亩		人六口地七亩房三间
入伍年月		1939年	1940年	1938年	1937年10月	1938年4月	1933年8月	1939年10月
任过什么工作					班长	文书文干	班长排副	排长
亡故经过		敌坦克进攻中			在铁路上负重伤没有运回来			
亡故地点		康宿	平汉路上		铁路上	南安罗	南安罗	南安罗
亡故月日		1942. 2. 11	2. 12	2. 12	1942. 2. 12	2. 11	2. 11	1942. 2. 11
是否党员		非	非	是	是	是	是	是
备考			这次战斗一连的军人登记表遗失故填得不详					

阵亡登记表

队别		九团二营七连	七连	七连	七连	七连	七连	七连
职别		班长	班长	副班长	战士	战士	战士	战士
姓名		常兴和	曹焕宗	安福贵	张长立	田玉山	丁贵章	王来喜
年龄		33	24	24	22	38	31	24
籍贯	省	冀	冀	山西	山东	河北	河北	山西
	县	邢台县	晋县	平定	馆陶	晋县	束鹿	昔阳
	区乡			二区		二区	三区	一区
	村	豹台村	古底村	东镇簧	刘堡村	焦镇	王善口	石盆村
家庭通讯处及收信人姓名				本村安敏收		本村田玉川	本村丁洛宇	本村王得喜
家庭经济状况				人六口房三间欠债15元	人四口地房四间	人六口地二亩房五间	人三口房二间	人二口房一间
入伍年月		1937年9月	1938年4月	1940年5月	1940年	1939年	1939年	1940年
任过什么工作		副班长	副班长		战士		战士	
亡故经过		阻击进攻之敌	阻击进攻之敌			阻击进攻之敌		
亡故地点		南安罗	南安罗	南安罗	南安罗	南安罗	南安罗	南安罗
亡故月日		1942. 2. 11	1942. 2. 11	1942. 2. 11	1942. 2. 11	1942. 2. 11	1942. 2. 11	1942. 2. 11
是否党员		是	是	是	否	是	是	否
备考								

阵亡登记表

队别		九团二营七连	八连	二营营部
职别		副班长	战士	通讯员
姓名		冯朝孔	张仁和	王德成
年龄		22	24	18
籍贯	省	河北	山西	河北
	县	栾城	太原县	栾城
	区乡			南区
	村	苍德林	城内	牛村
家庭通讯处及收信人姓名		本村冯二明	张福贵收	牛村王洛顺
家庭经济状况		人五口地二亩房五间欠债二十元	人三口欠债十元	人六口地七亩房八间
入伍年月		1940 年	1939 年	1938 年
任过什么工作				通讯员
亡故经过				
亡故地点		南安禄〈罗〉	南安禄〈罗〉	南安禄〈罗〉
亡故月日		1942. 2. 11	1942. 2. 11	1942. 2. 11
是否党员		否	非	是
备考				

伤员登记表

队别	七六九团司令部	司令部	特务连	队别	特务连	一营营部	一营营部
职别	测绘员	饲养员	副班长	职别	战士	政指	饲养员
姓名	王士勇	黄元	刘凤林	姓名	张志	秦汉文	王玉琏
年龄	19	29	24	年龄	22	27	33
籍贯	河北晋县	山西祁县	河北赵县	籍贯	山西昔阳	山西壶关县	河南温县
入伍月日	1939 年	1937 年	1938 年	入伍月日	1938 年	1938 年	1937 年
负伤部位及负伤轻重	右腿上部轻	手指上轻	肚子重伤	负伤部位及负伤轻重	左臂轻	轻伤	头轻伤
负伤地点	南安罗	南安罗	康宿	负伤地点	康宿	平汉路	平汉路
负伤年月日	1942. 2. 11	1942. 2. 11	1942. 2. 11	负伤年月日	1942. 2. 11	1942. 2. 11	1942. 2. 11
负伤处置	随队	随队	送医院	负伤处置	送院	在队休息	在队休息
是否党员	是	否	是	是否党员	是	是	是
备考				备考			

伤员登记表

队别	九团一营一连	二连	二连	队别	一营二连	三连	三连
职别	班长	战士	炊事班长	职别	司务长	炊事员	三班长
姓名	陈士远	游凤胜	赵心同	姓名	何光海	王振邦	李沛明
年龄	35	26	44	年龄	42	40	26
籍贯	河北沧州	河北永年	山西平定	籍贯	川阆南	河北晋县	山东馆陶
入伍月日	1940 年	1939 年	1937 年	入伍月日	1933 年	1938 年	1938 年
负伤部位及负伤轻重	轻伤	轻伤	轻伤	负伤部位及负伤轻重	轻伤	轻伤	轻伤
负伤地点	平汉路	平汉路	平汉路	负伤地点	平汉路	平汉路	平汉路
负伤年月日	1942. 2. 12	1942. 2. 12	1942. 2. 12	负伤年月日	1942. 2. 12	1942. 2. 12	1942. 2. 12
负伤处置	随连	随连	随连	负伤处置	随连	随连	随连
是否党员	是	是	非	是否党员	是	非	是
备考				备考			

伤员登记表

队别	一营三连			队别	一营四连		二营七连
职别	副班长			职别	司号员	战士	指导员
姓名	杕得胜			姓名	李得锁	郭洛敖	廖肇德
年龄	24			年龄	20	18	30
籍贯	山西襄垣			籍贯	河北藁城	河北赞皇	安徽立煌县
入伍月日	1940			入伍月日	1838 年	1942 年	1931 年
负伤部位及负伤轻重	重伤			负伤部位及负伤轻重	轻伤	轻伤	轻
负伤地点	平汉路			负伤地点	平汉路	平汉路	南安罗
负伤年月日	1942. 2. 12			负伤年月日	1942. 2. 11	1942. 2. 11	1942. 2. 11
负伤处置	送院			负伤处置	在连休养	在连休养	
是否党员	是			是否党员	是	非	是
备考				备考			

伤员登记表

队别	九团二营七连	七连	六连	队别	二营七连	七连	七连
职别	排长	班长	战士	职别	战士	战士	副班长
姓名	侯正培	李送科	李金海	姓名	高玉毛	毛文金	杨清福
年龄	30	23	19	年龄	25	22	24
籍贯	四川苍溪县	山西昔阳	河北无极	籍贯	山西昔阳	山西昔阳	山西昔阳
入伍月日	1933 年	1938 年	1939 年	入伍月日	1939 年	1938 年	1938 年
负伤部位及负伤轻重			右手指轻	负伤部位及负伤轻重	手上轻伤	腿部重伤	手上轻伤
负伤地点	南安禄〈罗〉	南安禄〈罗〉	南安禄〈罗〉	负伤地点	南安罗	南安罗	南安罗
负伤年月日	1942. 2. 11	1942. 2. 11	1942. 2. 11	负伤年月日	1942. 2. 11	1942. 2. 11	1942. 2. 11
负伤处置			随队	负伤处置	送院	送院	随队
是否党员	是	是	非	是否党员	是	非	是
备考				备考			

伤员登记表

队别	二营七连	七连	七连	队别	二营七连	七连	七连
职别	战士	战士	战士	职别	战士	战士	战士
姓名	王秋来	沈明玉	吴玉和	姓名	辛秋魁	刘纪山	李藏珠
年龄	20	21	20	年龄	21	29	21
籍贯	河北赵县	山东馆陶	山东馆陶	籍贯	河北邢台	河北晋县	河北束鹿
入伍月日	1938 年	1940 年	1940 年	入伍月日	1937 年	1939 年	1940 年
负伤部位及负伤轻重	手部轻伤	手部轻伤	手上轻	负伤部位及负伤轻重	手上轻伤	手上轻	手上轻伤
负伤地点	南安罗	南安罗	南安罗	负伤地点	南安罗	南安罗	南安罗
负伤年月日	1942. 2. 11	1942. 2. 11	1942. 2. 11	负伤年月日	1942. 2. 11	1942. 2. 11	1942. 2. 11
负伤处置	随队	随队	随队	负伤处置	随队	随队	随队
是否党员	非	非	是	是否党员	否	是	是
备考				备考			

伤员登记表

队别	九团二营七连	八连	三营十连
职别	司号员	战士	战士
姓名	杨振瑞	常俊德	李同贤
年龄	18	27	29
籍贯	河北晋县	陕西安定	陕西榆林
入伍月日	1939 年	1931 年	1939 年
负伤部位及负伤轻重	手指上轻	臂部重伤	脸上轻伤
负伤地点	南安罗	康宿村	康宿村
负伤年月日	1942. 2. 11	1942. 2. 11	1942. 2. 11
负伤处置	随连	送院	在连休养
是否党员	非	非	非
备考			

伤员登记表

部别		十四团教导队	十四团教导队	十四团教导队	十四团教导队	十四团教导队
职别		政指	班长	学员	学员	炊事班长
姓名		陈岳	纪盛有	刘光珍	陈照金	冯庆
年龄		25	22	21	24	32
籍贯	省县	冀正定	冀藁城	冀南宫	冀永年	冀宁晋
	区	一	二			
	乡					
	村	城内	系井	叛柱村	陈七房	北苏村
家庭通讯处及收信人姓名		西街 陈老进	本村 纪状	本村 潘全	本村 陈庆明	本村 冯丙官
本人出身成份		贫农学徒	雇工农人	贫农农人	贫农农人	贫农商人
入伍年月		1938. 6	1938. 6	1941. 2. 23	1940. 5. 20	1938. 8
来历		扩大来	扩大来	扩大来	俘来	俘来
伤势如何		重伤	轻伤	轻伤	轻伤	轻伤
负伤地点		后杨家寨	台庄	后杨家寨	后杨家寨	后杨家寨
负伤年月日		1942. 2. 24	1942. 2. 18	1942. 2. 20	1942. 2. 20	1942. 2. 20
伤后处置		送院	随队	随队	随队	随队
是否党员		是	是	是	否	否
备考						

部别		十四团一连	十四团一连	十四团一连	十四团一连	三营营部
职别		班长	战士	战士	战士	通讯班长
姓名		赵润月	刘自新	高步登	吴恩善	胡明前
年龄		27	32	25	34	25
籍贯	省县	晋昔阳	冀内丘	晋辽县	晋灵石	川南坡
	区					
	乡					
	村	田川	永安林		双池镇	神花村
家庭通讯处及收信人姓名		本村 赵文道	本人	本村 高德维	本村	吴志杰
本人出身成份		贫农	贫农	贫农	贫农	
入伍年月		1937. 10	1941. 12	1938. 2	1937. 10	1933. 10
来历		扩来	俘来	扩来	扩来	
伤势如何		轻伤	重伤	轻伤	轻伤	
负伤地点		索堡	索堡	岭头	索堡	五十亩
负伤年月日		1942. 2. 20	1942. 2. 20	1942. 2. 16	1942. 2. 20	1942. 2. 15
伤后处置		送院	送院	随队	送院	
是否党员		是	否	是	是	否
备考						

伤员登记表

部别		十四团三营十连	十四团三营十连	十四团三营十连	十四团三营十连	十一连	十一连	三营营部	三营营部	九连	九连
职别		一排长	排副	二排副	三班长	二排副	班长	侦察员	通讯员	战士	战士
姓名		田云方	董增群	刘明珂	杨方元	郑银祥	闫永德	姚福庆	胡福海	陈得点	韩有昌
年龄		34	22	41	30	21	28	21	20	21	19
籍贯	省县	冀束鹿	冀蒿城	冀刑台	豫涉县	冀赵县	冀晋县	冀磁县	冀晋县	冀固县	冀武安
	区										
	乡										
	村	殿试营	董家庄	李家峪	池光村	大郝村		羊凹村	盐场村	镇口村	西营井
家庭通讯处及收信人姓名		本村 田得方	本村 董老茂	本村 刘书云	本村 杨桂海	本村郑老喜		本村 姚补福	本村 胡小双	本村 陈连清	本村 韩氏
本人出身成份							贫农	中农	贫农	贫农	贫农
入伍年月		1938. 5	1938. 8	1937. 10	1939. 4	1938. 8	1938. 8	1938. 8	1938. 6	1938. 9	1941. 10
来历		过渡来	过渡来	扩来	扩来	扩来	扩来	扩来	扩来	过渡来	俘来
伤势如何								重伤	重伤	轻伤	轻伤
负伤地点		神头村	神头村	五十亩	五十亩	源泉	源泉	桐峪	五十亩	五十亩	五十亩
负伤年月日		1942. 2. 19	1942. 2. 19	1942. 2. 15	1942. 2. 15	1942. 2. 15	1942. 2. 15	1942. 2. 9	1942. 2. 15	1942. 2. 15	1942. 2. 15
伤后处置								送院	送院	随队	随队
是否党员		是	是	是	是	是	是	否	否	否	否
备考											

伤员登记表

部别		十连	十连	十连	十连	十连
职别		卫生员	战士	战士	战士	战士
姓名		杨泽清	赵福兰	杨二状	宋杰玉	张成富
年龄		20	24	21	24	18
籍贯	省县	冀滦城	晋昔阳	冀固城	豫涉县	晋壶关
	区					
	乡					
	村	南高村	钟村	小庙	台山	
家庭通讯处及收信人姓名		本村 杨志忠	本村 公所	本村 杨福朱	本村 李氏	
本人出身成份		贫农	贫农	贫农	贫农	贫农
入伍年月		1938. 7	1938. 5	1940. 7	1941. 12	1938. 2
来历		扩来	过渡来	过渡来	过渡来	扩来
伤势如何		轻伤	轻伤	轻伤	轻伤	重伤
负伤地点		神头	五十亩	神头	五十亩	五十亩
负伤年月日		1942. 2. 15	1942. 2. 19	1942. 2. 19	1942. 2. 15	1942. 2. 15
伤后处置		随队	随队	随队	随队	送院
是否党员		否	是	否	否	否
备考						

部别		十一连	十一连	十一连	十一连	十一连
职别		战士	战士	战士	战士	战士
姓名		张玉连	王炳章	陈志明	尚清义	李瑞堂
年龄		18	22	20	23	18
籍贯	省县	冀武邑	晋高平	冀邢台	豫温县	冀晋县
	区					
	乡					
	村		王家平			陆花村
家庭通讯处及收信人姓名		张玉川	本村 公所			本村 李喜明
本人出身成份		贫农	贫农	贫农	贫农	贫农
入伍年月		1941. 2	1938. 4	1942. 1	1937. 8	1938. 5
来历		过渡来	扩来	过渡来	扩来	过渡来
伤势如何		轻伤	轻伤	轻伤	轻伤	重伤
负伤地点		源泉	源泉	源泉	源泉	源泉
负伤年月日		1942. 2. 15	1942. 2. 15	1942. 2. 15	1942. 2. 15	1942. 2. 15
伤后处置		随队	随队	随队	随队	送院
是否党员		否	否	否	否	否
备考						

伤员登记表

部别		十一连	十一连	十一连
职别		战士	副班长	副班长
姓名		王记正	张国良	田文志
年龄		25	25	30
籍贯	省县	武安	冀武邑	冀束鹿
	区			
	乡			
	村	孙儿庄	张孟村	田家庄
家庭通讯处及收信人姓名		王清竹	张凤明	田志祥
本人出身成份		贫农	贫农	贫农
入伍年月		1940. 7	1940. 11	1938. 5
来历		过渡来	扩来	扩来
伤势如何		重伤	重伤	重伤
负伤地点		源泉	源泉	源泉
负伤年月日		1942. 2. 15	1942. 2. 15	1942. 2. 15
伤后处置		送院	送院	送院
是否党员		否	否	是
备考				

附：

前表系太北“反扫荡”负伤的共33名，后表系太南负伤的共3名，总共36名（二营不在内）。

伤员登记表

部别		十四团二连	三连	三连
职别		战士	班长	班长
姓名		田农臣	郭有加	常昆山
年龄		20	28	28
籍贯	省县	冀藁城	豫林县	冀磁县
	区			
	乡			
	村	高庄		
家庭通信处及收信人姓名				
本人出身成份		贫农	贫农	贫农
入伍年月		1939. 2	1937. 9	1938. 2
来历		扩来		扩来
伤势如何		轻伤	重伤	轻伤
负伤地点		川底	川底	川底
负伤年月日		1942. 3. 2	1942. 3. 2	1942. 3. 2
伤后处置		随队	送院	随队
是否党员		否	是	是
备考				

太北牺牲烈士登记表

队别		十四团三营十一连	十四团三营十一连	十四团三营十一连	队别		十一连	十一连	十四团教导队
职别		班长	战士	战士	职别		战士	战士	学员
姓名		杨四元	李秀杰	刘怀安	姓名		王玉德	张前忠	王金海
年龄		22	23	19	年龄		33	20	19
籍贯	省	陕西	河北	河北	籍贯	省	河北	山西	河北
	县	水都	邢台	束鹿		县	涉县	和顺	武邑
	区					区			
	乡村	前村	吴村	兴路村		乡村	水中池	小田井	王家顿
家庭通讯处及收信人姓名		杨生胜收信		刘同安	家庭通讯处及收信人姓名		王金安	张中全	王玉林
家庭经济地位			人二口房三间	人四口房二间地一亩	家庭经济地位		人一口		人三口地八亩房五间
入伍年月		1935. 4	1942. 1	1939. 2	入伍年月		1942. 2	1938. 1	1940. 1
任过什么工作		通讯员	战士	战士	任过什么工作		战士	战士	战士
亡故经过			作战阵亡	作战阵亡	亡故经过		作战阵亡	受敌刺伤后生死不明	与敌遭遇
亡故地点		源泉	源泉	源泉	亡故地点		源泉	东崖底	台庄
亡故年月日		1942. 2. 15	1942. 2. 15	1942. 2. 15	亡故年月日		1942. 2. 15	1942. 2. 19	1942. 2. 18
是否党员		否	否	否	是否党员		否	是	否
备考					备考				

太南牺牲烈士登记表

队别		十四团三连
职别		战士
姓名		段守信
年龄		26
籍贯	省	河北
	县	赵县
	区	
	乡村	段碑庄
家庭通讯处及收信人姓名		段志秀
家庭经济地位		人五口房五间地十亩
入伍年月		1938. 6
任过什么工作		班长
亡故经过		作战阵亡
亡故地点		川底
亡故月日		1942. 2. 2
是否党员		
备考		

伤员登记表

队别	十三团一营一连	十三团一营一连	十三团一营一连	队别	十三团一营一连	营部	二连
职别	机枪班长	机枪副班长	二班长	职别	战士	战士	二排长
姓名	冀根全	张玉福	刘春来	姓名	王文秀	冯玉生	赵振全
年龄	27	27	26	年龄	34	35	27
籍贯	晋武乡	晋平定	冀临城	籍贯	晋昔阳	冀赞皇县	冀临城
入伍年月	1938. 6	1939. 3	1938. 3	入伍年月	1938. 5	1938	1937. 11
负伤部位及负伤轻重	颈部重伤	头部轻伤	手部轻伤	负伤部位及负伤轻重	手部轻伤	腿部重伤	右胳膊重伤
负伤地点	武安白安路村	武安白安路村	武安白安路村	负伤地点	武安白安路村	武安白安路村	武安白安路村
负伤年月日	1942. 2. 11	1942. 2. 11	1942. 2. 11	负伤年月日	1942. 2. 11	1942. 2. 11	1942. 2. 11
负伤处置	送院	在连休息	送院	负伤处置	在连休息	送院	送院
是否党员	是	是	是	是否党员	不是	不是	是
备考				备考			

伤员登记表

队别	十三团二连	十三团特务连	二营部	队别	三营十一连	三营十一连
职别	副班长	侦察员	副营长	职别	班长	战士
姓名	郭秀峰	李风祥	覃少三	姓名	赵好生	李小三
年龄	39	29	33	年龄	23	18
籍贯	河北胜寨	河北赞皇	陕西紫阳	籍贯	河北藁城	河北赞皇
入伍年月	1941. 5	1938. 6	1932. 12	入伍年月	1939. 1	1940. 3
负伤部位及负伤轻重	左胳膊重伤	脸上左手轻伤	左手上轻伤	负伤部位及负伤轻重	由臀部穿过小腹重伤	右脚心重伤
负伤地点	武安白安路村	武安大村	武安南安路	负伤地点	武安赵店	武安赵店
负伤年月日	1942. 2. 11	1942. 2. 12	1942. 2. 11	负伤年月日	1942. 2. 12	1942. 2. 12
负伤处置	送院	送院	营休息	负伤处置	送院	送院
是否党员	是	否	是	是否党员	是	否
备考		被敌人地雷炸伤		备考		

150. 八路军第129师第769团5、6月份反“扫荡”战役中阵亡人员登记表
(1942年)

组统计后存查8.10
“漳纵一连”

七六九团烈士登记表

部别		第二连		
职别		政指	八班长	四班长
姓名		杜银华	王金魁	王世志
年龄		30	27	25
籍贯	省	四川	陕西	山西
	县	通江	景阳	平定
	区	三区	二	
	村	儿村	高村	南上庄
家庭通信处及收信人姓名		草石巴 收信人杜银斗	高村 收信人王金彭	南上庄 本人收信
家庭状况		人七口地22亩房4间欠外150串	人六口地20亩房二眼窑	人三口地六亩房三间欠外40元
入伍年月		1935.5	1937.5	1938.6
任过何职		班排长	副班长	副班长
亡故经过		被敌子弹打于胸部当即牺牲	被敌子弹打住当即牺牲	被子弹打于头当即牺牲
亡故日期		6.8	6.8	6.8
亡故地点		五阳	五阳	五阳
是否党员		是	是	是
备考				

烈士登记表

战士			
王来生	杨福禄	房宝堂	郑秋子
20	23	38	34
山西	河南	山西	河北
昔阳	杞县	商州	内丘
一区		七区	二区
黑凹	城内	刘家庙	障磨后庄
同上王送生收讯	同上杨秀昌收讯	同上房玉生收讯	同上郑秋贵
人三口地五亩房二间	人四口地房均无	独自一人房地均无	人四口地十亩房十四间欠外100元
1939.1	1942.4	1942.4	1942.1
副班长	无	无	无
被子弹打上当即亡	被子弹打上即牺牲	被子弹打上当即牺牲	被子弹打上当即牺牲
6.8	6.8	6.8	6.8
五阳	五阳	五阳	五阳
非	非	非	非

队别		第二连		
职别		战士		
姓名		马生小	郭水子	石玉成
年龄		32	26	19
籍贯	省	河北	河北	河北
	县	赞皇	任县	内丘
	区	二	四	
	村	常荫沟杨家庄	郭家村	张马
家庭通讯处及收信人姓名		同上马冬真收讯	同上郭二常	同上石明子
家庭经济状况		人七口地五亩房四间欠外150元	人三口地四十亩房十二间	人四口地四亩房六间
入伍年月		1942.1	1942.1	1941.12
任过何职		无	无	无
亡故经过		子弹打于头当即牺牲	被炸弹打上即牺牲	被子弹打上当地牺牲
亡故日期		6.8	6.8	6.8
亡故地点		五阳	五阳	五阳
是否党员		非	非	非
备考				

烈士登记表

		队别		九团二营部	营部	营部
	饲养员	职别		班长	战士	战士
陈吉林	何宗选	姓名		聂瑞生	杨文彬	王有福
35	51	年龄				
河北	四川	籍	省			
临城	保宁		县			
四区		贯	区乡			
石成	何家湾		村			
同上本人收讯	同上本人收讯	家庭通讯处及收信人姓名				
人四口地八亩房五间欠外100元	人四口地十亩房四间	家庭经济状况				
1942. 1	1933. 8	入伍年月		1938	1938	1938
无	上士	任过什么工作		战士		
被子弹打上当即牺牲	被飞机弹炸于腿头两处即亡	亡故经过				
6. 8	5. 24	亡故地点		毛岭底	毛岭底	毛岭底
五阳	南艾铺	亡故月日		1942. 5. 24	1942. 5. 24	1942. 5. 24
非	非	是否党员		是		
		备考				

烈士登记表

营部	五连	六连	六连	队别		六连	六连	六连
通讯员	战士	连副	班长	职别		班长	战士	战士
李全喜	吴文海	赵庆寿	程福生	姓名		林云	李玉会	闫金才
	18	31	21	年龄		35	22	30
河北	鲁〈河北〉	河北	河北	籍贯	省	河北	河北	河北
赞皇	丘县	行唐	藁城县		县	宁晋县	衡水县	汾阳县
	三区	二区	五区		区乡	东区	三区	三区
	马步	侯家杨关	刘村		村	小村	李家庄	池宅村
	南官陶转本村收信人父吴深会	本村或雨亭镇赵子忠收	本村父程老杏收信	家庭通讯处及收信人姓名		没有收信人	本村李献廷收	本村闫亮收
	人5口地无房五间	人八口地三十二亩房十间欠债300元	人四口地四亩房七间	家庭经济状况		人一口地没房二间	人四口地五亩房五间	人三口地八亩房三间
1938	1940. 12	1937. 10 自动	1938. 7 入伍	入伍年月		1939. 3 入伍	1940. 10 入伍	1940. 5 入伍
		班长排副排长连副等职	战士副班长	任过什么工作		副班长	战士	战士
	负伤后由火线抬下来后才死	在追击敌人时敌人亦埋伏不知敌人冲来了往回退时牺牲的	监视敌人阻击敌人不注意，敌冲到面前来不及了，就回返时牺牲	亡故经过		因本班战士闫金才负伤他去托本班彩号时，敌人打的激烈亦牺牲	退却时牺牲	在双方打得激烈时亦负了伤以后敌人冲来用刺刀刺死了
毛岭	襄垣武阳	涉县庄上村	毛岭底	亡故地点		襄垣史北村	涉县南庄村	襄垣史北村
	1942. 5. 30	1942. 6. 12	1942. 5. 24	亡故月日		1942. 5. 22	1942. 6. 13	1942. 5. 22
是	非	是	是	是否党员		是	否	否
				备考				

烈士登记表

同	七连	队别	四连		九团一营三连
战士	三排长	职别	战士	班副	战士
马贵林	胡长宝	姓名	王金岗	梁贵	王合元
30	21	年龄	32	24	20
河北	河北	籍贯 省	河北	河北	山西
藁城	武城	籍贯 县	内丘	易县	襄垣
六区	二区	籍贯 区	二区		
南屯	吴家庄	籍贯 乡村	京张马	张家庄	西家堖
本村马口路	洋火店郭玉生	家庭通讯处及收信人姓名	本村王臣玉		本村王英福收
人五口地没房三间欠100元	人五口房五间地十亩	家庭经济状况	人五口地五亩房子二间	人三口房子三间地七亩	人五口欠债300元
1939.6入伍	1938.6	入伍年月日	1941.12平汉	1940.5南关	1940
战士	战士班长	任过什么工作	没有	战士	战士
在监视敌人阻击敌人时，敌人冲到身边不知牺牲了	冲锋	亡故经过	掩护退却被敌人机［枪］打在头部牺牲	掩护退却被敌人步枪打到头部	苏亭伏击敌时中弹亡
黎城毛岭底	史北镇	亡故地点	十字岭	南艾铺	苏亭
1942.5.24	1942.5.20	亡故月日	5.25	5.25	1942.5.28
非	是	是否党员	非	党员	是
		备考			

阵亡登记表

炮兵连	炮兵连	卫生队	特务连	队别	三营十连		
战士	战士	司务长	炊事员	职别	炊事员	炊事员	饲养员
余龙清	张来顺	张纪书	张保善	姓名	张振青	薛玉珠	刘明
38	26	51	39	年龄	28	37	35
西安	山西	安徽省	河北省	籍贯 省	河北	河南	山西
临潼	和顺	六安	栾城县	籍贯 县	宁津〈晋〉	临漳	和顺
			五区	籍贯 区乡			
城内	张庄	张家店	赵台村	籍贯 村	北兴庄	薛村	马连区村
无人收	无人收		本村张双连收	家庭通讯处及收信人姓名	北兴庄张振富收信	薛村薛好龙收信	马连区村刘毛成收信
人地房均无	人3口地七亩房无	人一口地房全无	人四口房二间	家庭经济状况	六口人地十亩房子五间欠债80元	一口人房子六间无地	人四口房三间欠债30元
1942. 3	1937. 11	1933. 6	1938. 7	入伍年月	1937 代安入伍	1940. 6 南关来	1938. 10 北会入伍
战士	战士	上士		任过什么工作	战士	战士	副班长
敌机炸死	因负伤掉队后敌搜山遇敌被打死	被飞机炸死	因敌人扫荡在后方遭遇敌人被刺死	亡故经过			敌机轰炸而亡
南艾铺	南艾铺	十字岭	南委泉	亡故地点	韩壁	韩壁	南艾铺
1942. 5. 25	1942. 5. 25	1942. 5. 25	1942. 5. 22	亡故月日	1942. 5. 22	1942. 5. 22	1942. 5. 25
否	是	是	否	是否党员	群众	群众	正式党员
				备考	因赶猪在后未来生死不明	因赶猪在后未来生死不明	

阵亡登记表

三营营部	七六九团司令部	七六九团司令部	队别		十三团七连		
侦察班长	饲养员	饲养员	职别		战士	班长	战士
尹加福	乔兴顺	李清顺	姓名		肖西贵	侯永祥	杨占元
38	39	26	年龄		34	24	33
河北	河北	河北	籍贯	省	河北	河北	河北
沙河	赵县	曲州		县	赞皇	永年	
一区				区乡			
小汗坡	高庄河	槐郊镇		村	南平旺	黎明关	
村尹拴收	本村	本村李凤章收	家庭通讯处 及收信人姓名				
人三口地二亩半房四间	人一口房二间	人四口地十亩房五间	家庭经济状况				
1937. 10 于禅房入伍	1838. 5	1939. 5	入伍年月				
班长副排长	饲养员	饲养员	任过什么工作				
	被敌机炸死	被敌机炸死	亡故经过		遭遇战阵亡	遭遇战阵亡	被敌包围坚决抵抗而亡
石门	南艾铺	南艾铺	亡故地点		乱石垴	乱石垴	涉县张寒殿
	1942. 5. 25	1942. 5. 25	亡故月日		1942. 5. 28	1942. 5. 28	1942. 5. 29
正式党员	否	否	是否党员		否	是	否
六月四日到石门一带侦察生死不明			备考				

阵亡登记表

七连		十连		队别		十连		
理发员	炊事员	战士		职别		战士		连长
耿全玉	齐付岗	崔尚永	杜圣海	姓名		刘黑娃	申保元	周秀纯
32	23	26	19	年龄		19	27	38
河北	河北	河北	河北	籍贯	省	河北	河北	山东
内丘	临城	临城	临城		县	藁城	邢台	
					区乡			
	管等村	岗西村	澄底村		村	邑家庄		
		本村崔有金		家庭通讯处及收信人姓名				
		人四口地六亩房六间		家庭经济状况				
		1939. 5	1940. 5	入伍年月		1938	1941. 6	1937. 9
		战士	战士	任过什么工作		战士	战士	排长
被敌包围而亡	被敌包围而亡	被敌包围头中弹亡	飞机弹炸亡	亡故经过		飞机炸亡	飞机炸亡	不详
武乡西堡	武乡西堡	小冶头	偏城东山	亡故地点		偏城东山	偏城东山	
1942. 5. 29	1942. 5. 29	1942. 5. 28	1942. 5. 25	亡故日月		1942. 5. 25	1942. 5. 28	
是	否	是	是	是否党员		否	否	是
		因军人登记表文书失连络带走，故填造不详		备考				

烈士登记表

队别		第十四团特务连	炮兵连	炮兵连
职别		通讯员	战士	战士
姓名		刘运生	任补成	邸双林
年龄		18	21	17
籍贯	省	冀	山西	冀
	县	邢台县	榆社	枣强
	区			
	乡村		北村	刘里仓口村
家庭通信处及收信人姓名			本村交任福阳（父收）	本村交邸双群收（兄）
家庭经济状况			人四口地六亩房六间欠债60元	人五口地无房五间
入伍年月		1941．3王村俘虏来	1941.10	1940.5
任过什么工作		通讯员	没有	公务员
亡故经过		在韩壁东北战斗打死的	在韩壁东北战斗打死的	在韩壁东北战斗打死的
亡故地点		武乡韩壁	武乡韩壁	武乡韩壁
亡故月日		1942.5.22	1942.5.22	1942.5.22
是否党员		否	否	否
备考			据他人说该同志阵亡了但未见尸首	

烈士登记表

队别		一营六连		
职别		一排副	战士	战士
姓名		王振荣	何长生	吕金山
年龄		30	18	22
籍贯	省	河北	河北	河南〈河北〉
	县	晋县	束鹿	武安
	区乡	三区	五区	
	村	王石背庄	辛集镇	北署村
家庭通讯处及收信人姓名		本村交王成安收信	何洛双收	吕明和收
家庭经济状况		人十七口地五十六亩房十五间	人四口房三间地无	人三口地二亩房三间
入伍年月		1938. 7	1938. 8	1937. 8
任过什么工作		排长、军事数员		电话员
亡故经过		负伤后送院牺牲		尸体没有抢下来
负伤地点		襄垣宋家洼	武乡王家圪塔	襄垣宋家姚〈窑〉
负伤月日		1942. 6. 5	1942. 5. 22	1942. 6. 3
是否党员		非	非	非
备考		虎亭战斗		虎亭战斗

队别		六连	三营九连	
职别		战士	班副	
姓名		张福地	张永福	
年龄		20	24	
籍贯	省	山西	河北	
	县	平定	高邑	
	区乡	四区	二区	
	村	赛鱼村	王村	
家庭通讯处及收信人姓名		无人	本村（父）张德成收	
家庭经济状况			三口人房三间欠债10元	
入伍年月		1937. 7. 10	1939. 11	
任过什么工作		马夫通讯员	副班长	
亡故经过		尸体没有抢下来	与敌遭遇部队向后转时中弹而亡	
亡故地点		宋家姚〈窑〉	武乡韩壁	
亡故月日		1942. 6. 3	1942. 5. 22	
是否党员		非	是	
备考		虎亭战斗		

烈士登记表

队别		旅通讯队	旅通讯队	旅通讯队
职别		电话副班长	通讯员	炊事员
姓名		李士德	吕延娃	李生富
年龄		27	21	39
籍贯	省	河北	陕西	山西
	县	邢台		昔阳
	区			
	乡村			
家庭通信处及收信人姓名				
家庭经济状况		地十亩房十间	地二十亩房三间	地房全无
入伍年月		1937. 12	1938	1938. 4
任过什么工作		战士		
亡故经过		牺牲于黎城五十亩	牺牲于襄垣黄碾	牺牲于武乡韩壁
亡故地点				
亡故月日		1942. 5. 27	1942. 6. 8	1942. 5. 23
是否党员				
备考				

151. 八路军第129师第385旅浮翼战役阵亡登记表
(1942年)

阵亡登记表

队别		二营五连	二营五连	七连
职别		战士	战士	战士
姓名		任福德	王文其	尹守仁
年龄		37	31	20
籍贯	省	河北	河北	河北
	县	邢台	临城	晋县
	区	二区	一区	二区
	乡村	蔡峪村	石窝铺	尹家庄
家庭通信处及收信人姓名		本村任昌用收	王成祥	尹老书收
家庭经济状况		人四口房三间欠债34元	人四口房五间	人六口地二十亩房八间欠债百元
入伍年月		1938. 11	1942. 1	1939. 8
任过什么工作		战士	战士	战士
亡故经过		冲锋时牺牲	冲锋时牺牲	中弹
亡故地点		贾庄	贾庄	胡子岭
亡故月日		1942. 4. 15	1942. 4. 15	1942. 4. 15
是否党员		否	否	否
备考				

阵亡登记表

七连	七连	八连		队别		八连		
战士	战士	副连长	排长	职别		副排长	班长	战士
闫双娃	韩孟化	段书艮	马长才	姓名		余自林	张洪品	王德明
23	30	29	25	年龄		24	25	32
陕西	河北	河南	安徽	籍贯	省	陕西省	四川	山西
西安	束鹿	偃师	六安		县	宁夏州	达县	昔阳
二区	四区		姜家店		区乡	四区	矮口上	四区
店镇	徐村	大屯	其林庙		村	余家坊	老房子	东柳村
闫伍田收	韩老宽	本县槐庙张大和	马长原	家庭通讯处及收信人姓名		余及云收	张洪玉收	王文义收
人三口地三十亩房四间欠40元	人三口房三间	人四口地二十亩房七间	人二口	家庭经济状况		人五口房五间欠债150元	人三口地六亩欠60元	人四口地三亩欠100元
1937. 8	1940. 2	1936. 3	1931. 4	入伍年月		1934. 9	1933. 10	1941. 12
炊事员	战士	排长	班排长	任过什么工作		班长	班长	战士
冲锋中弹	中弹	冲锋时中弹	中弹	亡故经过		中弹	冲锋中牺牲	冲锋中牺牲
胡子岭	胡子岭	胡子岭	胡子岭	亡故地点		胡子岭	胡子岭	胡子岭
1942. 4. 15	1942. 4. 15	1942. 4. 15	1942. 4. 15	亡故月日		1942. 4. 15	1942. 4. 15	1942. 4. 15
非	非	是	是	是否党员		是	是	非
				备考				

阵亡登记表

队别	一营营部	第一连	第一连				
职别	战士	战士	战士	战士	战士	战士	战士
姓名	李凤春	赵长顺	马志功	杨文志	翟许根	冯二小	袁双震
年龄	32	17	30	20	23	21	21
籍贯 省	河北省	河北省	河北省	河北	河北	河北	河北
籍贯 县	顺德	赞皇县	新乐县	藁城	赞皇	临城	束鹿
籍贯 区	四区	一区	三区	八区	一区	一区	四区
籍贯 乡村	徐亭赛村	柳子沟	陈家庄	马村	仁义沟	姜家沟	袁庄
家庭通讯处及收信人姓名	交母杨氏	赵子明收	母秦氏	杨信良收	翟世炎	冯庆江收	袁老当收
家庭经济状况	地十亩欠债60元	地三亩房三间	房二间欠债180元	人十口地九亩房七间	人八口地十二亩房十二间	人一口房二间	人六口地五亩房三间
入伍年月	1941	1942	1939	1939. 5	1941. 12	1942. 1	1939. 6
任过什么工作	战士	战士		通讯员		战士	战士
亡故经过				中弹	冲锋时中弹	冲锋时牺牲	冲锋时牺牲
亡故地点	李家堡	李家堡	李家堡	同	同	同	同
亡故月日	1942. 4. 15	1942. 4. 15	1942. 4. 15	同	同	同	同
是否党员	否	非	是	非	是	非	非
备考							

阵亡登记表

四连	三连	三连	三连	队别		九团第一营二连	第三营十连	十连
战士	战士	战士	战士	职别		代理排长	政治指导员	一排长
吉文学	张有生	张胜小	申满全	姓名		张光前	李光海	周成元
19	24	20	23	年龄		26	23	22
河北	山东〈河北〉省	河北省	河北省	籍贯	省	四川省	四川省	四川省
内丘	丘县	赞皇县	内丘县		县	南部县	宣汉县	南江
三区	一区	四区	二区		区	三区		二
老树会村	枣峪	中马峪	黄府村		乡村	市合院	吊角村	划长渠
同上吉章得	本村张万林收	本村张义孩收	本村申发祥收	家庭通讯处及收信人姓名		张光华收	宣汉城衙门口陈月宾转李廷豪收	本村周天凤
二口人房十五间地十亩	人四口地三亩房二间	人二口地无房二间	人三口地八亩房五间	家庭经济状况		人七口地五十亩	人九口地二十九亩房三间欠债200元	人五口地八亩房三间欠债200元
1941. 12	1940	1942. 1	1942. 1	入伍年月		1933. 4	1933. 4	1934
战士	战士		战士	任过什么工作		班长排长副排长	司号员司号长政指	班长副排长
正和敌人打时亡故	肉搏时被敌刺死	冲锋时敌手榴弹炸毙	冲锋时敌手榴弹炸毙	亡故经过		冲锋时被敌手榴弹打死	在前线指挥部队冲锋头部中弹而亡	在前线指挥部队冲锋头部中弹而亡
同	李家堡	李家堡	李家堡	亡故地点		李家堡	李家堡	李家堡
同	1942. 4. 15	1942. 4. 15	1942. 4. 15	亡故月日		1942. 4. 15	1942. 4. 15	1942. 4. 15
否	是	非	非	是否党员		是	是	是
				备考				

阵亡登记表

第三营十连	十连	十连	八连	队别	特务连		
二排副	战士	战士	战士	职别	战士	战士	战士
赵光义	范富贵	郑长顺	孙保安	姓名	李保山	刘高文	王成喜
24	34	28	20	年龄	26	37	20
山西省	河北省	河北省	河北省	籍贯 省	山西	陕西	山西
昔阳县	赵县	内丘县	肥乡	籍贯 县	昔阳	阜平	平顺
二区	东北区	中区	四区	籍贯 区乡	一区	四区	三区
孔祠村	马圈村	白家庄	常五营	籍贯 村	城内	四家坡	东索
本村赵保万收	本村范富海	本村郑长年收	孙保文收	家庭通讯处及收信人姓名	李起福	雷春阳	王荣和
人十一口地二十亩房十四间	人五口地二十亩房十间	人三口地五亩房五间欠债200元	人七口地十五亩	家庭经济状况	人六口房三间	房一间	人三口地十亩
1938	1938	1941. 12	1940. 12	入伍年月	1937. 9	1937. 7	1937. 12
班长	炊事班长	战士	战士	任过什么工作	战士班长	战士	战士
			冲锋时牺牲	亡故经过	敌火力杀伤	敌火力杀伤	敌火力杀伤
李家堡	李家堡	李家堡	胡子岭	亡故地点	沙眼	沙眼	沙眼
1942. 4. 15	1942. 4. 15	1942. 4. 15	1942. 4. 15	亡故月日	1942. 4. 15	1942. 4. 15	1942. 4. 15
非	是	非	非	是否党员	是	是	否
				备考			

阵亡登记表

				队别	三八五旅通讯队	三八五旅通讯队	侦察连
同	同	同	同	职别	一排长	一排副	战士
贾焕章	王英贵	刘因太	张小六	姓名	袁成山	赵清泉	王保堂
24	20	22	18	年龄	23	21	26
河北	河北	河北	河北	籍贯 省	安徽省	河北省	察哈尔
冀县	藁城	赞皇	赞皇	县	立煌县	栾城县	
三区	三区	五区	四区	区乡	六区一乡	东区	
马家庄	南营	尖山	高家庄	村	公家庙村	柳林村	
贾恒	王兰柱	刘中和	张二拴	家庭通讯处及收信人姓名	本地袁成义收信	本地赵修文收信	
人三口房二间地十亩	人五口地六亩房八间	人六口地五亩房八间	人六口地三亩房十八间	家庭经济状况	七斗地房六间人六口欠债300串钱	地二十亩房十间人十口欠债七十余元	
1938. 10	1938. 5	1941. 11	1942. 1	入伍年月	1938. 8 入伍	1938. 4 入伍	
战士	战士	战士	战士	任过什么工作	宣传员见习参谋青年干事	副班长	
同	同	同	同	亡故经过	为敌炮弹所伤	为敌炮弹所伤	敌人袭击顽强抵抗负伤致命
同	沙眼	沙眼	沙眼	亡故地点	浮山李家浦	浮山李家浦	武乡王家峪
同	同	同	同	亡故月日	1942. 4. 15	1942. 4. 15	1942. 4. 22
否	否	否	否	是否党员	是	是	否
				备考			

阵亡登记表

队别		十四团特务连	一营营部	一营营部
职别		战士	排副	通讯员
姓名		陈墨珍	赵振忠	姚书新
年龄		19	25	19
籍贯	省	河北省	冀	冀
	县	晋县	宁晋	武邑
	区乡			
	村	东吊鱼台	鱼台	娥小窑
家庭通信处及收信人姓名		本村陈俊英（父）	本村赵书林	本村姚水成
家庭经济状况		十口人自地三十亩自房十间	人九口地十亩房九间	人十口地十亩房六间
入伍年月		1938.9	1938.5	1940.5
任过什么工作		战士	班长	战士
亡故经过		因伤重在路上牺牲	阵亡	阵亡
亡故地点		东直	左村	左村
亡故月日		1942.4.15	1942.4.15	1942.4.15
是否党员		是	是	是
备考				

阵亡登记表

队别		一营营部	一连	一连
职别		卫生员	战士	战士
姓名		马瑞山	陈福	刘书江
年龄		19	26	25
籍贯	省	冀	冀	湖南
	县	赵县	赵县	
	区			
	乡村	大安镇	张村	
家庭通讯处及收信人姓名		本村马老林		
家庭经济状况		人三口地五亩		
入伍年月		1938. 6	1940	1933
任过什么工作		卫生员	战士	排长
亡故经过		与彩号换药未抢回		
亡故地点		左村	左村	左村
亡故月日		1942. 4. 15	1942. 4. 15	1942. 4. 15
是否党员		非	非	是
备考				

队别		一连	二连	二连
职别		战士	战士	战士
姓名		郭计海	闫启太	毕风玉
年龄		24	18	26
籍贯	省	河南	晋	冀
	县	涉县	辽县	武邑
	区		六区	二区
	乡村	索堡	拐儿镇	李杨村
家庭通讯处及收信人姓名			本村闫小拴	本村毕风生
家庭经济状况			人三口地房无	人三口地十六亩房六间
入伍年月		1938	1940	1940
任过什么工作		战士	司号通讯员	战士
亡故经过			与敌人冲锋阵亡	与敌人冲锋阵亡
亡故地点		左村	左村	左村
亡故月日		1942. 4. 15	1942. 4. 15	1942. 4. 15
是否党员		是	否	否
备考				

阵亡登记表

队别		二连	二连	二连
职别		战士	战士	战士
姓名		李凤鸣	赵喜进	宋五合
年龄		25	41	26
籍贯	省	冀	冀	晋
	县	新乐县	晋县	辽县
	区	二区	五区	
	乡村	车古	张召村	白地垴
家庭通讯处及收信人姓名		本村本人收	本村李老堂收	本村宋金小收
家庭经济状况		人六口房二间地无	人七口地无房七间	人三口地十三亩房五间
入伍年月		1939	1939	1939
任过什么工作		战士	战士	战士
亡故经过		与敌冲锋阵亡	与敌冲锋阵亡	与敌冲锋阵亡
亡故地点		左村	左村	左村
亡故月日		1942. 4. 15	1942. 4. 15	1942. 4. 15
是否党员		否	否	是
备考				

队别		二连	二连	二连
职别		战士	班长	班长
姓名		吕仁福	马占魁	刘祥发
年龄		31	21	23
籍贯	省	冀	冀	鲁
	县	邢台	束鹿	馆陶
	区			
	乡村	宋树沟	车城	曲家庄
家庭通讯处及收信人姓名		本村吕仁愚收	本村马老有收	本村刘云法
家庭经济状况		人二口地无房二间		
入伍年月		1941	1938	1939
任过什么工作		战士		
亡故经过		与敌冲锋阵亡	与敌冲锋阵亡	与敌冲锋阵亡
亡故地点		左村	左村	左村
亡故月日		1942. 4. 15	1942. 4. 15	1942. 4. 15
是否党员		否	否	是
备考				

阵亡登记表

队别		三连	三连	三连	三连	三连	三连
职别		班长	班长	班长	副班长	战士	战士
姓名		王朝玉	李德生	高六九	王元顺	刘宝和	段小猴
年龄		33	31	21	38	28	23
籍贯	省	河北	山西	山西	河北	河北	河北
	县	正定	平定	辽城	束鹿	晋县	藁城
	区						
	乡村	林头村	长安村	杨郊村	小王村	东寺里	马庄
家庭通讯处及收信人姓名		本村王朝忠	本村李天禄	不通讯	本村王元忠	本村刘振山	本村段长富
家庭经济状况		人三口房三间	人三口房二间地八亩欠债二十元		人十八口房十间油房一座	人四口房五间地五亩	人五口房五间地十亩欠债100元
入伍年月		1939. 8	1937. 9	1938. 6	1938. 5	1938. 7	1938. 5
任过什么工作		班长	班长	班长	班长	战士	战士
亡故经过		死守阵地	誓死抵抗英勇牺牲	退却时牺牲	敌火下撤退牺牲	阵亡	坚守阵地
亡故地点		左村	左村	左村	左村	左村	左村
亡故月日		1942. 4. 15	1942. 4. 15	1942. 4. 15	1942. 4. 15	1942. 4. 15	1942. 4. 15
是否党员		否	是	是	否	否	是
备考							

阵亡登记表

队别		三连	二营五连	六连	队别		二营六连	二营六连	二营六连
职别		战士	排副	排副	职别		副班长	副班长	副班长
姓名		李小五	韩志昌	李保贵	姓名		马大义	李富贵	张庆彬
年龄		22	20	28	年龄		24	18	24
籍贯	省	山西	河南	河北	籍贯	省	河北省	河北	河北
	县	晋城	林县	宁晋		县	晋县	藁城	束鹿
	区					区			
	乡村	上庄	东南村	胡家屯		乡村	杭树村	北关	王小村
家庭通讯处及收信人姓名		本村李克明	本村韩存富收	本村李老懂收	家庭通讯处及收信人姓名		本村马济德	本人收	本村张庆科
家庭经济状况		人七口房三间地五亩欠债三十元			家庭经济状况		人十口房七间欠债700元地五十亩	本人无房地	人八口房地无
入伍年月		1937.9	1937.10	1938.7	入伍年月		1938.11	1940.1	1938.11
任过什么工作		摇机员	班长	班长	任过什么工作		战士	号员、马夫	班长
亡故经过		受敌包围退时牺牲			亡故经过		阵亡	阵亡	阵亡
亡故地点		左村	左村	三股岔	亡故地点		三股岔	三股岔	三股岔
亡故月日		1942.4.15	1942.4.15	1942.4.15	亡故月日		1942.4.15	1942.4.15	1942.4.15
是否党员		否	是	是	是否党员		是	否	是
备考					备考				

阵亡登记表

队别		六连	六连	六连
职别		战士	战士	战士
姓名		平玉享	冯海山	郑同海
年龄		17	32	22
籍贯	省	河北	贵州省	河北
	县	井径	仁怀县	内丘县
	区			
	乡村	前赵路	二郎桥	山里屯
家庭通讯处及收信人姓名		本村平得胜	本村冯文昭	本村郑牛保
家庭经济状况		人三口	人五口房四间地六亩欠债120元	人六口房八间地三十亩欠债120元
入伍年月		1938. 1	1939. 2	1941. 12
任过什么工作		宣传员	战士	战士
亡故经过		阵亡	阵亡	阵亡
亡故地点		三股岔	三股岔	三股岔
亡故月日		1942. 4. 15	1942. 4. 15	1942. 4. 15
是否党员		否	否	否
备考				

队别		七连	十一连	十连
职别		战士	政指	副政指
姓名		侯应龙	王大成	马七林
年龄			25	22
籍贯	省	河北	四川	河北
	县	晋县	万源	束鹿
	区			
	乡村	庞村	故均坝	辛集
家庭通讯处及收信人姓名		本村侯老卿	本村王德智	本村马文册
家庭经济状况		人六口房三间	人八口房四间谷子一斗	
入伍年月		1940. 7	1933. 9	1938. 3
任过什么工作		战士	通讯员班长	油印员支书
亡故经过		与敌冲锋	被敌冷枪打死	被敌冷枪打死
亡故地点		左村	茶房庙	茶房庙
亡故月日		1942. 4. 15	1942. 4. 15	1942. 4. 15
是否党员		是	是	是
备考				

阵亡登记表

队别		九连	九连	九连	九连	十连	十连
职别		班长	战士	战士	战士	副班长	副班长
姓名		张建财	李开禄	王金生	陈得点	杨华福	王进才
年龄		28	18	29	21	30	22
籍贯	省	甘肃	河北	河北	河北	河北	河北
	县	甘谷县	赵县	武邑	固城	元氏	获鹿
	区						
	乡村	张村	王家谷	吕寨村	镇口街	北褚村	良政村
家庭通讯处及收信人姓名		本村公所	本村李建生	本村王立成	本村陈连清	本村杨彩清	本村王张氏
家庭经济状况		人二口地八亩欠债500元	人五口地八亩房八间	人八口地二十亩房十间	人七口地四十亩房十五间	人四口地八亩房九间	人一口房十二间地十四亩
入伍年月		1936	1938. 7	1940. 11	1938	1940. 7	1938. 4
任过什么工作		战士	战士	战士	战士	战士	宣传分队长工兵排长
亡故经过		运动队伍时被敌冷枪打死	冲锋阵亡	冲锋阵亡	冲锋阵亡	冲锋阵亡	冲锋阵亡
亡故地点		茶房庙	茶房庙	茶房庙	茶房庙	茶房庙	茶房庙
亡故月日		1942. 4. 15	1942. 4. 15	1942. 4. 15	1942. 4. 15	1942. 4. 15	1942. 4. 15
是否党员		否	否	否	否	否	是
备考							

阵亡登记表

		三连	一营营部	二连
队别		三连	一营营部	二连
职别		连长	副营长	副班长
姓名		甘锡川	沈光国	宫长小
年龄		27	30	23
籍贯	省	河南省	河南省	河北省
	县	光山县	罗山县	赞皇县
	区		一区	
	乡村	甘个弯村	铁子岗	下马村
家庭通信处及收信人姓名		本村甘堂士	宣化店黄一堂收信	本村宫立收信
家庭经济状况		五口人地房各二	人五口房五间	人六口房地无
入伍年月		1926	1929. 3	1938. 9
任过什么工作		连排营教导员	排连长政教	战士
亡故经过		准备冲锋被敌人冷枪打死	头部重伤阵亡	胸部重伤阵亡
亡故地点		小山岩	浮山县小山岩	浮山县小山岩
亡故月日		1942. 4. 14	1942. 4. 15	1942. 4. 15
是否党员		是	是	不是
备考				

阵亡登记表

二连	一连	政治处	特务连	队别	二营五连		
战士	班长	敌军干事	侦察排副	职别	机关副班长	战士	战士
商秀林	王志堂	孟宪田	张文华	姓名	尹文武	李志安	吴进
23	22	22	23	年龄	31	42	20
河北省	河北省	河北	河北	籍贯 省	河北省	河北省	山西省
赞皇县	赞皇县	景县	元氏	籍贯 县	晋县	元氏县	祁县
五区				籍贯 区			三区
田村	新郭村	自立村	上庄	籍贯 乡村	杨家营	大孔村	小仪村
本村商官增	本村公所转	本村孟熙荣	本村张根若	家庭通讯处及收信人姓名	尹老成祖父收	占根叔父收	吴记父收
人四口房九间地三亩			人四口地七亩房七间欠10元	家庭经济地位	地六十亩房十五间人十八口	地六亩房无人七口	人三口房五间地三十亩
1940. 1	1938. 6	1938. 10	1938. 10	入伍年月	1939. 5	1938. 6	1940. 8
	战士	副班长	班长	任过什么工作	副班长	副班长	战士
头部重伤阵亡	头部重伤阵亡	小腹负伤后转院途中牺牲	屯留西古县侦察与游击队误会牺牲	亡故经过	先负重伤因救急迟慢流血过多而亡	先负重伤因救急迟慢流血过多而亡	冲锋时光荣牺牲
浮山县小山岩	浮山县小山岩	崔家岭	西古县	亡故地点	白树庄	白树庄	白树庄
1942. 4. 15	1942. 4. 15	1942. 4. 15	1942. 4. 3	亡故月日	1942. 4. 15	1942. 4. 15	1942. 4. 15
不是	是	是	是	是否党员	是	是	否
				备考			

阵亡登记表

队别		二营	六连	六连
职别		营副	连长	战士
姓名		覃少三	饶世刚	刘振海
年龄		33	33	25
籍贯	省	陕西	四川	河北
	县	紫阳	仪龙	临城
	区			
	乡村	土包寨	永安场	梁村
家庭通讯处及收信人姓名		本村覃运高	本村饶桂荣	本村刘文
家庭经济状况		十一口人佃地六石佃田三石佃房三间负债500串	人八口房二间地二亩欠100元	人九口房九间地十五亩
入伍年月		1932.12	1937.8	1937.11
任过什么工作		班排连长营副政指政教	连长	战士
亡故经过		腹负重伤后行至半途而亡	指挥勇敢不顾一切	勇敢冲锋牺牲
亡故地点		浮山崔家岭	崔家岭	崔家岭
亡故月日		1942.4.15	1942.4.15	1942.4.15
是否党员		是	否	否
备考				

队别		十三团二营七连		
职别		战士	五班长	司号员
姓名		陈香芍	张治顺	赵光兴
年龄		23	24	19
籍贯	省	山西	河北	河北
	县	陵川县	柏乡	南宫
	区			
	乡村	洪水村	北马村	刘家庄
家庭通讯处及收信人姓名		本村陈别牛	本村张保太	本村赵寿山收
家庭经济状况		二口人地五亩房三间	五口人地八亩房无欠债100元	三口人地无房三间
入伍年月		1939.7 王家坪民军俘来	1938.2 自动来	1938.7 自愿来
任过什么工作		通讯员	班长	司号员
亡故经过		自胸膛打进的立刻牺牲	自胸膛打进的立刻牺牲	自胸膛打进的立刻牺牲
亡故地点		在浮山崔家岭	在浮山崔家岭	在浮山崔家岭
亡故月日		1942.4.15	1942.4.15	1942.4.15
是否党员		正式党员	正式	不
备考		都是使得棺材		

阵亡登记表

六连	六连	三营十连	队别		三营十连	三营十连	三营十连
战士	战士	连长	职别		战士	战士	战士
王东生	赵豹	王洪义	姓名		王茂林	石德魁	苏学心
21	30	37	年龄		27	17	22
山西	河北	山东	籍贯	省	山西	河北	河北
襄垣	赞皇	博山县		县	平定	沙河	临城
				区乡	应用村		
晋头	杨寨	偏上村		村		赵村	岗西村
本村王子佩	本村赵振文	本村王廷海	家庭通讯处及收信人姓名		本人	本村本人	本村本人
人八口房五间地十亩	人六口房十间地八亩	人二口房地无	家庭经济状况		人四口地十亩房三间	人四口地三亩	人六口地20亩房八间
1940. 10	1940. 3	1937. 9	入伍年月		1940. 5	1941. 10	1940. 3
战士	饲养员	排连长	任过什么工作		战士	战士	战士
勇敢冲锋牺牲	勇敢冲锋牺牲	负伤后转院时牺牲	亡故经过		战场埋的	战场埋的	战场埋的
崔家岭	崔家岭	柏栎庄	亡故地点		崔家庄	崔家庄	崔家庄
1942. 4. 15	1942. 4. 15	1942. 4. 15	亡故月日		1942. 4. 15	1942. 4. 15	1942. 4. 15
否	否	是	是否党员		是	否	否
			备考				

阵亡登记表　　十三团

队别		同	十一连	十一连	队别		特务连		
职别		战士	文干	战士	职别		侦察排副		
姓名		任永相	孙庆瑞	卢庆海	姓名		张文华		
年龄		27	28	19	年龄		23		
籍贯	省	山西	河北	河北	籍贯	省	河北		
	县	榆社	宁晋	晋县		县	元氏		
	区					区乡			
	乡村	上石桥村	孙家羊杯	为家口		村	上庄		
家庭通讯处及收信人姓名		本村本人	本村孙栋集	本村本人	家庭通讯处及收信人姓名		本村张根若		
家庭经济状况		人六口地十亩房三间	人二十五口房十五间地六十五亩	人三口房七间地五亩	家庭经济状况		人四口地七亩房七间欠洋10元		
入伍年月		1940. 1	1938. 3	1938. 9	入伍年月		1938. 10		
任过什么工作		战士	民员	战士	任过什么工作		侦察班长		
亡故经过		战场埋的	购棺埋藏	用板埋了	亡故经过		1942. 4. 3 到屯留西古县侦察与游击队发生误会		
负伤地点		柏求庄	柏求庄	柏求庄	负伤地点		屯留西古县		
负伤月日		1942. 4. 15	1942. 4. 15	1942. 4. 15	负伤月日		1942. 4. 3		
是否党员		是	是	否	是否党员		是		
备考					备考				

152. 太行军区第2军分区武器弹药损失统计表（1942年）

太行二军分区武器弹药修械家具损失报告表

名称	数量	单位	名称	数量	单位	说明
机枪套子	34	个	老虎钳	8	个	一、机枪套子系从后方连夜运回的因情况紧急迅速埋藏（二月二日夜十二时）同时队伍相距遥远即时不能发给而被敌搜去； 二、表列步枪系各部代修之枪收取无定时情况紧急才作处理而损失； 三、修械家具因发生情况后急速处理，同时修械所的一个伙夫被俘以及当地群众之被俘而损失； 四、重机枪冲锋枪均系废坏不堪修理之枪埋藏久时未取因敌在该地严秘搜查而损失； 五、表列弹药地雷系临时库房所存因经常取放暴露目标而损失。
待修步枪	29	支	锯弓	2	个	
79子弹	500	发	十四寸方锉	5	把	
65子弹	300	发	十四寸方锉	2	把	
老毛斯子弹	1000	发	一尺板锉	5	把	
十三太保子弹	800	发	八寸板锉	3	把	
五斤地雷	6	发	六寸板锉	2	把	
一斤小地雷	9	发	六寸半元锉	2	把	
废坏炸弹	220	发	四寸半元锉	1	把	
废坏重机枪	1	挺	一尺元锉	1	把	
老毛斯枪	15	支	八寸元锉	1	把	
大刀	120	把	大坯板	1	套	
82炮弹	6	发	砂轮	1	个	
			武钻	2	个	
			风匣	2	个	
			十四寸方锉	2	把	
			十四板锉	2	把	
			钳子	2	把	
			摇钻	1	套	
			木工大小锯	3	个	
			木工大小凿	10	个	
			木工斧子	2	把	

太行二军分区军工器材损失报告表

名称	数量	单位	单价		金额		说明
六寸锉	4	把	18	50	74	00	一、表列五金材料系新购未来作报销，因敌情紧急，靠近住村埋藏，被敌搜去； 二、火硝系给炸弹所代购，因不能埋藏故寄于山庄秘密山洞而被敌搞去。
八寸锉	6	把	41	00	246	00	
十二寸锉	4	把	57	00	228	00	
钢坯	12	磅	25	00	300	00	
硼砂	1.5	斤	17	00	25	50	
榆木板	125	方尺	4	80	600	00	
拭枪油	41	瓶	3	00	123	00	
火硝	650	斤	1	30	845	00	
合计					2441	50	

司令员曾绍山

政治委员赖际发

副政治委员陶鲁茄

参谋长蒋克诚

供给处长谢芳祠

副处长胡传运

政治委员郭蕴璋

153. 冀中军区 11 月份干部伤亡统计
(1943 年 1 月 24 日)

(一) 六分区:

1. 一团亡副连长康步云，年二七，冀定县；伤排长李栋昆，年二五，冀博野；副排长王德生，年二六，冀清苑；寇金风，年二六，冀博野；栗宦培，年二六，冀望都。

2. 三团亡政指杜民斗，年二九，冀深泽；何治国，年一八，冀深泽；副政指刘长楷，年二二，冀安平；俱乐部主任李世安，年二二，冀饶阳；长宋芝禄，年二六，冀清苑；牛文立，年二三，冀无极；沈中奎，年二九；热富辛；司务长王洪耀，年二四，冀束鹿。伤连长张书田，年二一，冀晋县；排长杨吉辰，年二四，冀晋县；副排长李道潘，年二七，冀安平。以上共亡连级五排级四，伤连级一，排级六。

(二) 三分区:

1. 十七团伤排长王树勋，年二十二，冀清苑。

2. 廿四团亡政指丁清江，年三十，冀定县；伤连长许建华，年二六，冀定县；排长何树凯，年二五，冀武清。

3. 三六地区队伤副连长邢开方，年三三，冀藁县。

4. 以上亡连级一，伤连级二，排级二。

(三) 九分区:

1. 五八团亡副连长张文耀，年二一，冀安新；排长魏凤祥，年二八，冀蠡县；伤副排长王凤臣，年不详，冀河间。

2. 四三地区队亡连长邸学明，年龄籍贯不详；齐振挤，年二五，冀唐山；政指蔡学勤，年龄籍贯不详；支书郭焕光，年二〇，冀高阳；见习参谋王中友，年二二，冀容城；排长刘福明，年二〇，冀安新；杨国全，年二九，冀蠡县；副排长李古奎，年二二，冀高阳；孙明宝，年二六，冀高阳；代尚年，年二七，冀安新。

3. 三八地区队亡政指冀俊夫，年二三，陕韩城；高粮，年二七，冀高阳；伤连长张顺，年二九，冀蠡县；排长魏纪公，年二八，冀河间。

4. 以上亡连级七排级八，伤连级一排级二。

(四) 南进支队独十六团亡政指杨榆森，冀安平；副连长刘作臣，冀安平；排长吴同章，冀束鹿；张金冀，武邑；王歧周，冀大城；陈吾增，冀深泽；刘其，冀安新；文陈志，冀深县；伤连长高万金，冀饶阳；政指叶任，冀深县；排长张延年，冀安国。

2. 二一团伤连长张全西，冀束鹿；支书张光端，冀深县；李秫林，冀大城；李占缓，冀安县；政指王梅峰，辽海城；李重酉，冀献县，郭子父，冀永清；副连长范有庆，辽宁藩山；肖延明，冀深县；董鹤皋，冀高阳；三排长耿贯参，冀青县；李海全，冀新城；刘文山，鲁郯城；姚子林，冀青县；董俊玉，冀深县；葛春和，冀交河；魏松，冀束鹿；崔梅花，冀大城；崔本朦，冀青县；藏金瀚，冀深县；赵万玉，豫林县；温造成，冀束鹿；任战彬，冀献县；副排长张子图，冀肃宁；赵土桥，冀献县；张义证，冀青县；张绪彬，冀青县；王椹胜，冀交河；卓文华，冀深县；赵凤山，冀束鹿；王兴清，冀蓟县；文教魏三义，冀安国；二营分支书王凤祥，冀蠡县，高小毕业后参加本县自卫团，后改编为人民自卫军，在七团政治处任宣传员，后到安平军校受训，毕业后到十九大队任政指、组干、分支书记等职。三营营长孟庆洪，小学四年后学木工，后参加东北军，后到烟台某车站工作，后回家组联庄改编八军，后任连长、副营长、营长等职。

3. 以上亡连级一，排级六；伤营级二，连级十二，排级廿三。

（五）八分区及四二区队总支书履历未报，待报来后报。

（冀中来）

（缺署名）

廿四日

154. 晋察冀军区1942年11、12两月人员伤亡统计
(1943年2月1日)

军委集总：

兹将北岳区一九四二年戌亥两月战斗中伤亡统计报告如下：（连级以上有简历）·十一月份：

（一）一分区：

（1）亡连级一，一团二连长张铭德，三十岁，鲁郓城，戌梗于易县韩庄战斗牺牲。排一、班五、战三九，共四六名。

（2）伤排五、班九、战六一，共七五名。

（二）二分区：

（1）亡排级一、班级六、战士一九，共二六。

（2）伤团级一，连级一。四团参谋长周宏，廿八岁，晋崞县，戌东于五台杨家庄重伤；三四团三连政指庄鼎，廿六岁，闽霞浦人，酉寒于盂县香炉口轻伤。排级四、班级一、战士廿四，共三一。

（三）三分区：

（1）亡营级二、连级二：七区队参谋长高瀑，廿六岁，辽宁凤城人，戌有于云彪县亭西庄；分区参谋部作战股长姚之一，廿八岁，晋应县人，戌有于云彪县三地村；七区队侦察参谋王子鑫，廿七岁，冀完县人，戌有于云彪县三地村；武宣队组干黄厚金；廿五岁（同上）。排级一、班级二、战士二二，共二九。

（2）伤骑团二连长朱丙臣，廿六岁，冀高阳人，戌于唐县包水轻伤；伤政指王培申，卅五岁，鲁省人（同上）。排级一、班级二，战士廿六共三一。

（四)、四分区：

（1）亡连一：教团三连长党潜，廿岁，冀定县人，戌有于行唐南城。排一、班一、战士十二，共十五。

（2）伤连一，教团五连长贺迁毛，廿七岁，辽宁开源人，酉俭于行唐刘王村。排六、班九、战五三，共六九。

（五）军直：亡营一、连一，炮兵营政委宋培文，卅一岁，戌马于满城；司令部队训科参谋郭忠，廿七岁，冀玉田县人，戌齐于崞县新庄。

十二月份：

（一）一分区：

（1）亡连二，三团三连长张玉耀，卅岁，川青神人，亥江于满城大娄村；雁北区队队训参谋瑞林，卅三岁，晋平定人，亥江于应县龙王堂。排一、班五、战士二七，共三五。

（2）伤排三、班十、战士七一，共八四。

（二）二分区：

（1）亡连一，十九团三连长钱吉宣，廿八岁，黔毕节人，亥梗于盂县侯玉沟。排一、班三、战十九，共廿四。

（2）伤连二，十九团一连长常万输，卅岁，晋五台人，亥梗于盂县侯玉沟，轻伤；政指徐北龙，二三岁，晋五台人（同上），重伤；排三、班二、战二九，共三六。

（三）三分区：

（1）亡排二、班一、战士二，共五。

（2）伤排二、班四、战士十四，共廿。

（四）四分区：亡班一、战十一，共十二。伤营一：卅团一营政指〈教〉曲竞济，廿四岁，豫巩县人，亥敬于行唐瓦仁重伤。排三、班二、战廿五、共三一。

聂肖唐[①]

丑　东

① 聂肖唐：指聂荣臻、肖克、唐延杰。

155. 八路军总指挥部抗战六年来营以上干部伤亡登记表（1943 年 2 月 10 日）

营级以上干部伤亡统计表之一

总司令部参谋处一科

一九四三年二月十日

部别 \ 项别 \ 数目 \ 年份		民二十六年	民二十七年	民二十八年	民二十九年	民三十年	民三十一年	总计	
								分计	合计
总直	伤		3	1			1	5	36
	亡			1			30	31	
一二〇师	伤	6	60	38	2	9	8	123	183
	亡	2	15	22	3	10	8	60	
一二九师	伤	14	50	17	25	27	21	154	234
	亡	3	20	8	20	12	17	80	
一二五师	伤	5	20	13	2	7	3	50	80
	亡	1	7	4	3	8	7	30	
山东军区	伤		12	14	10	5	10	51	134
	亡	1	16	31	3	9	23	83	
冀察晋	伤	3	24	5	33	11	9	85	192
	亡		9	9	58	13	18	107	
冀中军区	伤			3	2	20	24	49	119
	亡			2	3	14	51	70	
附注	一、时间系自民国二十六年七月至民国三十一年十二月（冀察晋区报至本年十二月）。 二、因各战区未能按时详报，故极不完全，唯冀察晋为详尽。 三、因译收电报的技术关系，姓名部别恐有差误。								

1942. 12. 17

营级以上干部负伤统计表

部别	级别	民二十六年	民二十七年	民二十八年	民二十九年	民三十年	民三十一年	合计
集总直	营		3	1			1	5
	团							
	旅							
	师							
一二〇师	营	2	46	27		6	8	89
	团	4	13	7	2	3		29
	师旅		1	4				5
一二九师	营	12	38	12	22	20	3	107
	团	2	10	4	3	7	13	39
	旅		2	1			5	8
一一五师	营	3	17	6	2	5	1	34
	团	2	3	6		2		13
	旅			1			2	3
山东军区	营		9	10	7	3	2	31
	团		1	3	3	2	3	12
	旅		2	1			3	6
	师						2	2
冀察晋	营	3	17	2	23	9	7	61
	团		6	3	7	2	2	20
	旅师		1		3			4
冀中军区	营			1	1	14	15	31
	团			2	1	5	8	16
	旅					1	1	2
总计		28	169	91	74	79	76	517

1942. 12. 17

总 直

营级以上干部负伤登记表

部别	职别	姓名	年龄	籍贯	负伤	
					日期	地点
总司令部通讯营	营长	刘鹏			27. 2. 27	尧店（安泽）
总司令部通讯营	副营长	张兴发			27. 2. 27	尧店（安泽）
总司令部特务团	一营长	姚金芳			27. 2. 27	尧店（安泽）
总司令部特务团	二营长	陈明			28. 9. 25	平遥
总部梁沟工厂自卫大队	政委	胡飞	27	江西	31. 5. 29	辽县东二十里之土棚

一二〇师

营级以上干部负伤登记表

部别	职别	姓名	年龄	籍贯	负伤		备考
					日期	地点	
七一六团	参谋长	刘子云			26. 10. 16	雁门关	
七一七团	副团长	陈外欧			26. 10. 15	王鸭村	
师政治部	锄奸科长	罗瑞			26. 10	阳武村	
七一八团	特派员	黄元魂			26. 10. 17	邵家庄	
七一八团	政教	胡振			26. 10. 18	厕山（蔚县）	
七一七团	副团长	阳大赐			26. 10. 4	黄晨鸣	
七一七团	营长	夏外生			27. 2. 15	乱岭关（浑源）	
七一七团	民运股长	彭振兴			27. 2. 3		
师司令部	侦察股长	刘哲			27. 3. 30	宁武	
三五八旅七一六团	游击队长	毛德义			27. 2. 2	三交镇（忻）	
三五八旅七一六团	政教	邹雄声			27	岱岳	
三五八旅七一六团	政教	金忠潘			27. 3. 30	宁武	
三五八旅七一六团	副营长	张德海			27. 2. 22	西路庄（祁县）	
三五九旅七一七团	参谋长	陈松岳			27. 3. 10	岢岚三井	
三五九旅七一七团	政治委员	萧头生			27. 3. 12	三井镇	
七一七团政治处	主任	刘佛明			27. 3. 12	三井镇	已牺牲
七一七团	副营长	郭文宪			27. 5. 23	宁武	

续表

部别	职别	姓名	年龄	籍贯	负伤		备考
					日期	地点	
三五九旅七一八团	副团长	徐国贤			27.3.3	五寨	
三五九旅独一支队	支队长	杨家瑞			27.5.9	岚县	
三五九旅七一八团	营长	叶树青			27.6.7	下社村	
三五八旅七一六团	二营长	张宽秀			27.5.22	曹家庄	
三五八旅七一六团	二营长	张声姿			27.6.4	泥河车站（岱岳）	
七一五团	一营政教	刘家华			27.6.17	赵家窑（平鲁）	
七一五团	一副营长	王万白			27.6.16	义子一（平鲁）	
七一五团	二营政教	董日帖			27.6.28	黄村（大同）	
七一六团	营长	张秀			27.5.22	马鞍山	
七一六团	政教	谢江运			27.5.22	马鞍山	
七一六团	二营政教	黄新文			27.5.23	桃花堡	
七一六团	营政教	陈帖训			27.7.10	雁门关	
七一六团	营长	彭宗诗			27.8.4	泥河车站	28.5.2贾打庄，2二次负伤
七一六团	政治主任	张代吾			27.9.12	石吴碛	
七一六团	一营政教	彭注云			27.10.28	邵家庄	
七一六团	三营营长	常修			27.11.27	南十一岭	（五台）
七一六团	政教	邹声宏			27.10.2	滑石片	
师部警备六团	政委	萧六明			27.10	阳明堡	
师部警备六团	营长	贺伟			27.10.12	红沙堤	
三五九旅七一七团	卫生队长	李华元			27.10.25	丁家砦	
三五九旅七一七团	三营长	苏鳌			27.10	雁门关	
三五九旅七一七团	政教	何家产			27.10.20	阳明堡	
三五九旅七一七团	营长	冯光生			27.10.28	白草会（偏关）	
三五九旅七一七团	营长	李寿康			27.10.29	看家楼（偏关）	
三五九旅七一七团	特派员	张序点			27.10	阳明堡	
三五九旅七一七团	副营长	闻广碧			27.10	阳明堡	
三五九旅七一七团	教导股长	何宣泰			27.10.17	阳明堡	
三五九旅七一七团	副营长	周奎			27.10.29	白草会	

续表

部别	职别	姓名	年龄	籍贯	负伤		备考
					日期	地点	
三五九旅七一七团	政治主任	罗保连			27.10.11		
三五九旅七一七团	政治主任	廖明			27.11	局社年	代罗主任
三五九旅七一七团	参谋长	左齐			27.11	阳明堡	右手裁了
三五九旅七一七团	副营长	胡三益			27.11	丁家砦	
三五九旅七一七团	参谋长	陈嵩岳			27.11.17	阳明堡	
三五九旅七一八团	副营长	贺林			27.11.27	松佛寺（五台）	
三五九旅七一八团	军需处长	黄道充			27.11.17	常家庄	
三五九旅七一八团	团长	陈宗尧			27.4.3	崔底	
三五九旅七一八团	特派员	贺头沪			27.9.12	邵家庄	
三五九旅七一八团	组织股长	王先臣			27.9.9	下社村	
三五九旅七一八团	营长	刘光明			27.9.27	冯家沟	
三五九旅七一八团	营长	刘三学			27.11.29	松仙寺（广社）	
三五九旅七一八团	政教	温德			27.11.17	邱家庄	
三五九旅七一八团	副营长	贺杞			27.11.27	青阳涧	
三五九旅七一九团	营长	常仲内			27.11.17	贺家窑（广灵）	
三五九旅七一九团	政治主任	张文喜			27.10.2	石门子（涿鹿）	九月八日石碉子刺伤过（阜平）
三五九旅七一九团	营政教	彭清云			27.10.28	张家湾（广灵）	
三五八旅教导队	队长	阎生海			27.9.9	五寨	
三五八旅七一八团	营长	刘三元			27.11.29	松佛寺	
三五九旅	旅长	王震			27.10.29	杏树嘴（灵丘）	中毒
游击队	教导员	刘步鸥			27.10.12	交城	
三五八旅七一六团	营政教	李光敦			28.2.2	曹家庄（河间）	
三五八旅七一六团	营长	张云			28.2.4	大曹村（即曹家庄）	
三五八旅七一六团	团长	黄新廷			28.2.4	大曹村	中毒

续表

部别	职别	姓名	年龄	籍贯	负伤		备考
					日期	地点	
三五八旅七一六团	政委	廖漠生			28.2.4	大曹村	中毒
三五八旅七一六团	参谋长	刘忠			28.2.4	大曹村	中毒
三五八旅七一六团	政教	黄哲义			28.3.8	黑马张庄（河间）	
三五八旅七一五团	营长	傅传作			28.3.7	北魏镇	
三五八旅七一五团	教导员	陈云汉			28.5	北魏镇	
三五八旅七一五团	营长	唐金龙			28.3.30	北魏镇	
三五八旅	副政委	王尚银			28.5	北魏镇	30.2.27 祁县二次负伤
三五八旅	政委	朱辉照			28.5	北魏镇	中毒
一二〇师	师长	贺龙			28.4	二十里铺	中毒
三五八旅七一六团	营长	张墉			28.6	大曹村	
三五八旅七一六团	营长	王祥法			28.4.3	齐会	
三五九旅七一七团	营政教	刘海			28.5.10	铜铁沟（广灵）	
三五八旅独一支队	营长	徐远银			28.4.4	大敦庄（献）	
三五八旅独一支队	营长	吴树岗			28.4	王家马头（交河）	
独立三支队	营长	周绍训			28.3.23	史各庄（霸）	
独一旅独一团	政治委员	王保珠			28.3.29	向安林（河间）	
独二旅四团	团长	王廷文			28.4.28	卧佛堂（河间）	
独一旅二团	副营长	袁玉和			28.4.20	南留路	
独二旅政治处	总支书	曾云花			28.4.23	二十里铺	
独一旅三团	副营长	周凯			28.4.24	南留路	
独一旅三团一营	教导员	唐开先			28.4.6	小于村	
独二旅四团	政治处副主任	蔡光炎			28.5.18	宋村（博野）	
独二旅五团政治处	主任	徐光仁			28.5.17	刘村	
独二旅	副政委	幸世修			28.4.22	二十里铺（河间）	

续表

部别	职别	姓名	年龄	籍贯	负伤		备考
					日期	地点	
津南支队三营	营长	刘雪峰	31	河北博野	28.9	陈庄	
津南支队三营	营长	杨虎臣			28.6.27	连子口	
津南支队三营	代营长	冯光山			28.9.27	陈庄	
独一旅二团	营长	杨德松	27		28.9.29	陈庄	
独一旅二团	教导员	汪瑞先	34	安徽六安	28.9.29	陈庄	
独一旅二团	副政教	姚海龙	21	河北武邑	28.9.29	陈庄	
三五八旅七一六团	副营长	杨述核			28.9.29	陈庄	
三五八旅四团	副营长	王松德			28.9.29	陈庄	
三五九旅七一四团	营长	傅在先			28.12.27	阳曲	
三五八旅七一六团	教育股长	刁炳林			28.11	邵家庄	
独一旅三团一营	营长				28.4.24	南留路	
三五九旅七一四团	团长	包林			29.5	盘山	
三五九旅七一五团	参谋长	鲁赤诚			29.12.23		
三五九旅七一六团	营长	宁好杨			30.3.26	向熄附近	
三五九旅七一六团	副营长	谢家全			30.3.26	向熄附近	
三五九旅七一六团	教导员	齐成实			30.2.26	向熄附近	
师供给部	科长	谭凯丰			30.3.21	营儿村	
二团	团长	彭凯			30.3.18	交城	
一团二营	教导员	潜丰			30.3.21	徐滴西王汤	
二十一团	政教	潘林			30.3.21	徐滴西王汤	
决二C四团	团长	王向金			30.5.28	交城李雷庄	
游击二大队	大队长	俞此景			30	大陌邑	
工卫旅	参谋	赵汝帮			31.2		反扫荡战
师司令部	参谋	李司			31.2		
师司令部	参谋	赵爱馨			31.2		反扫荡战

续表

部别	职别	姓名	年龄	籍贯	负伤		备考
					日期	地点	
二分区游支	大队长	阴世军			31. 2		反扫荡战
四分区游支	大队政委	张大清			31. 2		反扫荡战
八旅	参谋	王世盛			31. 5		反扫荡战
七一六团	营长	杨好扬			31. 5		反扫荡战
五分区骑营	营长	刘渭义			31. 5. 27	本鲁北龢谭	
骑支队教导队	大队长	于少烈			31. 10	绥西	

一二九师

部别	职别	姓名	年龄	籍贯	负伤		备考
					日期	地点	
三八五旅独立团	副营长	曹福邦			26.10	武安	
旅部政治处	特派员	黎武忠			26.10.25	广阳（昔阳）	
旅属队	政教	孙泽高			26.12	西寨（昔阳）	
独立支队	政教	徐青山			26.10	榆次	
独支队一营	副营长	赵万才			26.10	榆次	
青年纵队	特派员	傅本和			26.10	垣方（平定）	
青年纵队	营长	吴宗先			26.10	广阳（昔阳）	
三八六旅七七二团	政教	荀训生			26.11	广阳	已牺牲
三八六旅补充团三营	营长	董美科			26.11	马房镇	
三八六旅七七二团	营长	郭国言			26.12	马坊镇（和顺）	已牺牲
补团一营	营长	查玉升			26.12	文申村	
三八六旅七七一团	副团长	王近山			26.12.24	松塔涛	
三八五旅七六九团	民运股长	王益朝			26.12	西寨（昔阳）	
独立支队	政治主任	赵彩银			27.1	栗峪（冀南）	
三八五旅七六九团	三营长	马忠全			27.2.22	旧关（平定）	
三八五旅七六九团	副团长	郑国忠			27.3.31	响堂铺（涉）	
三八五旅七六九团	政教	潘寿才			27.3.31	响堂铺（涉）	
三八五旅政治处	敌工科长	蒋洪钧			27.3.24	郭庄（获鹿）	
三八五旅独立团	政教	张显扬			27.3.10	宋家庄（辽）	
三八五旅七六九团	政教	张天恕			27.3.31	响堂铺	
先遣纵队司令部	司令员	李聚奎			27	卧村	
先遣纵队政治部	民运股长	刘运南			27	高唐	
先遣纵队政治部	组织股长	王银山			27.3.16	神头村（潞城）	
先遣纵队	副营长	陈方贞			27.3.16	神头村（潞城）	
先遣纵队供给处	处长	曹春芳			27.3.30	响堂铺（涉）	
先遣纵队一团	特派员	曾承和			27.4.16	长乐村（武乡）	
先遣纵队政治部	组织科长	李光			27.4.16	长乐村（武乡）	
青年纵队三团	参谋长	刘昌义			27.3.16	神头村（潞城）	

续表

部别	职别	姓名	年龄	籍贯	负伤		备考
					日期	地点	
青年纵队三团	营长	高原伟			27	清河	
青年纵队三团	营长	刘西友			27	徐家楼	
青年纵队三团	团长	荆维德			27	徐家楼	
独立支队一营	营长	萧永银			27.4.11	平松村（和顺）	
青纵队队部	教育股长	陈明春			26.12	左村	
东进纵队三团	团长	陈耀元			27		
东进纵队二团	三营长	李长宽			27.4.16	长乐村（武乡）	
东进纵队二团	参谋主任	荣子文			27.4.16	长乐村（武乡）	
东进纵队二团	特派员	张正超			27.4.16	长乐村（武乡）	
东进纵队一团一营	营长	李洪南			27.4.16	长乐村（武乡）	
东进纵队一团一营	教导员	陈梦禄			27.4.16	长乐村（武乡）	
三八六旅七七二团	一营长	曾纪云			27.4.16	长乐村（武乡）	
三八五旅	旅长	陈锡联			27.4.10	平松村（和顺）	
独立团二营	营长	金正村			27.5.15	获鹿	
独立团二营	副营长	邓正林			27.5.15	获鹿	
三八六旅七七一团	营长	张成宽			27	和顺	
三八六旅七七二团	政教	吴隆主			27.5.31	彭城（磁）	
三八六旅七七二团	政教	陈悦长			27.6	水冶镇（安阳）	
独立团	特派员	刘德远			27.8.20	梅次岭（井陉）	
独立团二营	政教	陶伦先			27.10.13	良召（井陉）	
独立团	副营长	丁先发			27.10	南蕖亭（昔阳）	27.11.14 阳泉二次负伤
独立团	教导员	吴光洪			27.10.19	黄龙店	
三八五旅七六九团	副营长	李德生			27.11.10	泥澄口（平定）	
三八五旅七六九团	教导员	赵南田			27.9.23	八里庄（柏乡）	
三八五旅七六九团	教导员	毛大洲			27.9.23	八里庄（柏乡）	
三八五旅七六九团	营长	陶国清			27.11.6	官通沟（晋西北）	

续表

部别	职别	姓名	年龄	籍贯	负伤		备考
					日期	地点	
三八五旅七六九团	政教	罗学荣			27.10.10	泥澄口（平定）	同月在沙河岭二次负伤
三八六旅七七二团	营长	雷绍康			27.9.27	大召营（新乡）	
三八六旅七七二团	政教	熊德坤			27.12.27	马荒村	
东进纵队二团二营	副营长	刘德兴			27.8	大营（临漳）	
东进纵队二团	团长	余伦胜			27.10.27	大陆村	
东进纵队二团	营长	冷赤哉			27.10.27	大陆村	
东进纵队支队	支队长	孙超			27.10	口县	
先遣支队独立大队	大队长	武伦佩			27.9.9	龙泉（邢台）	已牺牲
三八五旅七六九团	政治主任	任桂承			28.1.29	梆堤（钜鹿）	
三八五旅七六九团	敌工股长	李德洪			28.1.25	鹿庄（临城）	
三八五旅独立团	副营长	李毕云			28.1.15	鹿庄（临城）	
三八六旅补充团	教育股长	沈钦尧			28.2	马坊营	
三八六旅政治处	敌工股长	贺占凯			28.1.25	鸡泽	
三八六旅补充二营	政教	程道远			28.1.27	鸡泽	
东进纵队三团三营	副营长	杨光义			28.2	曲周	
东进纵队三团	政教	夏伯琢			28.2.14	武邑	
东进纵队一团三营	副营长	黄青荣			28.2.2	李同由	
东进纵队司令部	一股长	张廷发			28.3.23	徐沙村	
东进纵队一团	营长	赵正奎			28.4.1	枣强	
青纵二团	政委	桂成志			28.6.30	刘凹（钜鹿）	
青纵二团	营长	刘兴德			28.5	刘屯	
三分区	分区主任	甘思和			28.11.24	高鱼（沙河）	
五旅七六九团	团长	孔庆德			28.7.23	东寨（辽）	
五旅七六九团	营政教	高大益	21	四川广元	28.7.23	马厩（辽）	
三八六旅七七一团	政教	夏祖胜			28.9.14	东留屯（钜鹿）	

续表

部别	职别	姓名	年龄	籍贯	负伤		备考
					日期	地点	
东纵二团三营	政教	何茂生			27.11	黎城东阳关	
二十四团政	组织科长	林凯成			29.8.22	永年紫山	
五旅政治部	保卫科长	秦传厚	25		29.9.25	管头（辽县西）	
五旅二团	一参谋	程九章			29.9	关地垴	
三团一营	营长	王世全			29.9	关地垴	
三团二营	营长	陈道山			29.9	关地垴	
十三团	一参谋	肖明炎			29.9	管头（辽县西）	
十三团	二参谋	古棣光			29.9	管头（辽县西）	
十三团	二营长	金正林			29.9	管头（辽县西）	
十三团	营副	李毕云			29.9	管头（辽县西）	
十四团	特派员	邹国安			29.9	小岭底（辽县西）	
十三团三营	营副	钟明峰			29.9	榆社南山	
九团二营	政教	唐明春			29.9	南山岭	
二十二团三营	营长	曹丕堂			29.10.7	大连砦	
二十二团三营	营副	张尚文			29.10.7	大连砦	
新八旅二十二团	团长	田厚义	35		29.10.7	大连砦	
新八旅九团二营	营长	张钦义			29.10.10	高垴	
新八旅十四团	副营长	张长安			29.10	辛兴	
十六旅	总支书记	李乐山			29.10.30	关地垴	
二团二营	政教	刘显模			29.10.30	关地垴	
二团二营	营长	黄振荣			29.10.30	石门山	
十三团二营	政教	李先忠			29.11.1	梁家庄	
十四团	总支书	姚保明				桐峪西山	
十一旅三十二团	一参谋	靳丰祥	23	四川通江	29.10.14	阳邑横头	
十一旅三十二团	二营副	白高山	28		29.10.14	阳邑横头	
十一旅三十二团二营	政教	宋焕文	23	河北成安	29.10.14	阳邑横头	
一五团三营	营长	魏连勇			30.1.17	任县述六	

续表

部别	职别	姓名	年龄	籍贯	负伤		备考
					日期	地点	
冀南二五团	参谋长	吕琛			30. 1. 18	罗寨	
新四旅七七一团三营	营长	傅采文	30	河南光山	30. 1. 18	吴庄	
新七旅二十团一营	政教	李亭柱	28	河北藁城	30. 2	武城辛庄	
新八旅二十团三营	营长	武德安	31	河南罗山	30. 3	滋洛头	
新十旅二十八团三营	政教	王恕年	19	河北	30. 3. 19	昔阳井沟	
				赞皇			
军区直属特务营	营副	杨永涛			30. 3. 19	广宗北苏村	
二十二团	政教	张祥甫			30. 3. 31	曲周安儿砦	
十团三营	营长	张朝启			30. 4. 18	古云集（濮县北）	
十一团一营	营副	任清泉			30. 4. 18	古云集（濮县北）	
十团二营	营副	孙华			30. 4. 18	古云集（濮县北）	
决一纵二一二旅五六团	团副	熊言顺					与本军误会受伤
三分区游击大队	政教	关治新			30. 4. 9	介休赵家窑	
新四旅十团一营	营长	李玉楷	28	四川通江	30. 4. 19	古云集	
十团一营	营长	宋家骅			30. 4. 19	濮县古云集	
十九团二营	营长	陈金龙			30. 4. 25	清河油房	
一团二营	营长	向守志			30. 5. 5	王冻固	
二十团政	主任	李汉英			30. 5. 10	七级镇	
二十团	队训参谋	王玉清			30. 5. 10	七级镇	
二十七团	政委	杨树根			30. 5. 10	武邑李屯	
二十四团	团长	齐开红			30. 5. 24	彭城（磁）	
桂团	政委	刘瑄			30. 5. 29	龙泉关	
太行二分区	参谋长	蒋克诚			30. 5. 30	高白箕	
三十团三营	政教	肖连山			30. 6. 2	榆次树凹村	
五旅十三团	政教	张显扬	27	四川	30. 6. 23	黄碾（襄垣南）	

续表

部别	职别	姓名	年龄	籍贯	负伤		备考
					日期	地点	
骑兵营	营副	刘生凯			30. 7. 5	平鲁小店平	
六旅十六团	一营长	杨春玉			31. 2. 22	跑马岭	
冀南军区	参谋处长				31. 5. 5	武城西北	
冀南三十六团	参谋长	张世益			31. 5. 5	香城固（威县南）	
冀南三十六团	政主	解放			31. 5. 5	香城固（威县南）	
冀南八旅	政委	萧永智			31. 5. 7	曲周南老营	
冀南二一团	团副	张贤庭			31. 6. 11	王家庄	
冀南六分区	政委	文建武			31. 6. 25	唐家屯	
冀南二十七团	团长	吕深			31. 6		
冀南二十六团	团长	邓忠仁			31. 7. 7	成安南鹿	
冀南四分区干团	团长	周喜			31. 7. 21	王屯	
冀南二分区	政委	李定灼			31. 7		
冀南区	（团级干）	王万市			31. 7		
冀南区	（团级干）	况玉纯			31. 7		
冀南区	（团级干）	马劲夫			31. 7		
冀南区	（团级干）	万德坤			31. 7		
冀南区	团政委	王进前			31. 10. 10	曲周第三町	
太行二分区	政委	赖际发			31. 11. 3	辽县北西沟	
冀南军区十九团	副团长	余倪提			31. 12	枣强	
冀南军区武城游击队	副政委				31. 12	武城	
冀南军区十九团	总支书	宋东旭			31. 12	武城	
太岳纵队决一纵队	作战股长	郝若愚			31. 12	沁源	

一一五师营级以上干部负伤登记表

部别	职别	姓名	年龄	籍贯	负伤		备考
					日期	地点	
三四三旅六八五团	参谋长	邓克明			26.9.25	平型关	
六八五团	营长	刘德明			26.9.25	平型关	
六八五团	营长	王丽水			26.9.25	平型关	任晋西北支队政委28.5.16灵石二次负伤
六八五团	营长	刘振球			26.9.25	平型关	
六八五团	通信主任	顾立荣			27.2.21	晋西	
六八五团	营长	刘振球			27.9.25	平型关	
三四四旅六八九团	团长	田守尧			26.9.25	平型关	
六八八团	军医主任	吴大明			27.4.8	张度岭（高平北）	
六八八团	营长	龙世兴			27.4	李村（武乡）	
六八八团	营长	何文清			27.4.16	长乐村（武乡）	本年九月安阳二次负伤
六八八团	副营长	李金安			27.4.16	长乐村（武乡）	
六八八团	副营长	童世明			27.5.15	威县	本年九月十五，安阳二次负伤
六八九团	营长	于占海			27.5	威县	
六八九团	教导员	魏明伦			27.5	威县	
三四四旅司令部	通讯科长	詹士山			27.4	张店（长治）	
三四四旅独立团	营长	彭永清			27.1		
三四四旅特务团	营长	王道平			27.6	临漳县	
三四四旅特务团	副营长	尚子松			27.6	临漳县	
三四四旅特务团	营长	戴德贵			27		

续表

部别	职别	姓名	年龄	籍贯	负伤		备考
					日期	地点	
挺进纵队支队	政教	曾大燕			27	宁津	
三四四旅六八七团	营长	刘志炎			27.7	町店（阳城）	已死
六八七团	营长	余登文			27.7	町店（阳城）	
六八七团	政教	张喜财			27.7	町店（阳城）	
六八七团	特派员	戚先春			27.7	沁水	
六八八团	营长	冯志相			27.7.6	町店（阳城）	28. 2冀南宫城关
六八八团	营长	冯志中			27.10.2		
三四三旅六八五团	营长	张金堂			28.1.25	静昇镇（灵石）	
三四四旅六八八团	营长	郭炳仁			28.2	香城固	
六八九团	营长	郭本营			28.2.10	香城固	
苏鲁豫支队六八五团	特务营长	潘奉举			28.3.21	彭家集(东平)	
挺进纵队邢支队	副团长	卢凤印			28.1.21	韩家集(盐山)	
挺进纵队五团	团长	龙金书			28.3.27	大宗集(陵县)	
挺进纵队五团	政委	崔会南			28.4.5	召奉仁	
晋西支队	支队长	陈士渠			28.5.16	吕家山（灵石）	战中研究作战图被敌炮弹命中
晋西支队第一团	团长	杨尚儒			28.5.16	吕家山（灵石）	战中研究作战图被敌炮弹命中
晋西支队第一团	政委	刘振球			28.5.16	吕家山(灵石)	二次伤
晋西支队第一团	副团长	王耀南			28.5.16	吕家山(灵石)	二次伤
晋西支队第一团	营长	卢大贵			28.5.16	吕家山(灵石)	
挺进纵队津浦支队	营长	楚大明			28.6.23	古城（阜城）	

续表

部别	职别	姓名	年龄	籍贯	负伤		备考
					日期	地点	
教四旅	营长	陈明富			29.12		
教四旅	政教	姚友三			29.12		
三旅七团	参谋长	程政杰			30.1.7	潘溪渡（郓城北）	
教四旅十一团	参谋长	王志发			30.1.17	洪口	
教二旅	营长	侯兴			30.2.27	胡集	
教二旅	政教	张运漆			30.2.27	胡集	
教五旅	作战股长	祝顺鹏				涟西地区	
教六旅	特务营长	胡金成			30.6	汤家庄（同河东北）	
教三旅	营长	罗林				魏集高庄	
冀鲁边	六专员	石景			31.5.19	宁津北	
冀鲁边地委	组织部长	邹玉棣			31.5.19	宁津北	
教一旅一团	营长	鲍汉沅			31.12	临沂	

山东军区

营级以上干部负伤登记表

部别	职别	姓名	年龄	籍贯	负伤		备考
					日期	地点	
山东纵队五支队	营长	魏颜			27.2	莱芜	
山东纵队五支队	副司令	赵杰			27.2	滕县	
山东纵队五支队	政委	宋澄	28	山东文登	27.2.13	牟平	
山东纵队四支队	营长	封振武	28	山东泰安	27.7	滕县	
山东纵队一团一营	营长	刘灏明	30	河北	27.9	博山	
五支队	营长	刘源明			27.9	博山	
五支队	大队政委	刘正华			27.10	平度	
五支队	营长	张光耀			27.10	平度	
五支一营	政委	张环旭		山东莱阳	27.10		
五支队	团长	赵平	33	山东寿光	27.10	平度	
五支队	营副	陈显恩			27.10	平度	
一支队	大队长	常华轩	32	山东寿光	27.11	临淄	
南支一团三营	政教	周瑞迎	24	江苏沭阳	28.1.18	邳县赵家	
南支一团三营	政教	盛志明	20	江苏丹徒	28.2.2	老渊子	
四支	营长	朴顾三	25	山东新泰	28.2	莱芜	
三支政治处	主任	鲍辉			28.3	太和事件	现已死
南支独立四营	营长	朱宏善	26	江苏邳县	28.3.24	倚宿山顶	
南支一营	营长	谢文秀	27	江西南康	28.4.29	邳县城内	
南支政治部	组织科长	谢锡五	20	江西莲花	28.4.28	邳县东关	
南支政治部	营长	姚石武			28.4	五里底	
五支六五团	营长	田石磊	25	山东	28.5.23	招远金厂	
一支队	参谋	林朱泉	29	山界寿光	28.5.26		
一支队政治部	敌工科长	鲁援			28		
山纵特务团	营副	吴骥怀			28.6	索峪	
三支队	政委	徐斌州	27		28.12	章丘	
三支三营	营长	王金如	30	四川荣山	28.12	沂水朱云	
一旅二团	团长	吴瑞林			30.2	杨家横	

续表

部别	职别	姓名	年龄	籍贯	负伤		备考
					日期	地点	
一旅三团	营副	包耀亭			30.2	相庄	
胶东区	营长	王旭			31.9	海阳滕家庄	
鲁中区边支	大队长	杨尽清			31.9.27	峄山税郭	
山东军区	政委	黎玉			31.11.2	沂水对崮峪	遭敌合围
山东军区	副指挥	王建安			31.11.2	沂水对崮峪	遭敌合围
鲁中军区	民运部长	朱则民			31.11.2	沂水对崮峪	遭敌合围
抗大一分校上干队	政委	罗野岗			31.10.27	沂蒙南墙峪	
二纵队二旅四团	二营副	王和周	25		29.6.23	柴堡	
二纵队二旅二营	协理员	缪春山	21		29.6.24	高堤口	
二纵队二旅三营	营长	韩贵金	24		29.9.2	攻召头	
二纵队二旅一营	营长	李文録	28		29.11.7	吕家	
七团	总支书	薛慧余			29.11.16	盘邱	
二旅特务团	团长	张方拾			29.12.15	双村	
二旅四团一营	营长	李文録			29.12.7	吕家	
七旅政治部	民运科长	李见之			29.12.16	盘邱	
七团	参谋	傅恒茂			29.12.16	盘邱	
濮阳独立团	科长	王暮云			29.12.27	花园岩	
四团	营副	赵世法			30.1.11	叶庄	
七团	团长	刘正江		江西吉安	30.11		
七团三营	营长	江云祯		江西乐安	30.11		
赣鲁豫抗大	政主	郑思群			31.9.27	范县	
八分区	政主	黎金歧			31.9.27	范县	
冀鲁豫教七旅十四团	参谋长	游万川			31.9		
冀鲁豫教三旅八团	团长	齐根会			30.9		

冀察晋（含平西冀东）

营级以上干部负伤登记表

部别	职别	姓名	年龄	籍贯	负伤		备考
					日期	地点	
冀察晋二支五团	政委	杨春华			26.9	平型关	
冀察晋四支八大队	政委	陈延清			26.10	平山温汤	
军区三团	营长	陈开流			26.11	九峪关	
军区游击支队	政委	邹正吉			27.1	平山	
军区特务营	政教	杨超如			27.1		
军区第二支队	参谋长	陈其相			27.4	涞源佟川	
军区一支一团	营长	肖应堂			27.5	蔚西合营	
军区四支八大队	参谋长	蒋树			27.5	九峪关	
军区特务营	营长	杨金辉			27.6		
军区特务营	营副	李捷凯			27.7	平山	
军区五团	团副	刘万云			27.7	正定车站	
军区十二大队	参谋长	袁崇安			27	高阳	
军区十二大队	副参谋长	田同春			27	高阳	
军区十二大队	二营长	张守德			27	曲阳党城	
军区十二大队	政委	蔡须利			27	保定	
一支	大队长	唐子安			27	望都	
一支二团二营	营长	徐德久			27.8	城底	
一支一团	政教	郭延林			27.10		
军区司令部	参谋长	唐延杰			27.10	五台耿家庄	
四支	参谋长	叶长庚			27.11	平山洪子店	
井平游支	政委	彭龙飞			27.11	平山洪子店	
三支	政委	朱良才			27	曲阳灵山	
二支五团	一营长	丁荣施			27.11	盂县	

续表

部别	职别	姓名	年龄	籍贯	负伤		备考
					日期	地点	
二支五团	政教	岳强明			27	平山回舍	
二支	总支书	谢明			27		
二支五团	三营长	罗初斌			27	平山	
二支五团	政教	贺成达			27	平山回舍	
四支九大队	营副	张崇涩			28.1	平山温塘	
二支五团	团长	陈祖林			28.1	平定	
挺进军	团政委	詹天南			28.7	涞源井沟	
一支队	营长	田发明			28.10	摩天岭	
二十七团	政委	杨子苹			28.12	孙府	
一分区一团	政教	王艺如	20		29.3	涞源三甲村	
十九团一营	政教	王教远	24	四川通江	29.3	五台相兰	
十九团二营	政教	张国柿	22	四川万县	29.3	五台高洪口	
十九团	营副	张鸿寿		山东鱼台	29.3	观城埋马	
十八团	营副	加步云	34		29.5	定县武家庄	
井获支队	参谋长	李雪瑛	26	湘阜陵	29.5	井陉营塚	
四团三营	营副	王诚	25	川温县	29.6	代县韩家湾	
二十团三营	营副	刘建忠	25		29.6	唐县宋家庄	
二十五团一营	营长	范志辉	25		29.7.23	白石头	
一分区十七团	三营长	杨德敬	29	山东朝城	29.8.14	束鹿田坑	
一分区十七团	团长	闵洪友	29	皖立煌	29.8.21	深泽田堂	
十九团	团副	刘东记	30	江西吉安	29.8.21	盂县正沟	
二十五团一营	营长	张景信	25	冀徐水		涞源张家峪	
二分区	副参谋长	熊德茂	41	豫光山	29.8	平山巨城	
一九团	团长	李和辉	28	江西吉水	29.8.23	五台杨家山	

续表

部别	职别	姓名	年龄	籍贯	负伤		备考
					日期	地点	
一分区游三支	政委	曾勇	23	江西吉都	29.8	易县马头村	
四团一营	营副	永朝生	28	冀永年	29.8	六军梁	
四团三营	营长	魏国际	24	陕韩城	29.8	五台鄰子山	
十六团	营长	吴生凯	25		29.8	井陉南峪	
十六团	副政教	刘思全	28	川苍溪	29.9	盂县牛杆	
十六团	总支书	樊魁	26				
十六团	副政教	林荣先	25	冀深县	29.9	井陉北峪	
十分区	政主任	赵齐周	27		29.9	涞水旦安	
十分区	营长	贺书华	28		29.9	武强辛庄	
十分区	营长	李茂豁	29		29.10	固安何家营	
十分区	政教	刘云国	22		29.10	固安何家营	
	政主任	米万福	26		29.10	永清仁和铺	
骑一团	政委	蒋顺利			29.11	完县枣坡庄	
六团一营	营长	张金称			29.11	阜平东庄	
三分区司令部	一股长	姚之一	28	晋应县	29.12	阜平刘家沟	
三分区司令部	五股长	张连		辽沈阳	29.12	阜平刘家沟	
四分区灵行支队	政委	闫子慎	30	陕延长	29.12	灵丘	
七分区	营长	李茂言	29		29.12	围城	
骑兵团	政委	蒋顺利	25	江西吉安	30.1.3	宋家寨前庄	
特务团	二营长	黄显	28	江西兴国	30.1.3	平山王家庄	
教导团	营副	林宪襄			30.5		
挺进军七团一营	营副	李云臣			30.5	横岐战斗	
挺进军十团三营	政教	王鹤			30.3	龙赤西刚子	
四团二营	政教	薄英瑞			30.4		

续表

部别	职别	姓名	年龄	籍贯	负伤		备考
					日期	地点	
游击军六大队	副队长	刘惟荣			30. 4	庞家坊	
四团	团副	刘正垣			30. 5	五台茄村	
四团二营	政教	田德保			30. 5	东茄村	
四团二营	副政教	李开			30. 5	东茄村	
五团二营	营长	尉汉昌			30. 5	平山水碾村	
北岳一分区三团	营副	刘金华	28	赣瑞金	31. 4. 25	易县杨家庄	
五团二营	营长	胡从	23	赣吉安	31. 6. 8	平山	
四分区五团二营	营长	胡应明	46	赣金安	31. 6. 10	平山三坡	
教团二营	政教	文田	24	冀霸县	31. 6. 5	曲河	
八区队	区队副	韩光宁		冀平山	31. 8. 31	黄壁庄	
一分区一团三营	营政教	王弱年	26	冀满城	31. 10. 19	易县肖家庄	
北岳五分区四团	团参谋长	唐宏	27	晋崞县	31. 11. 7	杨家庄	
一团三营	副政教	王育华	26	冀满城	31. 10. 18	肖家庄	
晋察冀二分区四团	参谋长	周宏	28	晋崞县	31. 11	五台杨家庄	

冀中军区
营级以上干部负伤登记表

部别	职别	姓名	年龄	籍贯	负伤		备考
					日期	地点	
三纵队三十二团	主任	赵济舟			29.10	涞水	
三纵队十七团二营	政教	杨鼎昌	31		29.12	东池洋	
三纵队十七团	营副	陈国栋	24		30.1.10	南龙岗战斗	
十分区回支队	参谋长	吴兆升					
三十四团	参谋长	王宗村			30.1.15	谢村	
三分区谭营	营长	李治明			30.2.6	昝岗	
十分区	政教	何明	23		30.2.11	平庄	
任河支队	支队长	丁占明	31		30.2.16	波宫村	
	大队长	斐照福	29		30.2.21	永清冯家沟	
二四团三营	营长	张广祥	36		30.4.9	东乐北郭村	
二十一团	特派员	张长生	20		30.4.19	清丰柳下屯	
	中队长	安岐江			29.4.28		
	中队副	谭敬贤			29.4.28		
警旅二团	二营副	王子才		贵州平原	29.5.15	安国郑章	
二十二团	副政教	卢帕			29.6.4	西洽町兵	
二十三团	二营长	邱福和			29.6.4	辛州	
一团三营	政教	赵信林	25		29.7		
六分区	政教	赵仟林			29.7.16	晋昌贾市庄	
十七团二营	营长	刘鸣琴			29.7.23	沙河南	
二团	团长	闵洪友			30.8.25		
六大队	政教	刘鉴			28.1.1	蠡县	
六支队	支队长	常法善			28.12.29	西韩庄	
六支队	政治主任	熊仕钧			28.12.29	西韩庄	
二十三团	主任	孟庆武			30.9		
回支	参谋长	马克			30.11.19		
七分区	宣传科长	孙保康			31.5.6		夏季反扫荡中
七分区	总支书	刘超			31.5.6		夏季反扫荡中

续表

部别	职别	姓名	年龄	籍贯	负伤		备考
					日期	地点	
七分区	组织科长	苏林			31. 5. 6		夏季反扫荡中
七分区	除奸科长	宋文庄			31. 5. 6		夏季反扫荡中
二十二团	团长	左叶			31. 5. 6		夏季反扫荡中
十七团	政主	赵绍昌			31. 5. 6		夏季反扫荡中
十七团	政教	李造华			31. 5. 6		夏季反扫荡中
十七团	副政教	张保科			31. 5. 6		夏季反扫荡中
十七团	总支书	李挺			31. 5. 6		夏季反扫荡中
二十二团	总支书	贺明			31. 5. 6		夏季反扫荡中
六分区四四区队	区队长	张和			31. 5. 6		夏季反扫荡中
二十三团	政委	姚国民			31. 5. 6		夏季反扫荡中
八分区	队训股长	赵庆林			31. 5. 6		夏季反扫荡中
八分区留守处	主任	纪之堂			31. 5. 6		夏季反扫荡中
二十三团	一营长	刘汪善			31. 5. 6		夏季反扫荡中
二十三团	三营副	宋之端			31. 5. 6		夏季反扫荡中
三十团	一参谋	李英林			31. 5. 6		夏季反扫荡中
三十二区队	参谋	罗石林			31. 5. 6		夏季反扫荡中
十分区		崔文炳			31. 5. 6		夏季反扫荡中
二十九团		孙吉远			31. 5. 6		夏季反扫荡中（职别不明）
三十五地区队		安国怀			31. 5. 6		夏季反扫荡中（职别不明）
三十五地区队		李应林			31. 5. 6		夏季反扫荡中（职别不明）
冀中分区	司令员	于权坤			31. 9. 11	安国庆陵	
四十五区队	区队长	张郁一			31. 7. 12	馆陶北阳堡	

营级以上干部阵亡统计表

部别	级别	民二十六年	民二十七年	民二十八年	民二十九年	民三十年	民三十一年	合计
集总直	营			1			12	13
	团						16	16
	旅						1	1
	师						1	1
一二〇师	营	2	13	16	1	5	5	42
	团		2	4	1	3	2	12
	旅			2	1	2	1	6
一二九师	营	3	15	5	11	10	1	45
	团		5	3	8	1	9	26
	旅				1	1	7	9
一一五师	营	1	5	1	3	7		17
	团		2	3			5	10
	旅					1	2	3
山东军区	营		6	14	1	8	5	34
	团		2	14	2	1	14	33
	旅	1	8	3			4	16
冀察晋	营		5	4	41	10	14	74
	团		3	4	12	2	3	24
	旅		1	1	5	1	1	9
冀中军区	营			1		12	28	41
	团			1	3	2	18	24
	旅						5	5
总计		7	67	77	90	66	154	461

总直

营级以上干部阵亡登记表

部别	职别	姓名	年龄	籍贯	负伤		备考
					日期	地点	
集总特务团	副营长	周德标			28.4	武乡南关	
集总	副参谋长	左权	33	湖南醴陵	21.5.25	辽县南艾铺	遭敌合围
集总	三科长	海凤阁	24	河南滑县	21.5.25	辽县南艾铺	遭敌合围
集总	参谋	刘力克	23	河北获鹿	21.5.25	辽县南艾铺	遭敌合围
集总	收发股长	董开泰	25	山西新绛	21.5.25	辽县南艾铺	遭敌合围
野战政治部	组织科长	李文楷	27	福建上杭	21.5.25	辽县南艾铺	遭敌合围
野战政治部	保卫科长	李月波	36	湖南醴陵	31.5.25	辽县南艾铺	遭敌合围
后方勤务部	副科长	刘孝义			31.5.25	辽县南艾铺	遭敌合围
后方勤务部	政治处主任	吴行政			31.5.25	辽县南艾铺	遭敌合围
军工部	政治教导员	陈廉如			31.5.25	辽县南艾铺	遭敌合围
党校	学员（原冀南行署秘书长）	刘铁之			31.5.25	辽县南艾铺	遭敌合围
党校	学员（冀南五导员）	赵进杨			31.5.25	辽县南艾铺	遭敌合围
新华报馆	总编辑	何云			31.5.25	辽县南艾铺	遭敌合围
新华报馆	办公室主任	黄君珏			31.5.25	辽县南艾铺	遭敌合围
新华报馆	厂长	董自托			31.5.25	辽县南艾铺	遭敌合围
新华报馆	出版科长	肖炳焜			31.5.25	辽县南艾铺	遭敌合围
野战政治部	科长	袁立夫			31.7.4	太原	被敌俘后杀害
后方勤务部	科长	董友伦			31.7.4		被敌俘后杀害
后方勤务部	参谋	梁耀	20	广东	31.7.4		被敌俘后杀害
自卫大队	大队长	钟传流			31.7.4	武安王庄	
野战政治部	组织股长	夏云樵			31.7	辽县南艾铺被俘	太原杀害
野战政治部	干部科长	龚竹村	28	湖南	31.4	辽隘峪口	病故

续表

部别	职别	姓名	年龄	籍贯	负伤		备考
					日期	地点	
住太行二分区情报站	站长	刘文华	30	北平	31.6.30	和顺前广务	病故
集总	参谋	栗毅	30	辽宁	31.10.8	辽隘峪口	病故
野战政治部	宣传部长	王东明	29	江苏上海	31.12.5	辽隘峪口	病故
集总	参谋	查巨诚	33	湖北蕲春	31.6.22	黎城北辛庄	病故
抗大总校陆中	副校长	史紫千	43	山西榆次	31.5	武安	被俘杀害
抗大上干科	学员	赵海保	27	山西壶关	31.5	和顺大口沟	敌机炸死
抗大上干科	学员	宝彦昭	22	山西辽县	31.5	武安北山上	原系地方干部
抗大上干科	原系二总参谋	陈良诚	24	湖南桑植	31.5	武安被俘	太原杀害
抗大陆中四队	队长	王希真	33	山东文登	31.5	武安南臭水	

一二〇师

营以上干部阵亡登记表

部别	职别	姓名	年龄	籍贯	负伤		备考
					日期	地点	
七一五团	总支书	李德康			26.11	原平镇	
七一五团	二营政教	陈正平			26.11	十岗村(原平)	
七一五团	特派员	罗辉月			27.2	阳曲陵井	
七一五团	政教	刘德新			27.2	冀中西河庄	
三五八旅教导队	政教	郭友松			27.2	阳曲古交镇	
警六团	副营长	任庆义			27.2	河曲	
七一五团	副营长	潘友新			27.2	虎上庄(神池)	
七一六团	副营长	黄子德			27.2	神池小山	
七一八团	营长	刘源远			27.2	岢岚三井	
七一七团	政治主任	刘沸明			27.2	岢岚三井	
七一七团	政治处主任	刘礼平			27.2	宁武杨方口	
七一六团	卫生队长	吕邦侯			27.10	邵家庄	
七一八团	营政教	叶杆德			27.6	下庄（应县）	
七一七团	营副	何福生			27.10	阜平	
七一七团	营长	贺云生			27.10	北水泉	
七一九团	政教	王继明			27.10	广灵塔原山	
七一五团	特派员	曾庆南			27.11	冀中马家店	
独一旅一团	营副	李成寿			28.3	河间治安村	
独二旅五团	政教	李延拒			28.4	告阳村	
独二旅四团	政教	詹前进			28.4	河间卧佛堂	
独二旅	旅长	魏大光	27		28.7	得胜口	
七一六团	营长	张自强			28.4	河间卧佛堂	
独一支	营长	吴书纲			28.3	冀中王家马头	
独一支	营长	吴树岗			28.1	王家马头（交河）	

续表

部别	职别	姓名	年龄	籍贯	负伤		备考
					日期	地点	
独一旅一团	营副	张自雄			28.4	娟村（河间）	
独一旅一团	政委	朱吉昆			28.4	河间南留路	
工作团	主任	傅及文			28.5	河间枯树	
师政锄奸部	科长	高尚风			28	大尹村	
七一五团	营长	刘国汉			28.5	河间北魏镇	
三五九旅教导营	营副	周国秀			28.5	细腰涧	
七一六团	政教	彭三秀			28.5	细腰涧	
师政	教育股长	王威哉		山西赵城	28.5	博野	
五八旅独团	政委	赖相宏			28.6	静乐西庄	
三五八旅独团	营长	陈景山			28.6	蠡连子口	
独一旅	营长	庚仁成			28.7	大冯营（深）	
独一旅	参谋长	郭耀勉	25	江西太和	28.9	灵寿陈庄	
一旅二团	参谋长	张荣		江西永丰	28.9	灵寿陈庄	
七一五团	营副	程钱	23	湖南永顺	28.10	浑源南石府	
师特团	营长	马其寿			28.11	上庄子	
津南支队	政委	陈文彬		湖南	29.1	泽州	
师政民运部	副部长	王邦秀		江西吉安	29.6	山西交城	
十九团	副营长	黎彩			29.12	吴家庄	
八团	总支书	黄湘			30.1		
教导团	政治教员	刘力犁			30.1	兴县	
三五八旅	团长	石清臣			30.1		
六支队	营长	韩文成			30.2	新老窝	
六支队	营副	王云保			30.2	新老窝	
二团	团长	王览光			30.2	马铺	
独二旅二团	参谋长	秦世奄			30.3	曹糟沟	
独二旅五团	营长	董志保			30.3	东里解村	
六支队	纵队长	宋宴升			30.5	汾阳杨家庄	

续表

部别	职别	姓名	年龄	籍贯	负伤		备考
					日期	地点	
大青山支队	政委	彭得泰		江西泰和	30	修汉山	
决二纵	副司令	刘德明			31. 2	反扫荡战	
暂一师	参谋	薛和益			31. 2	反扫荡战	
八旅	组织科长	赖德俊			31. 2	反扫荡战	
八旅	供给主任	李国文			31. 2	反扫荡战	
师部	参谋	汤佐雨			31. 5	田家会	
骑支	营长	刘清义			31. 6. 29	平鲁庄湾	
八团三支	营副	占成明			31. 7. 29	宁化窑沟	
五分团	政教	袁向尧			31. 5	田家会	

一二九师

营以上干部阵亡登记表

部别	职别	姓名	年龄	籍贯	负伤		备考
					日期	地点	
七六九团	营长	赵崇德			26.10	阳明堡	
七七二团	政教	荀生训			26.10	平定光阳	
七七一团	政教	张明建			26.11	昔阳庙儿岩	
七六九团	营长	潘占魁			27.1	邢台管头	
七六九团	营副	张以成			27.3	涉县响堂铺	
七七二团	政教	严敝斌			27.3	神头村	
独二团	营副	张九山			27.4	平定里同铺	
三八五旅独立二团	营长	刘明发			27.4	和顺平松	
青年纵队	总务科长	秦丁山			27	邱县徐家楼	
青年纵队	组织股长	余文伟			27	邱县徐家楼	
青年纵队三团	政教	朱希六			27	邱县徐家楼	
七七一团	特派员	罗庆祥			27.4	长乐村	
七七二团	团长	叶成焕			27.4	长乐村	
七七二团	政教	罗明海			27.8	路王坟	
独立支队	营副	李良臣			27.8		
东纵司令部	一科长	肖显友			27.8	大营头	
东纵司令部	营长	秦进乐			27.9	马厂	
东纵五支队	营长	闫敬品			27.10	德县安陵	
东纵一团二营	营长	李双庆			27.10	南宫	
先支独立支队	大队长	武伦佩	23	河南武安	27.10	邢台龙泉	
先支冀豫一团	团副	黄克霞			27.10	宁晋尧台	
冀南第六专署	专员	杨靖远			27.12	盐山	被武装汉奸刺杀
三八六旅	敌工股长	贺占凯			28.1	鸡泽	
冀南五支队	政委	邓永耀			28.3	徐沙村	
先支二大队	营长	叶从芫	23	湖北黄安	28.4	和顺柳科	

续表

部别	职别	姓名	年龄	籍贯	负伤		备考
					日期	地点	
先支	营副	叶焕吉			28.5	和顺柳科	
三八六旅一团	团长	丁思林			28.7	榆社云簇镇	
三八五旅独一团	参谋长	王辉	24	湖南	28.7	平定葱海	
三八五旅七六九团	政教	罗学荣		四川	28.7	孔家庄	
先支	营长	杨培人			28.7	磁王和乡	
三八六旅二团	参谋长	朱秋溪		河南	29.5	良侯店	
东纵	团副	荣子文	25	安徽六安	29.8	冀南德县	
决三纵	政委	董天知			29.8	潞城	
五八六旅十七团	团副	吴龙焘	27	湖北	29.8	白晋路口源	
新十旅二十九团	团副	吴子彦			29.9	阳泉天化池	
三八六旅十六团	团长	谢家庆			29.10	黎城雷尔河	
决一纵二十五团	政委	凌则之			29.10	武乡	
三八五旅十六团一营	特派员	张天文	25	四川逢安	29.10	雷尔河	
三八五旅十六团	营长	范仕成	37		29.9	榆社城	
十一团二营	营副	雷正海	34		29.9	尧山尹村	
十六团	营副	白远科	27	四川通江	29.9	榆社城	
二团一营	政教	何开生	30	四川南江	29.10	关家垴	
三十八团	营副	贾保善	34	山西平陆	29.10	武乡庙阳坡	
二十二团	政教	沙延孝	26	鲁冠县	29.10	大连砦	
二十二团	营长	杨文章	31	江西	29.10	辽县狼牙山下	
二十二团	营副	洪开金	27	皖阳安	29.10	辽县红岭	
三十四团	营副	罗先福	32	鄂麻城	29.10	武安阳邑	
决一纵二十五团	特派员	王思中	22	晋宁武	29.11	黎城九背	
九旅二十五团	团长	李林			29.11	马郎泰村	
十一团	团副	程其昌			29.12	隆平邢家湾	
六旅司令部	队训股长	高自辅		陕	30.1	武乡韩壁	

续表

部别	职别	姓名	年龄	籍贯	负伤		备考
					日期	地点	
六旅政治部	主任	苏精诚			30.1	武乡韩壁	
六旅司令部	参谋	秦建兴		晋、长治	30.1	武乡韩壁	
六旅司令部	参谋	菅箴		鄂	30.1	武乡韩壁	
新四旅	参谋	马杰三			30.1	南北转平	
白晋支队	营长	张友斌			30.1		
二十三团	营长	陈庄祯			30.3	曲周安光岩	
一旅二团	营副	熊从书		豫光山	30.4	平顺奠流	
二十团	政教	柯凡			30.4	马家屯	
三八五旅十三团	营长	赵万才			30.4	彭城南石庙	
十七团	参谋长	廖绍机			30.5	高白镇	
新一旅	营副	王洪善			30.8	安阳东观台	
太行三分区	司令员	郭国言			31.2.9	武乡大有镇	
太行一分区	团长	李良贤			31.2.11	赞皇	
太行六分区	司令员	范子侠			31.2.12	沙河柴关	
冀南军区特务团	政主	邹林			31.5.5	武城西北	
冀南四旅	副主任	陈元龙			31.5.5	香城固	
冀南四分区	司令员	杨宏明			31.5.5	香城固	
冀南四分区	主任	孙毅民			31.5.5	香城固	
冀南四分区十团	团长	陈子斌			31.5.5	香城固	
冀南十一团	政委	桂承志			31.5.5	香城固	
八旅二十八团	团长	徐宝山			31.5.25	住北局党校 六行五月亡	
决三纵政治部	主任	郝维清			31.5.25	住北局党校 六行五月亡	
师部队列科	科长	刘贤润			31.5.25	住北局党校 六行五月亡	
冀南特务团 政治部	主任	王凌			31.6.11	枣南	
新一旅	政教	黄剑如			31.6.14	平顺石城	

续表

部别	职别	姓名	年龄	籍贯	负伤		备考
					日期	地点	
冀南五分区政治部	主任	张俊峰			31.6.23	深南任家角	
十旅二十八团	团长	曹洪声			31.6.25	太谷尧村	
太岳二十八团	参谋长	余秉均			31.10.25	沁源永宁沟	

一一五师

部别	职别	姓名	年龄	籍贯	负伤		备考
					日期	地点	
六八八团	营长	周庆安			26.10	沙河（繁峙）	
六八八团	营长	刘国清			27.1	温塘	
六八八团	团长	陈锦秀			27.1	温塘	
六八九团	营副	张知五			27.5	威县	
挺进纵队支队	政委	王育民			27.5	张焉（南宫）	
六八七团	营长	刘志炎			27.7	町店（阳城）	
六八九团	营长	余适龙			27.8	威县	
六八八团	营长	张友支			27.11	徐阜坡(汤阴)	
挺纵支队	政委	曾庆洪			28.3	大宗家	
挺纵支队	政治部主任	朱归先			28.4	大宗家	
挺纵五支队	营长	谭瑞志			28.4	大王庄	
苏鲁豫支六支队	团长	陈伯衡			28.3	彭家集	
教二旅四团	营长	钱德才			29.2	胡集	
教四旅	组织股长	曹嗣全			29.11		
教三旅直属队	工作股长	邱意发			29.4	苏村	被敌包围中毒致亡
教二旅四团	副政教	巫云			29.2	胡集	
特务营	营长	钟明倍			30.1	蓟村	
特务营	政教	邱良佐			30.4	蓟村	
教二旅	副政教	关行			30.2	胡集	
教二旅	营长	钱德才			20.2		
独立团	除奸股长	张发伯			30.3	十字河	
独立团	副政教	刘增祥			30.3	十字河南上	
教三旅	政主	孙鹏程			30.6	矩南	
教六旅十八团	团长	杨柳新			31.7.7	冀鲁边	
冀鲁边一分区	司令	傅继泽			31.8.4	东尧六合会	
冀鲁边六分区	地委	杜子孚			31	宁津北	

续表

部别	职别	姓名	年龄	籍贯	负伤		备考
					日期	地点	
教二旅四团	团副	赖光东			31.10.11	油棚山（莒县）	
教一旅一团	团长	杨万兴			31.11.7	蒙南垛庄	
教一旅三团	政委	邱子贵			31.12	费县	
教五旅十三团	政委	谭外晃			31.12	角子山	

山东军区

营以上干部阵亡登记表

部别	职别	姓名	年龄	籍贯	阵亡日期	地点	备考
五支队	军政委员	理琦			26		
五支队	司令员	洪涛			27.2	胶东	病故
二支队	政委	王育民		河北	27.6		
五支队	代政委	任和平			27.7	蓬莱	
五支队	政委	常健新			27.7	蓬莱	
七支队	政委	鹿省三	29	鲁莱芜	27.8		
八支队	大队长	李梅生			27.8	长山周村镇	
八支队	大队副兼政主	于夏营			27. 8	长山周村镇	
一支队	政主	王翼之	34	鲁文登	27.8		
一支队	营长	李文光	22	鲁寿光	27.8		
三支队	团长	尹德村	41	鲁长山	27.8	长山董家庄	
一支队	团副	李梅生	25	鲁寿光	27.9		
军政委员会	主席兼特委书记	李希平			27.10	牟羊	
一支队	副指挥	韩明柱	24	豫光山	27.10		
一支队	营长	孙善卿	27	鲁寿光	27.11		
一支队	营副	张玉波	28	鲁潍县	27.11		
一支队	政教	王博西	32	鲁博兴	27.11		
三支队	主任	鲍辉			28.3	太和	太和事件遭顽方活埋
三支政治部	宣传科长	邓辅臣			28.3	太和	太和事件遭顽方活埋
特务团	营长	吕乙贵			28.3	太和	太和事件遭顽方活埋
四支政治部	组织科长	周绍南	22	鲁莱芜	28.5	张王	
四支	团长	魏培德			28.6	张南子	
四支司令部	一科长	王堃	30	皖蒙城	28.6	邹县小山	

续表

部别	职别	姓名	年龄	籍贯	阵亡日期	地点	备考
一支	团长	魏权得	32	鲁寿光	28.6	泰安岩庄	
五支	团长	陈龙虎		鲁昌邑		东峪	
纵队特务团	团副	曹洪胜			28.6	东峪	
纵队特务团	主任	王永才			28.6	东峪	
二支独团	政委	李希辰		鲁临淄	28	莱西卅里峪	
三支	团副	刘斗震			28		
三支	营长	怀焕濑			28		
八支	营长	郑培德			28.7	新泰	
南支一团三营	政教	董兴筹	24	江苏肖县	28		
南支独立营	营长	武广春	32	江苏	28	唐溯	
南支一团	营长	滕玉英		江苏	28		
三支队	司令员	马辉南			28.7	大王庄	
三支队	敌工科长	刘震			28.7	大王庄	
三支队	大队长	薛云亭			28.6	博山下庄	
三支队	营副	徐绍庭			28		
三支队	政教	孙东如			28		
六支队	副司令	倪冠英			28.9		
六支一团	政委	王见庆			28		
六支二团	政委	振东			28		
六支二团	团长	陈伯衡			28		
六支独立团	营长	王兰田		鲁泰安	28.12	安驾庄	
六支二团	营长	宋光栋			28		
六支	大队长	丙受捣			28		
六支	大队长	邹便宜			28		
三支	营长	石宝林			28.12	长山朱家庄	
二纵民四团	政委	闻见志			29.8		过卫河淹死
二纵七团	总支书	薄为余			29.12	盘邱	
二纵濮独立团	副主任	王伟民			29.12	花园岩	
二纵三旅	四股长	孙永英	23	豫	30.2	芦村	

续表

部别	职别	姓名	年龄	籍贯	阵亡日期	地点	备考
二纵二十四团	营长	李友惠	28	吉林长春	30. 2	内黄陈庄	
二纵二十四团	营长	伍炳先			30. 5	杨楼	
二纵五团	政委	郭华			30. 8	昆林集	
山纵七旅	营长	吕宪章			30. 8	长山城	
山纵一旅一团	营长	胡念英			30. 8	古县东城	
二纵七团一营	营副	杨昌桂		四川通江	30. 11		
二纵七团三营	营副	李如才		四川巴中	30. 11		
二纵七团三营	副政教	李杰臣		鲁商河	30. 11		
胶东军区莱东县大队	政教	白克			31. 8. 15	莱东北寨里	
抗大派冀鲁豫大队	校务处长	王志清			31. 9. 27	范县	
鲁中一军分区	政委	汪洋			31. 10. 17	泰山区茶黄口	遭敌合围
鲁中一军分区	锄奸科长	孙应山			31. 10. 17	泰山区茶黄口	遭敌合围
鲁中一军分区	供给处长	刘述坤			31. 10. 17	泰山区茶黄口	遭敌合围
鲁中一军分区	营长	赵钧			31. 10. 17	泰山区茶黄口	遭敌合围
抗大一分校上干队	队副	徐奕贵			31. 10. 27	沂蒙区南墙峪	遭敌合围
抗大一分校上干队	政治教员	丁文			31. 10. 27	沂蒙区南墙峪	遭敌合围
山东军区	宣传部长	李竹如			31. 11. 2	沂水对崮峪	遭敌合围
山东军区	地委	潘维周			31. 11. 2	沂水对崮峪	遭敌合围
山东军区	团政委	王锐			31. 11. 2	沂水对崮峪	遭敌合围
	团政主	张坚符			31. 11. 2	沂水对崮塔	遭敌合围
鲁中军区二团	团副	王风麟			31. 11. 8	博山马鞍山	遭敌合围
冀鲁豫十四团	团长	萧明			31. 12	曹马集	
冀鲁豫西湖区	专员	李侦乾			31. 12	曹马集	
冀鲁豫西湖区	公安局长	王丁成			31. 12	曹马集	
冀鲁豫西湖区	财政科长	渠白奎			31. 12	曹马集	
冀鲁豫西湖区	财政副科长	张括吱			31. 12	曹马集	
胶东区军医处	处长	董超云			31. 12	刘家	

续表

部别	职别	姓名	年龄	籍贯	阵亡	备考	
胶东区十六团	政委	寰旭			31.12	刘家	
冀鲁豫西湖区	教育科长	任学健			31.12	曹马集	
胶东区十六团	参谋长	陈子英			31.12	刘家	
胶东区十六团	作战参谋	吕文彬			31.12	刘家	

冀察晋军区（含平西冀东）
营以上干部阵亡登记表

部别	职别	姓名	年龄	籍贯	负伤		备考
					日期	地点	
冀察晋五支	营长	洪太平			27.3	上下邳山	
挺进军	营长	宋英汉			27.6	兴隆	
第四支队兼三四三旅	司令员	周建平			27.6	平山洪子店	（病故）
三支队十一团	团长	辛力生			27.7	定县	
三支队十团	团长	朱部兴			27.8	定县离门	
一支队	政教	张向松			27.8	灵丘腰站	
四支七大队	营长	谢明安			27.10	张齐	
四支七大队	政委	陈定相			27	盂县	
三支十团	营长	刘兴安			27.12	曲阳党城	
一支队	营长	邓南风			28	易县塘湖	
三支队	营副	胡镒			28.1	曲阳党城	
独四团	团长	许攻坚			28.1	曲阳灵山	
第六大队	政委	黄胜斌			28.2	灵寿北寨	
四支游击支队	队长	陈生发			28.3	井陉	
四支游击支队	政委	冯晋			28.3	井陉	
三纵队	营长	赵志文			28.7	武强郭家院	
军区政治部	宣传副部长	钟蛟蟠			28.9	延安	敌机炸死
二支队	营长	赵绍炳			28.11	阜平卜关	
二十七团	政委	谭璋光	28	四川	29.2	永清新屯	
二十七团	卫生队长	解义民			29.2	永清新屯	
二十七团	参谋长	史振州	29	河北	29.2	新城田祁庄	

续表

部别	职别	姓名	年龄	籍贯	负伤		备考
					日期	地点	
	政教	赵洪丰			29.2	新城大堡	部别不明
	政主	张本训	29	河北定县	29.2	新城立生庄	部别不明
冀东二大队	政主	姜林		北平	29.3	遵化南宫	
十三团一营	营长	王正军	24		29.3	玉田团城	
十九团一营	营副	任道元	25	安徽	29.3	五台柏关	
井获支队	大队长	江德茂	28	皖六安		井陉张家井	
冀东分区司令部	一科长	严祖高		湖南	29.3	遵化南宫	
八分区三十二团	一营长	石金标	30		29.4	博野白坊	
八分区三十二团	营副	杨文卿	24	河北	29.4	博野白坊	
八分区三十二团	教导员	陈文哲	23		29.4	博野白坊	
八分区三十二团	教导员	葛一民	26	河北	29.4	清苑王力	
特务营	营长	吴发成	28	皖	29.4	清苑王力	
特务营	政委	安贵晋	27	河北	29.4	清苑王力	
特务营	营副	王泽民	32	冀	29.4	清苑王力	
	营长	孙吓		冀阜平	29.4	固城	
	政教	申义生		冀高阳	29.5	永清陈拐营	
	营长	吴文树		冀永清	29.5		部别与阵亡地不明
五团三营	营长	罗切干		湘	29.5	平定王家庄	
二十团一营	营副	张文焕	31	冀满城	29.6	唐县田辛庄	
抗大三团	政教	肖国务			29.6	行唐西瓦仁	
	作战参谋	常九需	26	湘	29.7	白公井	
军区司令部	三科长	唐明	23	湘长沙	29.7	清苑	
	宣传科长	陈发		冀东	29.8	丰润郭庄子	
	供给部长	闫四九		冀东	29.8	滦县大郭庄	
	工人大队长	窦振国		鲁	29.8	滦县大郭庄	
六分区特务营	营长	郑元宏				王家庄	
十九团	团长	李和辉			29.8	盂县	

续表

部别	职别	姓名	年龄	籍贯	负伤		备考
					日期	地点	
四分区游支	政委	高晞					
十九团三营	营副	陆正禄	30	皖六安	29. 8	平定移穰	
游击四支队	支队长	姚云秀			29. 8	易县屯庄	
察绥支队	政教	肖变全	24	河北	29. 8		
四团一营	政教	吴潮奎	39	四川	29. 9	五台逸汤亭	
	政教	刘雅范	24		29. 9	千村	
四团二营	营副	王颇玉	32	豫	29. 9	五台驴粪梁	
四团二营	营副	胡元健	27		29. 10	涞水马安	
十二团	总支书	何意之			29. 10	遵化娘娘庙	
游击九总队	政教	孟主任			29. 10	丰润尚安庙	
分区	敌工部长	王子汉			29. 10	遵化娘娘庙	
军区	特派员	廖之贵	22	冀行唐	29. 10	涞水马安	
三支队	政教	夏胡	24	辽宁	29. 11	张家峪	
三支队	政教	黄交绿	24		29. 11	张家峪	
第八支队	队长	梁中福			29. 11	曲阳张家峪	
游击军	司令员	王传			29. 11	曲阳张家峪	
游击军政治部	副主任	郝玉明	32	冀阜平	29. 11	曲阳张家峪	
游击军	一股长	严经武	37		29. 11	曲阳张家峪	
挺进军十二团	团长	陈群			29. 11		
五分区三团	营副	杨兴吉	25	四川	29. 11	阜平釜底	
二团二营	营副	李贵阳		四川	29. 12	林口	
五分区	营长	张金华	32		29. 12	阜平东庄	
十分区	参谋长	宋相海	25		29. 12		
十分区	营长	贺正保	28		29. 12		
十分区	营副	李俊贤	30	冀	29. 12		
十分区	政教	王发若	23	冀高阳	29. 12		
十分区	卫生处长	燕生华	22	冀	29. 12	后台	
十分区	供给处长	张静冲	29		29. 12	后台	

续表

部别	职别	姓名	年龄	籍贯	负伤		备考
					日期	地点	
十分区	政教	张歧程	20		30.1	晋县解村	
骑兵团	锄奸股长	张清祥	30		30.1	完县寨桥庄	
挺进军十团	营长	常永安			30.1	蓟水	
挺进军十团	团长	白一化			30.2	踞歧关	
第二游击支队	大队长	吴大时	25	鲁	30.3	龙家轩	
四团三营	政教	薄英堂	21	四川	30.4	王家庄	
特务营	营长	郑赐宏	27		30.4	王家庄	
三分区第三支队	大队长	吴有山	27		30.4	徐水任里村	
二分区	参谋长	张国瑞			30.7	盂县	
二分区	营副	李戈昌			30.7	盂县	
二十六团	团长	曾美	27		30.8	盂县东北七里峪	
三营	政教	张明珠	29		30.8	盂县大围村	
二分区四团	营长	罗世口	24		30.9	五台王家坪	
北岳军区骑团	团长	李晨光	27	冀新安	31.3.3	唐县高和	
三分区七区队武崮队	队长	郭子杰	27	冀完县	31.4	完县大王庄	
一分区六团三营	营副	陈前年	36	粤河源	31.5.15	易县钟家庄	
二分区一团一营	政教	孙丕许	24	陕富水	31.5.23	易县中罗村	
四分区六区队	总支书	许世昌	24	陕商县	31.5.24	灵寿朱食	
五区队	总支书	贾臣汉	29	晋朔县	31.5	定襄南村	
一分区三团	参谋	杨兴堂	28	晋天镇	31.6.15	易县大坎下	
五台县基干	政委	何光翠	39	晋广灵	31.6.16	瓦村	
北岳一分区六团	政教	刘一山	31	冀丰润	31.8.14	浑源白草窑	
一分区一团二营	营副	胡俊年	27	赣兴国	31.10.19	易县南白虹	
冀东分区	副司令	包森			31.2.19	遵化三户山	
冀东七区队	参谋长	高濠	26	辽宁	31.2.19	云彪	

续表

部别	职别	姓名	年龄	籍贯	负伤		备考
					日期	地点	
冀东三分区司令部	作战股长	姚之一	28	晋应县	31. 2. 19	云彪	
冀东七区队	侦察参谋	王子鑫	27	冀完县	31. 2. 19	云彪	
冀东四分区	政教	曲竞济	24	豫巩县			
军区直属队	炮兵营政委	宋茉文	31		31. 2. 19	满城	
军区司令部	参谋	郭忠	27	冀玉田	31. 2. 19	崞县	
冀东一分区十团	营副	胡俊元	27	赣安国	31. 10. 18		

冀中军区

营以上干部阵亡登记表

部别	职别	姓名	年龄	籍贯	负伤		备考
					日期	地点	
冀中三纵独二支	参谋长	刘卜	25	闽	28.2	新镇	
冀中三纵三十大队	大队长	刘琦	25	冀新安	28.5	高阳芮城	
冀中三纵三十二团	主任	张成训	30	冀定县	29.2	新城田郝庄	
冀中三纵二十七团	参谋长	史振洲	28	冀定县	29.2	安次旧洲	
冀中三纵一团	副营长	董树关	31	雄县	30.1	古寅峤	
冀中三纵一团	副政教	吴希存	31	豫	30.1	古寅峤	
二十七团	营长	李茂亭	29	豫	30.4	北验头	
四支一大队	队长	马永思	44	冀定县	30.4	徐水徐城镇	
任河支队	政委	贾原	30		30.2		
四支一大队	副队长	马宗增	42	冀	30.4	徐水徐城镇	
二十一团	营副	马方扎	20	冀深县	30.4	张村	
六分区二团	营长	罗志明		赣	30.6	吕家营	
三十团二营	营副	王韩只	27	冀	30.6	副家佐	
十八团二营	营长	吴步云	32	陕	30.6	于庄	
十七团二营	营长	刘鸣琴	31	冀安国	30.7		
七团团部	特派员	杜炳恒	22	冀深泽	30.7		
七团二营	特派员	李志远	20	冀长平	30.7		
二十一团	参谋长	朱湘海			30.11		
纵政	宣传部长	张仁槐			31.5	冀中区内	系夏季反扫荡
二十七团	主任	薛源	27	陕韩城	29.4	安次新屯	
骑二团	政委	汪乃荣			31.5	冀中区内	夏季反扫荡中
骑二团	政委	杨经国			31.5	冀中区内	夏季反扫荡中
六分区一团	政委	陈德仁			31.5	冀中区内	夏季反扫荡中

续表

部别	职别	姓名	年龄	籍贯	负伤		备考
					日期	地点	
分区一团	团副	郭慕芬			31.5	冀中区内	夏季反扫荡中
七分区三二地区队	总支书	芦希			31.5	冀中区内	夏季反扫荡中
七分区四五地区队	政委	安支龙			31.5	冀中区内	夏季反扫荡中
八分区	司令员	常德善			31.5	冀中区内	夏季反扫荡中
八分区	政委	王速音			31.5	冀中区内	夏季反扫荡中
八分区	侦察股长	杨克太			31.5	冀中区内	夏季反扫荡中
八分区	管理股长	王简奎			31.5	冀中区内	夏季反扫荡中
二十三团	团长	谭斌			31.5	冀中区内	夏季反扫荡中
三十团	团副	肖治国			31.5	冀中区内	夏季反扫荡中
三十团	政委	汪盛			31.5	冀中区内	夏季反扫荡中
三十团	总支书	沈管			31.5	冀中区内	夏季反扫荡中
二十三团	团副	赵振亚			31.5	冀中区内	夏季反扫荡中
二十三团	政主	孟庆武			31.5	冀中区内	夏季反扫荡中
二十三团	总支书	张建			31.5	冀中区内	夏季反扫荡中
二十三团	总支书	马勇			31.5	冀中区内	夏季反扫荡中
二十三团	一营副	戴景武			31.5	冀中区内	夏季反扫荡中
二十三团	政教	王作文			31.5	冀中区内	夏季反扫荡中
二十三团	三营长	刘卫山			31.5	冀中区内	夏季反扫荡中
二十三团	政教	周士敬			31.5	冀中区内	夏季反扫荡中
二十三团	分支书	吴士缔			31.5	冀中区内	夏季反扫荡中
三十三地区队	区队长	丁占明			31.5	冀中区内	夏季反扫荡中
九分区	政主	袁心纯			31.5	冀中区内	夏季反扫荡中
二十三团	二营长	邱福和			31.5	冀中区内	夏季反扫荡中
二十三团	分支书	韩永进			31.5	冀中区内	夏季反扫荡中
十八团	团长	高德保			31.5	冀中区内	夏季反扫荡中

续表

部别	职别	姓名	年龄	籍贯	负伤		备考
					日期	地点	
十八团	团副	焦玉礼			31.5	冀中区内	夏季反扫荡中
十八团	政委	钟洲			31.5	冀中区内	夏季反扫荡中
		安清国			31.5	冀中区内	部职别不明
	政委	刘文明			31.5	冀中区内	部职别不明
		李伦			31.5	冀中区内	部职别不明
		张凤依			31.5	冀中区内	部职别不明
		黄哲			31.5	冀中区内	部职别不明
		张蕴群			31.5	冀中区内	部职别不明
		王象山			31.5	冀中区内	部职别不明
		张士亭			31.5	冀中区内	部职别不明
		戴敬伍			31.5	冀中区内	部职别不明
回支	大队长	马永标			31.5	冀中区内	夏季反扫荡中
回支	大队副	马玉如			31.5	冀中区内	夏季反扫荡中
		黄劳伦			31.5	冀中区内	部职别不明
军区二十七团	团长	吕琛石			31.5	冀中区内	衡水北任家角
		周鹏程			31.5	冀中区内	衡水北任家角

156. 八路军第129师关于1942年度伤亡团以上干部情况的报告

（1943年3月16日）

毛朱王叶[1]：

本师一九四二年度伤亡之团以上干部姓名：

（一）冀南区，共四十二人：

（1）负伤，军区一级政治主任刘志坚，旅与分区级六：军区参谋长王永瑞，四旅旅长徐深吉，七旅政委文建武，八旅政委肖永智，参谋主任周光荣，二分区副政委李定灼；团级十一：军区骑兵团政委况玉纯，副团长曹洪武，四旅七七一团政委王进前，参谋长马劲夫，十一团参谋长王万喜，七旅二十一团政委张贤庭，八旅二十二团政委于笑虹，三分区二十七团团长吕深，小计十八名。

（2）阵亡：旅和分区级六名，二旅政治部主任刘诗松，副主任陈光龙，三分区司令杨宏明，政治部主任孙毅民，五分区政治部副主任张俊峰，六分区副政委王泊生（被俘逃回后任六分区政委）。团级十一名；军区政治部敌工科长石家楂，干教科长欧平，军直特务团政治主任王林，四旅十团团长陈欧斌，十一团团长李继孔（病故）政委桂承志，七旅十九团副团长余保林，八旅二十二团政治主任吴新芝，二十四团团长徐保山（在北局党校住学，在姚门口突围战斗中牺牲）二分区二十五团团长梅华樊，三分区三十五团政治主任贺光。小计十七名。

（3）被俘：旅级分区级三：军区卫生部长王肇如（逃回），民运部长刘大坤（释放），五分区政委王泊生（逃回），团级五，军区作战副科长李丏奎，二十二团团长徐国富，一分区政宣教科长李刺（以上已逃回），二十六团参谋长张愚。小计八名。

（二）太行区共十一名：

（1）负伤分区一级一名：二分区政委赖际发，团级四：一旅一团参谋长黄狄秋，一分区三十一团政委刘宣，三分区政委郝培，六分区二团团长安仲岷，小统计五。

（2）阵亡：分区一级二，三分区司令郭国言，六分区司令范子侠，团级四：

---

① 毛朱王叶：指毛泽东、朱德、王稼祥、叶剑英。

师司令部队列科长刘贤润，一分区三十一团副团长李良贤，二分区二十六团团长曹宰顺，三分区七七团团长尹立海，小统计六名。

（三）太岳区三：

（1）负伤一：决一纵三十八团团长郭俊。

（2）阵亡二：团级：军区供给部长肖伟成，三十八团参谋长余秉均。

以上总计伤亡五十六名。

刘邓李[1]

十六日

（一二九师来）

---

① 刘邓李：指刘伯承、邓小平、李达。

157. 新四军第3师教导第1旅战斗伤亡、消耗统计表
(1943年3月)

三月份战斗伤亡统计表

部队	月日	地点	战役名称	负伤														阵亡														失连络														总合计	总党员数	附记
				指挥员					政治员				战斗员	工作员	卫生员	合计	党员数										战斗员	工作员	卫生员	合计	党员数	指挥员					政治员				战斗员	工作员	卫生员	合计				
				班	排	连	营	计	排	连	营	计						班	排	连	营	计	排	连	营	计						班	排	连	营	计	排	连	营	计								
教导一旅第一团	1/3	洪桥	洪桥战斗		1								13			14	4	6	3	2				1			57		1	70	24															84	28	
																				连兄村				政指																								
	统计																																															

三月份战斗伤亡统计表

部队	月日	地点	战役名称	负伤 指挥员					负伤 政治员				负伤					阵亡 指挥员					阵亡 政治员				阵亡					失连络 指挥员					失连络 政治员				失连络					总合计	总党员数	附记
				班	排	连	营	计	排	连	营	计	战斗员	工作员	卫生员	合计	党员数	班	排	连	营	计	排	连	营	计	战斗员	工作员	卫生员	合计	党员数	班	排	连	营	计	排	连	营	计	战斗员	工作员	卫生员	合计	党员数			
教导一旅第一团	27/2		娄王庄										3			3																																
	1/3		沈韩庄	2	4	1		7		1		1	44		1	53			1	1		2					5			7																		
	3/3		东韩庄	1	1			2		0		0	1			3								1		1	6			7																		
									政指																																									
	统计			3	5	1		9		1		1	48		1	59			1	1		2		1		1		11			14																	

报告者黄炜华 冯志祥 马仁辉

158. 八路军第129师抗战第六周年损耗统计表（42. 5— 43. 4底）（1943年4月）

项别			数目	单位	项别			数目	单位
大小战斗			7405	次	爆破		兵营	7	座
斩获	毙俘敌伪人马	毙伤日伪军	20478	名			飞机	5	架
		生俘日军	51	名			火车	42	列
		生俘伪军	11150	名			汽车	98	辆
		合计	31679	名			汽油库	1	处
		毙敌骡马	444	匹			磨电机	2	个
		捕获敌骡马	1709	匹			铁路	14852	m
		合计	2153	匹			公路	4412296	m
	武器	步马枪	8005	枝			封锁沟	4609507	m
		短枪	701	枝			封锁墙	63500	m
		轻机枪	127	枝			铁桥	20	座
		重机枪	2	枝			木桥	86	座
		掷弹筒	26	枝			石桥	25	座
		信号枪	5	枝			电线	37274	斤
		合计	8860	枝			电杆	3090	根
		指挥刀	144	把	攻克		据点	71	处
		刺刀	454	把			碉堡	237	座
		战刀	281	把			岗楼	28	处
		合计	879	把			合计	336	处
	弹药	各种子弹	277034	发			日军投诚	4	名
		各种炮弹	295	发	伪军反正		次数	48	次
		手榴弹	11694	发			人数	483	名
		掷弹筒弹	787	发			带枪	234	枝
		化学弹	72	发	我军	伤亡	负伤	4375	名
		地雷	16	发			阵亡	2138	名
		合计	979894	发			失连络者	1562	名
	军用品	收音机	6	架			合计	8075	名
		留声机	13	架		损失 武器	步马枪	1539	枝
		电话机	129	部			短枪	133	枝

续表

项别			数目	单位	项别			数目	单位
		照像机	12	架	损失	武器	轻机枪	56	挺
		油印机	8	架			重机枪	2	挺
		汽车	9	辆			掷弹筒	7	个
		自行车	1343	辆			信号枪	2	支
		大车	68	辆			合计	1739	
		望远镜	33	付		弹药	各种子弹	47372	粒
		各种军衣	2095	套			炮弹	246	发
		军毯	807	床			掷弹筒弹	177	发
		鞋子	174	双			手榴弹	2028	发
		皮靴	65	双			化学弹	14	发
		水壶	99	个			地雷	75	发
		挂包	141	个			合计	49912	
		钢盔	127	顶		军用品	电台	1	部
		手挂表	99	个			电话机	10	部
		日伪旗	67	面			油印机	2	架
		电线	176528	斤			自行车	69	辆
		电杆	2040	根			各种军装	1146	套
		电池	75	块			军毯	727	床
		地图	8	幅			电线	8400	斤
		煤油	67	桶			背包	158	个
		铁轨	42	条		骡马		65	匹
		文件	20	箱	消耗	各种子弹		585465	发
		伪钞	317863	元		炮弹		610	发
		法币	12826	元		掷弹筒弹		4324	发
		粮食	100779	斤		手榴弹		31471	发
						化学弹		198	发
						地雷		1566	发
						合计		622634①	发

说明：①此统计表自42年5月起到43年4月底止。②此统计尚有数处未报到。且此统计全系实数。③极小或很少的军用品都未统计上。④被俘者因无报告未统计。

① 原文如此，计算有误。

159. 八路军第129师野战供给部、冀南银行5月份反“扫荡”中物资损失统计表
(1943年5月)

野供粮盐造呈43年5月反扫荡资材损失报告表

种类 数 科目	海盐	饼干	饼干箱子	饼干锅	榨油机	大刀秤	说明
目	斤数	箱数	个数	套数	架数	杆数	
黎城县孔家峧		146					一、孔家峧西崖底之饼干是被敌人烧了一部，驮走一部，均有该村正式证明条。饼干箱子共66个，内有大箱6个都被敌人烧掉了，有负责人证明为凭。 二、其他各处损失之饼干是自己保存的，连鼠吃的与此次扫荡被老百姓偷吃的，这次检查所缺之数目。 三、饼干锅榨油机被敌人损坏，大秤一杆有证明条，自保存之大刀秤一杆小秤一杆都被敌人烧掉了。 四、大林口自存之海盐23223.75斤，现有19750.50斤，敌人驮去3473.25斤，此扫荡损失的。
左权县西崖底		60.5	10	1			
左权县西崖底			4		1	3	
左权县小狼沟			42				
左权县北家楼		5					
左权县南家楼		10					
左权县南沟		2.5					
左权县北沟		2.5					
左权县熟峪村			10				
武乡县大坪村		4					
左权县大林口	3473.25						
石岩峧损失面口袋						2	
合计	3473.25	230.5	66	1	1	5	

部长周玉成　政委周文龙　组长王长海　卢东迈　会计叶荫浓

八路军冀南银行造呈1943年5月扫荡损失统计表

品名 数目 科目	棉袄	棉裤	绑带	挂包	米袋	棉被	单衣上装	单衣下装	鞋子	玉茭	夹被	驼骡	饭锅	蒸笼	风匣	驼架代绳子	食盐	小米
发行部						2床					10床	1匹	1口	6扇				
一所						1床					1床							
二所						3床	1件	1件					1口	3扇	1个	2个	6斤	250斤
营业部	2件	1条	7副	1个	11条	10床	10件	12件	9双	60斤		1匹					15斤	
估价	40	20	8	6	4	80	30	20	10		70		80	8	80	400		
	80	20	56	6	44	1280	330	260	90		770		160	72	80	800		
合计	2件	1条	7副	1个	11条	16床	11件	13件	9双	60斤	11床	2匹	2口	9扇	1个	2个	21斤	250斤

副行长陈希愈　　科长方清生　　副科长熊海山　　科员郝建奇

冀行五月反扫荡人员损失统计表

职别	姓名	牺牲或失踪	日期	备考
行长	高捷成	牺牲	5.14	埋葬
通信员	李先根	牺牲	5.14	埋葬
通信员	秦树林	失踪	5.14	生死不明
通信员	贾书孜	失踪	5.14	生死不明
通信员	史可家	失踪	5.14	生死不明
通信员	姚隆庆	失踪	5.14	生死不明
勤务员	李喜全	失踪	5.14	生死不明
饲养员	韩长荣	失踪	5.14	生死不明
上士	王隆庆	失踪	5.14	生死不明
炊事员	白金发	失踪	5.14	生死不明
炊事班长	张永生	失踪	5.14	生死不明
司药	高世勤	失踪	5.14	生死不明
战士	吴其贵	被俘	5.16	
工人	门玉田	被俘	5.16	
学徒	马金敏	牺牲	5.16	
合作社主任	范辉	被俘	5.16	

160. 八路军野战供给部反“扫荡”中被服装具损失统计表
(1943年5月)

材料损失统计表

单位 品名	一所				一所				一所				工校	值洋
	一厂	二厂	三厂	材料科	一厂	二厂	三厂	材料科	一厂	二厂	三厂	材料科		
黑炸药				100斤										1000元
酒精				29斤				10斤			4斤			1290元
黄腊				4斤										64元
煤油	2斤	164斤半		25斤										3438元
洋锉刀	2把													45元
锉刀毛丕	30根													150元
风箱	2个	3							10个					750元
炮弹	7发													100元
八凌钢		254斤												1270元
铅笔		7支												2元
毛笔		3支												3元
麻		4.4斤						9.5斤			半斤			70元
竹节钢		8条												140元
6#三角锉		1支												25元
6#半圆锉		1支												25元
8#扁锉		2支												55元
8#平台锉		2支												50元
火车簧		二车												30元
2#木板		6尺												20元
油由炸药		半箱												600元
炮弹成品		254个												20320元
弹带		42												130元
挑扣		72												150元
毛翅		2060												6320元
弹尾外皮		146												300元
弹头毛丕		325												650元

续表

单位 品名	一所				一所				一所				工校	值洋
	一厂	二厂	三厂	材料科	一厂	二厂	三厂	材料科	一厂	二厂	三厂	材料科		
中锤毛坯		569												90元
火帽毛坯		1000												100元
板架		3												40元
板牙		8												56元
手钳		5												75元
手拿子毛坯		3												27元
虎钳毛坯		15												225元
土钳子		7							48个					635元
土锉		18												180元
平口钳子		2												50元
小榔头		5							4个					60元
锅		2												50元
表		2												140元
大锉			2											50元
箱子			20											100元
小节头			4											16元
平锤			5						4个					30元
火铲			5											40元
火着			4											16元
上下甩子			4											10元
钻子			1											5元
模子			5											50元
钻斧			2											10元
绳子			1斤											10元
鱼鳔			12两											20元
木尺			1个											20元
好弹壳											818斤			1630元
坏弹壳											1047斤			1550元
铜元											123斤			160元
下料铜元											210斤			273元
铜丝											319斤			957元

续表

单位 品名	一所				一所				一所				工校	值洋
	一厂	二厂	三厂	材料科	一厂	二厂	三厂	材料科	一厂	二厂	三厂	材料科		
酒											9 斤			90 元
碱面											26 斤			132 元
锤把									50 根		12 根			7.5 元
油光纸											23 张			9 元
稻糠											130 斤			60 元
煤炭									500 斤		6000 斤			1200 元
弹头半成品											36000 个			18000 元
弹头											40000 个			15000 元
模冲											200 个			400 元
机工车的模冲											200 个			450 元
锡											35 斤			210 元
破铜元											10000 个			400 元
錾斧								26						52 元
裁锤								13						20 元
黄牌钢								20 斤						200 元
样板								10 块						100 元
上下槽子								4 套						200 元
木砂箱					8 行									120 元
底板					8 行									100 元
箩子					2 个									20 元
铁铲					3 个									60 元
水磨					4 个									80 元
翻砂炉罐子					100 个									288 元
七五大弹					807 个									12105 元
双带小弹					3966 个									9965 元

续表

单位 品名	一所				一所				一所				工校	值洋
	一厂	二厂	三厂	材料科	一厂	二厂	三厂	材料科	一厂	二厂	三厂	材料科		
闷火炉					2个									200元
冶铁罐子					475									120元
手榴弹壳					708个									1779元
麻绳					8尺									8元
驮筐								4副						40元
水缸								2个						60元
簸箕								3个						30元
单筛								2个						12元
罐角								1个						4元
吊勾								1个						4元
剪子								1把						6元
鱼刀								1把						4元
墨盒								1个						6元
竹掺								1个						20元
电话机													1个	2000元
书籍													30本	350元
席子		33条												300元
												共合洋1080975元		

野供损失现款统计表

部别	金额	说明
运输队	1500.00	管理排长薛纪平所带，薛被俘

部长 周玉成 政委周文龙

野供各单位损失食粮统计表

<table>
<tr><th colspan="2">部别</th><th>物名</th><th>数量</th><th>单位</th><th>说明</th></tr>
<tr><td colspan="2">供校</td><td>小米</td><td>1540</td><td>斤</td><td>在地洞内被敌挖去</td></tr>
<tr><td colspan="2" rowspan="3">输队</td><td>小米</td><td>500</td><td>斤</td><td>白鹿角受袭丢掉</td></tr>
<tr><td>玉茭</td><td>650</td><td>斤</td><td>白鹿角受袭丢掉</td></tr>
<tr><td>黑豆</td><td>800</td><td>斤</td><td>大鱼寨沟，被敌驮走</td></tr>
<tr><td rowspan="3">纺织厂</td><td>厂部</td><td>小米</td><td>1100</td><td>斤</td><td>存于西安后山</td></tr>
<tr><td>四所</td><td>小米</td><td>900</td><td>斤</td><td>在西安分散保存</td></tr>
<tr><td>四所</td><td>玉茭</td><td>545</td><td>斤</td><td>西安群众保存</td></tr>
<tr><td colspan="2">缝衣二所</td><td>小米</td><td>62</td><td>斤</td><td>爱好坪遇敌失去</td></tr>
<tr><td colspan="2">说明</td><td colspan="4"></td></tr>
</table>

部长周玉成　　　政委周文龙

陆中在五月反“扫荡”中经费、粮、油、盐损失报告表 1943. 6. 3

摘要 部别	经济损失	粮食损失	食油损失	食盐损失	牲口损失
校部	119.00	85.00	10.50	10.25	骡子2头
一队		50.00			
二队	12.00	260.00	32.00	28.50	
三队		393.00			
四队	878.00	294.50	11.00	20.25	
五队		20.00			
六队	135.00	140.00			
七队	1039.20	150.00			
合计	1144.00 ①	1492.50 ②	53.50	59.00	2
说明	1. 此种损失系牺牲、负伤和战斗中被敌追击及被敌抢走的，一切腐口报过的皆统计在内。 2. 侦察人员都是平时菜金，亦未报出差费。 3. 骡子是在遇敌时转移中跌死的。				

校长任白戈 政委陈鹤桥 校务处长梁俊停 供给股长李朋林

①② 原文如此，计算有误。

陆中五月反扫荡被服军械损失统计表　　六月五日制

数目 物名 部别	单军帽	单军衣	单军裤	单便衣	布袜	布鞋	草鞋蔴	手巾	绑带	腰带	米袋	挂包	子弹袋	棉大衣	棉军衣	包袱皮	夹被	掷弹筒	掷弹筒弹	苏式机枪	步马枪	子弹七九	炸弹	揹粮袋
校部	2	3	3		1	6	1.5		1	3	15						$3\frac{1}{6}$				1	37	4	
一队											1											73		
二队	1	5	4	1	1	15	3	6	1	2	26	9	2	3	3	2	19				2	294	26	6
三队	1								2	3	2											8		1
四队	1	2	3	1	3	6	4.5	4	7	2	34	2				2	7	1	12	1	6	399	14	12
五队	1					1	3									1	2					68	2	
六队	1	2	2						1	1	1	1	1			1					1	72	4	1
七队									1		9													
合计	7	12	12	2	5	28	12	10	13	11	88	12	3	3	3	6	$29\frac{1}{6}$①	1	12	1	10	951	50	20
单位	顶	件	件	件	双	双	斤	条	双	条	条	个	条	件	件	块	床	个	个	挺	枝	发	颗	条

备注：
一、被服的损失，二、四队为最多，原因是在一分区被敌包围，其他单位也被少数敌人追击中及留守的游击小组，被敌包围丢掉。
二、武器弹药方面：①武器的损失是被俘及牺牲人员带的，另在此次反扫荡中，搞坏步枪五支尚未统计。②子弹的损失：内包括有苏式机枪子弹一〇七发，另在损失数内除消耗外，因子弹袋破烂丢掉一百余发。

校长任白戈　　政委陈鹤桥　　校务处长梁俊亭　　供给股长李朋林

① 原文如此，计算有误。

野供总务科1943年5月反“扫荡”中被服装具损失统计

品名 数目 部别	单军帽	单军衣	单便衣	毛巾	被子	米袋	揹粮袋	挎包	布鞋	草鞋蔴	棉军帽	棉军衣	棉便衣	大衣	棉裤套	棉被套	军毯	布袜	绑带	子弹带				
供给本部	1	3			1							9		2										
供校	17	2		14	1	2		6			10	4		2	2	4			2					
警卫连	13	11	3		29	28	20		7		178	178								20				
运输队		1	14		24																			
缝一所																								
缝二所	1	5		2	12																			
皮革所																								
鞋工所																								
纺织厂	1	20	1	1	2	1		5	20	18	1	10				3	2	3	18					
合计	23①	42	20②	17	67③	31	20	11	27	18	189	202④		4	2	7	2	3	20	20				
单位	顶	套	套	条	套	条	条	个	双	斤	顶	套	套	件	个	张	床	双	件	条				
备注	一、警卫连、运输队、缝二所系遇敌战斗中损失，供校与本部（在大林口）被敌挖开窑洞抢走（警卫连棉衣同此原因）。 二、其他各单位均系零星损失。 三、除挎包、绑带、米袋、夹被已经补发外，其它各项均未补给。																							

部长周玉成　　政治委员周文龙　　科长张仁丰　　副科长宋正古　　经手霍子耕

①②③④　原文如此，计算有误。

师直各单位四三年五月反“扫荡”损失统计报告表　　1943. 6. 25

部别 / 数目 / 类别	司令部	政治部	招待所	特务营	电中队	通讯队	参训队	电讯局	太行分局	印刷厂	合计
单军帽				5		5	8	4			22 顶
单军衣		8	4	16	5	9	12	2	1	2	59 件
单军裤		8	4	17	9	9	12	2	1	2	64 件
汗衣						2	2				4 套
绑带					2	18	3				23 副
挂包				1		26	5			1	22 个
米袋		2		14			7			5	28 根
鞋子		6		12	18	28	14			3	81 双
袜子				4	12	9	3				28 双
手巾		2				2					4 条
棉被	3	6	1	20	5		13	5	2	2	57 床
棉大衣											
棉军衣	2			3	7	8				2	22 件
棉军裤	2			3	8	8				2	23 件
棉军帽					10	7					17 件
棉被套				15	42	14		8			79 斤
草鞋蔴				10	9	8					27 斤

队务科长　　万鹏　　　　供给股长柴吉昌

第十八集团军冀南银行造呈1943年5月扫荡损失计算表

品名 / 数目 / 部别	夹被	棉被			余主任： 他们的被子是否已经批准准其补充，我找了一下他们的原报告上未批，又前次批夏衣时剩下了多余一个编制人员的服装，据说是已经过了四岁的小孩，他们要叫改一下传票增加上去（单衣两套，毛巾一条，蔴不发）你看怎样办是好，请示并带去来函一件，请一并阅之。 苗介声 6. 29
发行部	10	2			
一所	1	1			
二所		3			
营业部	10				
五分行	4				
合计	25	6			
核定数	170	250			
单位	床	床			
备考	1. 五分行在六月十七日送来损失统计表，前次总统计未有统计上				

副行长陈希愈　　科长方清生　　副科长熊海山　　会计郝建奇

粮被服损失统计表

种类	部别 / 数量	一所			二所			四所			校	共合洋数	合计
		一厂	直属队	私人	一厂	直属队	私人	一厂	二厂	三厂			
	人粮	220 斤		55 斤						308 斤	930 斤		1513 斤
	马料									350 斤	50 斤		400 斤
	食盐									30 斤	350 斤		380 斤
被服	利华皂									180 条		540	180 条
	旧大衣				2 件		2 件				2 件	600	6 件
	棉裤花里				21 条		1 条					440	22 条
	鞋子		1 双			4 双	3 双					116.8	8 双
	被子					11 条	3 条				22 条	6120	36 条
	蔴						10.5 斤					42	10.5 斤
	单上装						12 件				22 件	952	34 件
	单下装		2 条				12 条				24 条	950	38 条
	棉上装						3 件				6 件	540	9 件
	棉下装						2 条				19 条	840	21 条
	棉花		5 斤									50	5 斤
	毛巾						4 条					14	4 条
	包皮						2 块					20	2 块
	帽子						2 顶				2 顶	18	4 顶
	挂包		1 个									9	1 个
	米袋		1 个									6	1 个
	袜套		10 双									60	10 双
	布袜		4 双									48	4 双
												11220.8①	

房屋损失方面

①水腰原有房子 52 间，此次烧掉 28 间；

②木炭窑原厂址（看后大庙）全部被焚；

③一所一厂被烧工作房两座。

① 原文如此，计算有误。

161. 太行军区第2军分区5月份被服军械损失统计表
(1943年5月)

第二军分区造呈五月份反扫荡被服军械损失统计表

品名 部别	单军衣	手巾	草鞋蔴	棉上衣	棉下衣	棉帽	花被套	护具	布鞋	夹被	大锅	小锅
团直			16.5	21	33	35	2		1	2	2	
一连			180					2			4	5
二连	2		80	154	154	154	2		2	2	3	
三连	9	5	123	9				1	18		3	
合计	11	5	399.5	184	187	189	4	3	21	2	11	5
单位	套	条	斤	件	件	顶	床	套	双		口	口
备考	寄放未发被敌抢去	寄放未发被敌抢去	库房被敌烧了	库房被敌烧了	库房被敌烧了	库房被敌烧了	库房被敌烧了	库房被敌烧了	私人寄放被敌烧		敌至村口埋藏不及被敌打破	放至村口埋藏不及被敌打破

团长葛海洲 参谋长曹更修 政委马定未 管理主任李发元

1943年6月1日于西河

162. 太行军区第 4 军分区 5 月份损失粮秣统计表
(1943 年 5 月)

太行军区第 4 军分区 1943 年 5 月份损失粮秣统计表

	麦子		花料		小米		原因
二团			670	00	14881	750	
三团			60	00	1770	00	
三十二团			750	00	3650	00	
医院					160	00	
潞城独立营					645	00	
电话局					350	00	
供给处	1450	00			1962	70	
合计	1450	00	1480	00	23399①	50②	

司令员：黄新友　　政委：王孝慈　　处长：郭世荣
　　　　石志本　　　　　何唯成

①② 原文如此，计算有误。

163. 太行军区第 5 分区 5 月份军械物资损失统计表
(1943 年 6 月 15 日)

太行第 5 军分区 1943 年 5 月反“扫荡”军械资材损失耗统计表（1943 年 6 月 15 日）

数目　品名 部别	轻机枪	马步枪	短枪	机枪弹	步枪弹		掷弹	手榴弹	地雷	黑炸药	刺刀	枪背带	迫击炮	迫炮弹	附记
					损失	消耗									
司令部															
政治部						24		2							
供给处		2	1		300			102	10	80					
特务连		2	1		90	88		10	4						
五分院						105		14	2						
轮分队					84	31		27							
电话局		1			19			3							
一团	1	7	1		165	568	19	41	2		12				
三十四团	1	39	1		1525			16	2		10		1	12	
义勇军						225	10	169	5						
磁武营															
林独营															
安独营		1				1520		17							
涉独营						74		12	9			4			
偏干队		1				72		3							
武工一队			1			86	4	6							
武工二队				26		292	11	7							
合计	2	53	5	26	2183	3085	44	429	34	80	22	4	1	12	
单位	挺	枝	枝	发	发	发	个	个	个	斤	把	条	门	颗	
附记															

164. 太行军区第5分区5月份经费粮秣马匹损失统计表
(1943年6月15日)

太行第5军分区一九四三年五月反“扫荡”经费粮秣马匹损失统计表　　1943年6月15日

数目 品名 部别	经费	食油	食盐	大米	小米	麦子	战时粮票	兑米票	马料	骡子	驴子	附记
司令部								300				须详细说明损失原因后再处［理］。
政治部		5	8		20					1		
供给处	10000.00		10		520	550	5000	560	1200			
五分院	450.00		160	223	912	100		200		2		
特务连	288.00		50		500	60		10.25				
电话局	3359.57				3134				189			
轮分队	940.00		38		580			1600	64			
一团					1107.25							
三十四团	805.00	45	80		2377					5		
武工二队	97.00				89.75							
偏干队					93							
林北营			60		350							
安工队	97.00				112							
合计	16036.57	50	406	223	9795	710	5000	2670.25	1453	8		
单位	元	斤	斤	斤	斤	斤	斤	斤	斤	匹	头	
备考												

165. 八路军第129师林南战役中人员伤亡统计表
（1943年6月19日）

七个单位缴获与伤亡统计

前方政治部

六．十九

<table>
<tr><th colspan="2" rowspan="2">项别
数目
部别</th><th colspan="8">我军伤亡（牺牲）</th></tr>
<tr><th colspan="2">连长</th><th colspan="2">政指</th><th colspan="2">班长</th><th colspan="2">战士</th></tr>
<tr><td rowspan="2">警二团</td><td>河界</td><td></td><td rowspan="2"></td><td></td><td rowspan="2"></td><td></td><td rowspan="2"></td><td></td><td rowspan="2"></td></tr>
<tr><td>八仙口追击</td><td></td><td></td><td></td><td></td></tr>
<tr><td rowspan="3">一团</td><td>西下城</td><td></td><td rowspan="3"></td><td></td><td rowspan="3"></td><td>1</td><td rowspan="3">3</td><td>4</td><td rowspan="3">10</td></tr>
<tr><td>河界</td><td></td><td></td><td>2</td><td>4</td></tr>
<tr><td>李家场</td><td></td><td></td><td></td><td>2</td></tr>
<tr><td rowspan="3">三十四团</td><td>西下城</td><td></td><td rowspan="3">1</td><td></td><td rowspan="3"></td><td>3</td><td rowspan="3">4</td><td>1</td><td rowspan="3">3</td></tr>
<tr><td>河界</td><td></td><td></td><td></td><td></td></tr>
<tr><td>李家场</td><td>1</td><td></td><td>1</td><td>2</td></tr>
<tr><td rowspan="2">十团</td><td>南陵阳</td><td></td><td rowspan="2"></td><td></td><td rowspan="2">1</td><td>2</td><td rowspan="2">2</td><td>1</td><td rowspan="2">1</td></tr>
<tr><td>柴家庙</td><td></td><td>1</td><td></td><td></td></tr>
<tr><td colspan="2">十三团</td><td colspan="2">1</td><td colspan="2"></td><td colspan="2">1</td><td colspan="2">8</td></tr>
<tr><td colspan="2">七七一团</td><td colspan="2"></td><td colspan="2">2</td><td colspan="4">29</td></tr>
<tr><td colspan="2">六分校</td><td colspan="2"></td><td colspan="2"></td><td colspan="4"></td></tr>
<tr><td colspan="2">总计</td><td colspan="2">2人</td><td colspan="2">3人</td><td colspan="4">61人</td></tr>
</table>

（牺牲）				我军伤亡（负伤）					
排长		各团牺牲人数		连级（连长、参谋、教员）		班长		战士	
						2	2	6	6
		13人（党员6人占46%）		1		4	6	8	13
								2	
						2		3	
		8人（党4占50%）				4	9	5	24
						5		1	
								18	
						5	5	5	8
		4人						3	
1		11人		3		2		50	
2		33人		2		101			
3人		共69人		6人		226			

166. 晋西北军区抗战第六周年及抗战六年来战斗统计
（1943年6月20日）

晋西北军区
抗战第六周年战斗统计
（1943.6.20）

彭滕并贺高肖谭转毛朱王叶

抗战第六周年战斗统计如下：（自四二年七月至四三年五月底）

（一）共进行大小战斗1155次（1212次）内进攻56，袭击210，扰击171，埋伏236，遭遇116，反袭击41，反伏击4，防御62，被袭107，被伏20，被合击1，破击82，不明48。

（二）伤毙敌伪军约2673名（5827），马匹103（171），俘日军16（37），伪军403（603），骡马274（483），军用犬5，鸽3。

（三）缴获：重机枪1（2），轻机枪9（24），步马枪264（630），冲锋枪1（8），驳壳枪6（12），手枪17（31），合计298（702）。掷弹筒5（15），刺刀77，指挥刀5（共134）。

步马枪弹12215（37515，另3箱）。

机枪弹1400（2300），短枪弹24（81），合计13639（39858另3箱），掷弹筒弹55（96），手榴弹293（490）。

望远镜9（21），电话机10（30）。

电话线17439斤（36447），日旗8（16），自行车21（63），铁轨35条（93），被毯107（262），军衣117（170），地图4幅（11），其他军用品太多。

（四）烧坏大车18，破坏铁路3段（30里），电线729里（1231），桥梁2（5），攻克据点碉堡14（39）。

（五）我负伤副团长1，团主任1，营长2，教导员1，连长25，政指6，排长35，班长117，战士476，参谋2，副官1，司号长2，工作员4，其他7，合计680（1341）。

阵亡大队长2，营长1，教导员1，连长14，政指7，排长23，班长70，战士278，参谋3，干事7，工作员9，其他13，合计428（674）。

中毒：连长1，政指1，战士60，合计62（134）。

失联络：连长3，政指3，班长4，战士78，工作团长1，干事1，译电员1，其他11，合计102（88）。

被俘：科长1，教导大队长1，连长4，政指5，排长7，班长17，战士110，科长1，干事1，工作员4，其他63，合计214（45）。

（六）我损坏轻机枪7，步马枪12，驳壳枪4，共23。掷弹筒7。

我损失：步马枪356（146），轻机枪14（8），驳壳枪30（15），手枪8，冲锋枪8（6），合计416（175），掷弹筒1，刺刀92（39）。

步马弹7897（6113），轻机枪弹3972（1486），驳壳弹154，合计12023（7599），掷筒弹6。

（5），手榴弹354（121）。军衣142（87），被毯63（53）。

（七）我消耗：步马枪弹133614（230529），轻重机枪弹22449（29029），冲锋枪弹1267（1666），短枪弹609（562），合计157939（261736）。掷弹筒弹451（531），手榴弹4428（6357）。

（注：括弧内数系对外的）

林周陈

十八日

军区部队抗战第六周年战绩统计表　公布　1943. 6. 19

分类/数目	伤毙		俘获			缴获																										
						枪							弹药							刀			其他									
战斗次数	敌伪	敌马	日军	伪军	马匹	重机枪	轻机枪	掷弹筒	步马枪	短枪	冲锋枪	合计	机枪弹	掷筒弹	步马弹	短枪弹	冲锋弹	手榴弹	合计	刺马	指挥刀	合计	望远镜	电话机	军旗	军衣	被毯	地图	文件	自行车	电线	铁轨
1212	2827	171	37	603	483	2	24	15	630	43	8		2300	96	34515	81	340	460		134	21		21	30	16	170	262	11	7	100	36447	93
	名	匹	名	名	匹	挺	挺	个	支	支	支		发	发	发	发	发	个		把	把		副	个	面	件	件	幅	包	架	斤	条

分类/数目	破毁							伤亡						损失													消耗					
														枪械						弹药					被服							
战斗次数	碉堡	桥梁	铁路	公路	汽车	电线	攻克据点	负伤	阵亡	失联络	被俘	中毒	损失马匹	掷弹筒	轻机枪	步马枪	短枪	冲锋枪	刺刀	掷筒弹	机枪弹	步马弹	短枪弹	手榴弹	被毯	军衣	掷筒弹	机枪弹	步马弹	短枪弹	冲锋弹	手榴弹
1212	30	5	30	116	14	1231	9	1341	674	88	45	134	91	3	8	146	15	6	39	5	1486	6113		121	53	87	531	29029	230529	562	1666	6357
	个	座	里	里	辆	里	个	名	名	名	名	名	匹	个	挺	支	支	支	把	发	发	发		个	件	件	发	发	发	发	发	个

附记：此表从 42 年 7 月至 43 年 5 月

167. 八路军第129师抗战第六周年伤亡损耗统计表
(1943年6月25日)

第一二九师抗战第六周年战绩及伤亡损耗统计表 1943.6.25

项别			数目		单位	项别		数目		单位
大小战斗			7405	10405	次	爆破	兵营	7	10	座
斩获	毙伤俘获敌人马	毙伤日伪	20478	30478	名		飞机	5	5	架
		俘日军	51	71	名		火车	42	52	列
		俘伪军	11150	15150	名		汽车	98	138	辆
		合计	31679	45699	名		铁路	14852	19852	米
		毙伤敌骡马	444	644	匹		公路	4412296	5512296	米
		捕获敌骡马	1709	2309	匹		封锁沟	4609507	5809507	米
		合计	2153	2953	匹		封锁墙	63500	83500	米
	武器	步马枪	8005	12005	枝		铁桥	20	30	座
		短枪	701	1001	枝		木桥	86	108	座
		轻机枪	121	161	枝		石桥	25	35	座
		重机枪	2	3	枝		电杆	3690	4890	根
		掷弹筒	26	35	枝		电线	37274	50274	米
		信号枪	5	8	枝		汽油库	1	2	所
		合计	8860	13213	枝		磨电机	2	3	部
		指挥刀	144	204	把	攻克	据点	71	101	处
		刺刀	454	654	把		碉堡	237	337	处
		战刀	381	381	把		岗楼	28	38	处
		合计	879	1657	把		合计	336	476	处
	弹药	各种子弹	277034	377034	发	日军投诚		4	6	名
		炮弹	295	395	发	伪军反正	次数	48	58	次
		手榴弹	11094	18694	发		人数	483	683	名
		掷弹	187	1087	发		带枪	234	334	枝
		化学弹	72	102	发	我军伤亡	负伤	4175		名
		地雷	16	26	发		阵亡	2138		名
		合计	279894①	397338	发		失连络者	1562		名

① 原文如此，计算有误。

续表

项别			数目		单位
斩获	军用品	收音机	6	8	部
		留声机	13	16	部
		电话机	129	159	部
		照像机	12	18	架
		油印机	8	10	架
		望远镜	33	45	架
		汽车	9	12	辆
		大车	68	90	辆
		自行车	1343	1743	辆
		各式军服	2095	3095	套
		军毯	867	1162	床
		钢盔	217	317	顶
		鞋子	174	254	双
		皮靴	65	84	双
		水壶	99	109	个
		挂包	141	181	个
		手挂表	94	114	块
		日伪旗	67	87	面
		粮食	100779	150779	斤
		伪钞	317863	206528	元
		法币	12826	17826	元
		电线	176528	206528	米
		电杆	2040	3040	根
		电池	75	108	块
		地图	8	10	幅
		煤油	67	87	桶
		铁轨	48	62	条
		文件	30	30	份

项别				数目		单位
我军		合计		8075		名
	损失	武器	步马枪	1539		枝
			短枪	133		枝
			轻机枪	56		挺
			重机枪	2		挺
			掷弹筒	7		个
			合计	1739		
			刺刀	787		把
		弹药	各种子弹	47372		发
			炮弹	246		发
			掷弹筒弹	177		发
			手榴弹	2028		发
			化学弹	14		发
			地雷	75		发
			合计	49913		
		军用品	电台	1		部
			电话机	10		部
			油印机	2		架
			自行车	69		辆
			各种军装	1146		套
			军毯	727		床
			电线	8400		个
		骡马		65		匹
	消耗	各种子弹		585465		发
		炮弹		610		发
		掷弹筒弹		4324		发
		手榴弹		31471		发
		化学弹		198		发
		地雷		566		发
		合计		622634		发

说明：①此表上数目是自 1942 年 5 月 到 1943 年 4 月底止。②此统计是极不完全的。

168. 八路军第120师抗战以来烈士登记表
(1943年6月)

全军区部队抗战六年来战绩统计表　公布　1943. 6. 20

分类 / 数目 / 战斗次数	伤毙敌伪	伤毙敌马	俘获				缴获																		破毁											我负伤	我阵亡	合计
							枪						炮					弹药																				
			日军	伪军	合计	马匹	步马枪	短枪	轻机枪	重机枪	冲锋枪	合计	掷弹筒	迫击炮	步兵炮	山炮	合计	枪弹	手榴弹	掷筒弹	炮弹	瓦斯弹	烟幕弹	合计	刀	火车头	车厢	汽车	无线电机	飞机	坦克	大炮	碉堡	桥梁	铁道	公路			
6129	79839	5953	343	8814	9157	5970	13781	755	509	44	440	15529	78	25	8	9	120	3395422	33692	2096	5973	1770	455	3439408	4328	28	22列	872	4	5	4	5	83	533	922里	9448里	26910	12292	39202

附记：1. 此表从1937年7月至1943年5月底止。(120师、新军)，地方武装则自40年6月计起，直至现在。

2. “刀”项内包括指挥刀，刺刀，马刀等。

抗日烈士登记册

部　别	八旅八团二连	八团商店	通讯连
职　别	三排长	店员	侦察员
姓　名	王祥	史维光	王雪琴
年　龄	22	21	40
籍　贯	冀新城三区南宫井	冀清苑三区苑家桥	冀完县刘良庄
何时入伍	1938	1938. 5	1939. 7 入伍
何时入党	1939. 5	1938. 7	
简历			
牺牲时间地点及过程	1943. 6 晋临县佛堂峪阵亡	1943. 8 部队移防陕西过黄河不慎坠水亡	1942. 11. 21 在晋三交被敌包围牺牲
纪念物品			

抗日烈士登记册

通讯连	九连	五连	一连
侦察班长	通讯员	副排长	一班长
张瑞堂	高季藏	韩子西	高广顺
20	22	23	23
冀肃宁东谈论	冀束鹿张颗庄	冀任丘一区北昌芝	冀蠡县导齐村
1939	1935. 5	1939	1939
		党员	党员
1942. 11. 21 于冀临县岐道村被敌包围牺牲	1943. 1. 12 于晋方山杨家坪战斗牺牲	1943. 2. 23 于晋临南东岭村阵亡	1943. 4. 16 于晋临南班家窊伏击战阵亡

抗日烈士登记册

部　别	炮兵连	同	同
职　别	排长	班长	班长
姓　名	宋振林	康有才	宋天民
年　龄	23	21	18
籍　贯	河北省文安县	河北省文安人	河北省霸县
何时入伍	1937 入伍	1937 入伍	1937 入伍
何时入党			1939 入党
简　历	文安县台头村人，在家务农，三七年入伍，参加过双口、吴家场、胜房等战斗，历任班排长等职	从小上过学二年，以后受苦六口人十多亩地，经过吴家场，双口等战斗，历任班长职	从小受苦农，五口人雇工生活，三七年入伍，三九年入党，任过副班、班长等职
牺牲时间地点及过程	三九年在冀中大袱营战斗牺牲（过程不明）	（同上）同时牺牲在一块	晋西北米峪镇战斗牺牲
纪念物品			

抗日烈士登记册

部　别	八团		
职　别	伙夫	战士	
姓　名	尹善亭	陈忠良	曹盛茂
年　龄	34	19	26
籍　贯	河北新城	山西汾阳	冀晋县故村
何时入伍	1940	1937	1937
何时入党	群	群	群
简　历			
牺牲时间地点及过程	1941.9 在山西宁武馒头山病亡	1942.2 在岢岚铺上病亡	1942.5 在岚县吴家盆病亡
纪念物品			

抗日烈士登记册

三支队	
参谋	二科长
王定国	林青
32	25
晋青〈沁〉源黑麻峪	四川大竹县
1937	1938
党	党
1940.9 岚县蒲各村阵亡	1940.8 过汾河被大水溺死

抗日烈士登记册

部别	三支队		
职别	班长	班长	战士
姓名	马风祥	唐全尧	李国林
年龄	30	25	35
籍贯	冀安国、西伯章	晋朔县石佛村	冀蠡县南五夫
何时入伍	1939	1938	1939
何时入党	党	党	
简历			
牺牲时间地点及过程	于新屯堡战斗亡	同左	同左
纪念物品			

抗日烈士登记册

部　别	三支队		
职　别	战士	战士	班长
姓　名	齐小业	赵振海	王文德
年　龄	23	27	36
籍　贯	冀蠡县东柳青村	冀蠡县高晃村	冀双堂镇陈家柳村
何时入伍	1940	1940	1939. 3
何时入党			党
简历			
牺牲时间地点及过程	于新屯堡战斗阵亡	新屯堡战斗阵亡	同左
纪念物品			

抗日烈士登记册

部　别	三支队		
职　别	排长	战士	战士
姓　名	郝占山	刘福元	高凤祥
年　龄	21	18	29
籍　贯	晋保德林家峪	冀清苑武安营	冀固安桃园村
何时入伍	1937. 8	1938	1939
何时入党	党	党	党
简历			
牺牲时间地点及过程	于新屯堡战斗亡	同左	同左
纪念物品			

抗日烈士登记册

部　别	三支队		
职　别	战士	战士	战士
姓　名	李文中	张进福	赵腾德
年　龄	38	21	21
籍　贯	冀蠡县鲍许	冀蠡县仉村	冀雄县大河岗
何时入伍	1939	1940	1939
何时入党			
简历			
牺牲时间地点及过程	于新屯堡战斗亡	同左	同左
纪念物品			

抗日烈士登记册

部　别	三支队		
职　别	战士	班长	给养上士
姓　名	杨庆田	张宝华	赵永兴
年　龄	19	28	33
籍　贯	冀新城板家窝	冀固安牛头镇	冀新城西河泉营
何时入伍	1939	1939	1939
何时入党	党	党	
简历			
牺牲时间地点及过程	于蒲峪战斗中阵亡	同左	1941 于静乐搞粮阵亡
纪念物品			

抗日烈士登记册

部　别	三支队		
职　别	战士	战士	战士
姓　名	傅俊岭	李双喜	杨福生
年　龄	26	19	19
籍　贯	冀饶阳北柿琴	冀蠡县西河村	冀蠡县东魏村
何时入伍	1940	1940	1940
何时入党	党		党
简历			
牺牲时间地点及过程	于新屯堡战斗阵亡	同左	同左
纪念物品			

抗日烈士登记册

部别			
职　别	侦察员	战士	通讯员
姓　名	李云峰	伊建堂	高玉杰
年　龄	27	29	19
籍　贯	冀文安胜芳镇	冀蠡县大史堤	冀蠡县南五夫村
何时入伍	1938	1939	
何时入党	党		
简历			
牺牲时间地点及过程	1941. 9 于忻州刘家庄亡	1941. 8 于李家坪战斗阵亡	1941. 10 于闫家村战斗救护连长阵亡
纪念物品			

抗日烈士登记册

部　别			
职　别	给养上士	副班长	战士
姓　名	朱志欣	陈增德	田路波
年　龄	31	22	20
籍　贯	冀、蠡县	冀新城米家务	冀新城米家务
何时入伍	1940	1939	1938
何时入党		党	党
简历			
牺牲时间地点及过程	1941 于静乐阵亡	1941. 5 于静乐米家庄战斗阵亡	1941. 9 于忻州刘家庄亡
纪念物品			

抗日烈士登记册

部　别			
职　别	同	同	同
姓　名	陈耀亭	王祺昌	李振山
年　龄	25	20	27
籍　贯	河北永清县	河北深泽县	河北蠡县魏家佐
何时入伍	1940	1940	1939
何时入党			
简历			
牺牲时间地点及过程	同	1942. 2 于老皇庙战斗阵亡	1942. 2 于岚县春防沟阵亡
纪念物品			

抗日烈士登记册

部　别	八团		
职　别	战士	同	同
姓　名	皮汝深	张志芬	朱庆奎
年　龄	17	21	30
籍　贯	河北雄县皮家营	河北蠡县	山西太原
何时入伍	1939	1940	1939
何时入党			
简历			
牺牲时间地点及过程	1942.2 于岚县花家战斗阵亡	同	同
纪念物品			

抗日烈士登记册

部　别	三支队		
职　别	战士	副班长	战士
姓　名	刘义新	解尚文	张广森
年　龄	27	20	30
籍　贯	冀新城大魏村	冀博野许村	冀坝县光堤村
何时入伍	1939.6	1939.8	1937.4
何时入党	党	党	党
简历			
牺牲时间地点及过程	1940.7.6 于晋岚县大蛇头战斗阵亡	同左	同左
纪念物品			

抗日烈士登记册

部 别	三支队		
职 别	战士	战士	战士
姓 名	李士忠	徐东森	吕金春
年 龄	19	37	25
籍 贯	晋兴县屯车里村	冀蠡县三区徐家庄	冀省安国黄台村
何时入伍	1940. 3	1940. 2	1939. 7
何时入党	群	党	党
简历			
牺牲时间地点及过程	1940 年 7. 6 于岚县大蛇头战斗阵亡	同左	同左
纪念物品			

抗日烈士登记册

部 别	三支队	同	同
职 别	战士	同	同
姓 名	张汗有	张全成	刘天保
年 龄	16	26	27
籍 贯	山西兴县八区叶家会村	冀省蠡县五区史家佐	冀省固安县小庄
何时入伍	1940 年 2 月	1939 年 12 月	1939 年 5 月
何时入党		党员	党员
简历			
牺牲时间地点及过程	1940 年 7 月 7 日寨子坪南边山上战斗头部中弹而亡	1940 年 7 月 7 日寨子坪南边山上枪弹射中头上而亡	同左
纪念物品			

抗日烈士登记册

部　别	三支队	同	同
职　别	连长	战士	同
姓　名	徐海风	赵玉生	陈连仲
年　龄	25	36	24
籍　贯	湖北天门五家新場	冀省清苑东王力	冀省新城县三区陈家柳村
何时入伍	1932 年 1 月	1939 年 9 月	1940 年 3 月
何时入党	党员	党员	
简历			
牺牲时间地点及过程	1940 年 7 月 7 日寨子坪南边山上战斗机枪射断双腿而亡	同左 小腹被机枪射中	同左 弹中腰部
纪念物品			

抗日烈士登记册

看护员	战士	副班长	战士
郭成明	唐树林	孙振兴	张文宗
17	24	22	19
河北蠡县南庄	河北雄县大步村	河北深泽县	河北饶阳西沿沟
1939	1939	1940	1940
党员		党员	
1941.7 月在宁武东沟战斗阵亡	1941.6 葱沟战斗阵亡	1941.6 贾家沟战斗阵亡	1942.2 病故南沟

抗日烈士登记册

部　别	八团		
职　别	马兵	通讯员	战士
姓　名	杜保学	姜桂	张鹤田
年　龄	30	21	26
籍　贯	绥远山县	河北新城县小青灵村	河北新城县李家庄
何时入伍	1940	1939	1939
何时入党			
简历			
牺牲时间地点及过程	1941.5 在宁武县西沟阵亡	同	1941.4 在宁武马驹子沟阵亡
纪念物品			

抗日烈士登记册

部　别	三支队		
职　别	战士	战士	战士
姓　名	郑多财	郭肖良	刘根喜
年　龄	18	20	25
籍　贯	冀、无极、崔村	冀蠡县北柳托村	冀蠡县王家辛庄村
何时入伍	1940.1	1940.1	1940.1
何时入党	党	群	党
简历			
牺牲时间地点及过程	1940.7.7 于寨子坪南山上战斗阵亡	同左	同左
纪念物品			

抗日烈士登记册

三支队			
战士	副班长	排长	班长
郝振合	刘德海	李瑞清	李增
21	20	23	26
冀涿州合气物村	冀新城宫家营	冀新城南沙口	冀蠡县大庄头
1939.10	1939	1938	1939
群	党	党	群
1940.7.7 于毛而山上战斗阵亡	同左	同左	同左

抗日烈士登记册

部　别	三支队		
职　别	战士	排长	班长
姓　名	魏振国	刘佩生	朱德玉
年　龄	23	25	29
籍　贯	冀肃宁东谈论	陕西、葭县	冀新城米家务
何时入伍	1940	1936	1939
何时入党	群	群	党
简历			
牺牲时间地点及过程	1941.12 于马房战斗阵亡	1942.2 于岚县花家沟战斗阵亡	同左
纪念物品			

抗日烈士登记册

部　别	三支队		
职　别	供给处股长	战士	战士
姓　名	赵清波	刘振合	杜非祥
年　龄	25	19	17
籍　贯	冀安平	冀新城	晋、宁武
何时入伍	1939	1939	1939
何时入党	群		
简　历			
牺牲时间地点及过程	1941. 10 于五寨深山壻搞粮阵亡	1941. 9 于岢岚阵亡	1941. 10 于闫家村战斗阵亡
纪念物品			

抗日烈士登记册

部　别	八旅八团		
职　别	战士	副营长	班长
姓　名	范万福	张国清	王中秋
年　龄	21	30	21
籍　贯	冀、饶阳傅家佐	陕西［沔县］咸阳	冀蠡县
何时入伍	1940	1936	1939
何时入党		党	党
简　历			
牺牲时间地点及过程	1942. 2 于芦草沟战斗阵亡	1942. 8 于葱沟战斗阵亡	1942. 8 于红土沟战斗阵亡
纪念物品			

抗日烈士登记册

部别	八旅八团		
职别	班长	排长	敌工干事
姓名	孟庆彬	张少云	赵和生
年龄	21	32	20
籍贯	冀肃宁县	湖南大庸县	湖北汉阳
何时入伍	1939	1934	
何时入党		党	
简历			
牺牲时间地点及过程	1942.4于石家庄战斗阵亡	1942.3于崞县楼板寨战斗阵亡	1941.11于定襄战斗阵亡
纪念物品			

抗日烈士登记册

部别	三支队		
职别	连长	副排长	战士
姓名	孙来峰	杨子财	王元生
年龄	24	25	16
籍贯	绥远萨县	冀固安周家营	晋宁武任净山村
何时入伍	1937	1939	1940
何时入党	党	党	
简历			
牺牲时间地点及过程	1941.10于闫家村战斗阵亡	1941.10于闫家村战斗阵亡	同左
纪念物品			

抗日烈士登记册

部　别	三支队		
职　别	战士	班长	战士
姓　名	孙喜	王德平	赵振英
年　龄	18	23	24
籍　贯	冀清苑马家庄	冀雄县来河村	冀雄县大河岗
何时入伍	1939	1939	1939
何时入党			
简历			
牺牲时间地点及过程	1941. 10 于闫家村战斗阵亡	同左	同左
纪念物品			

抗日烈士登记册

战士	排长	班长	通讯员
张小虎	李明发	冯志和	孙国江
27	21	34	23
河北蠡县五区南刘它	陕西阜平县韩村	河北束鹿县旧城村	河北博野县一区冯村
1939 年	1937. 1	1939. 2	1939. 8
	党员	党员	党员
同	1940 年 7 月 7 日山西河龙蛙战斗亡	同	同

抗日烈士登记册

部　别	三支队		
职　别	战士	同	班副
姓　名	刘王名	郝会昌	李群
年　龄	28	35	36
籍　贯	山西兴县八区刘家沟	河北蠡县二区花园头	河北饶阳五区田岗
何时入伍	1940 年	1939 年	1939 年
何时入党			党员
简历			
牺牲时间地点及过程	1940 年 7 月 7 日毛而山上战斗亡	同	同
纪念物品			

抗日烈士登记册

同	同	同	同
高玉堂	杨中小	李福增	刘玉峯
20	18	18	22
山西兴县二区马家营	山西阳曲杨家佐	河北肃宁东史堤	河北蠡［县］
1940.3	1940.5	1940.1	1939.9
同	同	1940.4.12 冀南大尚村战斗亡	1940.2.27 冀县主〈朱〉家庄战斗亡

抗日烈士登记册

部　别	三支队		
职　别	战士	同	同
姓　名	段义增	林玉堂	齐广志
年　龄	22	22	18
籍　贯	河北霸县三区南猛〈孟〉镇	山西兴县姚家沟	河北蠡县泊庄
何时入伍	1939. 3	1940. 1	1939. 10
何时入党	党员		党员
简历			
牺牲时间地点及过程	1940. 7. 7 山西河龙窊战斗亡	同	同
纪念物品			

抗日烈士登记册

三支队			
战士	战士	战士	机枪组长
李更年	杜宝恒	孙永年	李振山
21	24	24	25
冀任丘南芦庄	冀新城福家营	冀晋县屯里村	冀清苑南河庄
1939	1939		1939. 8
	党		党
同左	同左	同左	1940. 7. 7 于山西河龙窊战斗阵亡

抗日烈士登记册

部　别	三支队		
职　别	战士	战士	战士
姓　名	梁炳恩	陈庆式	齐相林
年　龄	28	31	23
籍　贯	冀雄县南关	冀蠡县屯里村	冀新城福家营
何时入伍	1938	1939	1938
何时入党			
简历			
牺牲时间地点及过程	于连子口 1939. 6. 28 战斗阵亡	彭子固村 1940. 2. 15 阵亡	山西西南洼 1940.5.22 阵亡
纪念物品			

抗日烈士登记册

同	同	同	同
战士	战士	支书	副班长
郑玉春	吴进成	贾吉牛	穆殿臣
24	21	35	20
冀安国北落村	冀清苑罗家营	山西崞县神山村	冀固安李王庄
1939. 10	1939. 7	1937. 11	1939. 4
是党员	不是	党员	党员
1940. 1. 22 在河北安平县马家营村战斗阵亡	同左	同左	同左

抗日烈士登记册

部　别	三支队	同	同
职　别	副排长	副班长	战士
姓　名	陈德清	张恒芝	闫庆祥
年　龄	26	30	28
籍　贯	湖南大庸秦家坪	山西汾阳小元村	河北高阳陈家庄
何时入伍	1934. 10	1937. 7 入伍	1939. 8
何时入党	是党员	是党员	是党员
简历			
牺牲时间地点及过程	河北安平马家营战斗阵亡 1940. 1. 22	同左	同左
纪念物品			

抗日烈士登记册

部　别	三支队		
职　别	战士	战士	战士
姓　名	高云飞	白金堂	庞云清
年　龄	26	23	25
籍　贯	冀雄县大谢村	山西兴县茶拉沟	冀饶阳张各庄
何时入伍	1939. 1. 9	1940. 1	1940. 1
何时入党			党
简历			
牺牲时间地点及过程	同左	同左	同左
纪念物品			

抗日烈士登记册

部　别	三支队		
职　别	战士	战士	战士
姓　名	殷景云	吴造火	王忠
年　龄	25	21	21
籍　贯	冀安国东佛落村	冀清苑一区平家庄	冀清苑张家庄
何时入伍	1939. 8	1939. 11	1939. 3. 10
何时入党	党		
简历			
牺牲时间地点及过程	1940. 7. 7 于山西河龙窊战斗阵亡	同左	同左
纪念物品			

抗日烈士登记册

同	同	同	同
战士	战士	战士	战士
王进财	辛老生	刘风岐	闫义亭
26	16	25	20
冀蠡县东车里营村	河北蠡县小陈村	冀献县杜会村	冀高阳陈家庄
1939. 12	1940. 1	1939. 12	1939. 8
群	同	同	同
1940. 1. 15 于刘托营战斗为机枪打死	1940. 2. 25 于冀南赵子固战斗阵亡	同左	同左

抗日烈士登记册

部　别	三支队	同	同
职　别	班长	机枪组长	战士
姓　名	杨元正	张伍小	李殿和
年　龄	24	34	32
籍　贯	陕西神木杨家山	山西五寨南坡底	冀清苑新庄
何时入伍	1936.5	1937.9	1939.11
何时入党	党	同	群
简历			
牺牲时间地点及过程	1940.2.12 于冀中满各堂战斗阵亡	同左	1940.1.15 河北博野刘托店战斗为弹片击中阵亡
纪念物品			

抗日烈士登记册

同			三支队
战士	战士	伙夫	支书
孙崇修	刘义山	史振铁	宇文泽
19	28	44	23
冀蠡县刘明庄	冀博野城东村	冀蠡县滑岗村	冀行唐西杨家庄
1939.8	1939.8	1939.8	1938.2
党	党	党	党
马家营战斗阵亡	同左	同左	1940.2.12 十冀中满各堂战斗阵亡

抗日烈士登记册

部　别	三支队	同	同
职　别	战士	战士	同
姓　名	李明德	史俊杰	王风山
年　龄	18	22	29
籍　贯	冀安次北赵庄	冀固安南房上村	冀霸县南孟镇
何时入伍	1939. 4	1939. 4	1939. 5
何时入党	群众	党	群
简历			
牺牲时间地点及过程	1940. 1. 22 在冀安平马家营战斗阵亡	在马家营战斗中被敌刺死	同左
纪念物品			

抗日烈士登记册

三支队			
战士	战士	同	同
刘根生	王奎元	何瑞恒	纪良
25	23	16	20
冀蠡县北大流村	冀饶阳柳支桥	冀饶阳郑成村	冀饶阳旅寒村
1939. 12	1940. 3	1940. 3	1940. 1
群	同	同	同
同左	1940. 5. 29 于山西宁武新屯堡战斗阵亡	同	在同一战斗中被敌刺死

抗日烈士登记册

部　别	三支队		
职　别	排长	班长	战士
姓　名	谢庆福	王梦儒	李梦花
年　龄	24	27	23
籍　贯	湖北宣恩县沙道沟	冀新城昝岗村	冀蠡县大庄头
何时入伍	1934. 2	1939. 3	1939. 12
何时入党	党	党	群
简历			
牺牲时间地点及过程	1940. 2. 14 山东临清李子固战斗阵亡	同左	同左
纪念物品			

抗日烈士登记册

三支队			
班长	同	副班长	班长
张才	吕风鸣	郗庆林	袁风林
25	39	37	30
河北新城杨家庄	河北新城许家营	河北饶阳东张岗	河北新城向庄村
1938	1939	1939	1939
修子固 1940. 2. 14	同右	朱家庄 1940. 4. 3	修子固 1940. 2. 14

抗日烈士登记册

部　别	三支队		
职　别	战士	通讯员	班长
姓　名	张进福	赵富德	周振五
年　龄	21	21	27
籍　贯	冀蠡县张村	冀雄县大河岗	河北新安县大张庄
何时入伍	1940. 2	1940. 1	1938
何时入党	群	群	党员
简历			
牺牲时间地点及过程	1940. 5. 29 于宁武新屯堡战斗阵亡	同	修子固 1940. 2. 14
纪念物品			

抗日烈士登记册

部　别	三支队		
职　别	副班长	战士	同
姓　名	徐得旺	李振海	王深
年　龄	23	35	21
籍　贯	河北新城杜家庄	河北肃宁西石堡	河北肃宁柿子村
何时入伍	1938	1939	1939
何时入党			
简历			
牺牲时间地点及过程	任丘魏家庄 1939. 9. 9 阵亡	北南大杨村 1940. 4. 12 阵亡	修子固 1940. 2. 14 阵亡
纪念物品			

抗日烈士登记册

部　别	三支队		
职　别	副班长	同	同
姓　名	刘贵增	宋宝英	赵万福
年　龄	20	30	26
籍　贯	河北肃宁南王村	河北新城仁义庄	河北新城柯林庄
何时入伍	1939	1938	1939
何时入党			
简历			
牺牲时间地点及过程	修子固 1940. 2. 14 阵亡	连子口 1939. 6. 28 阵亡	连子口 1939. 6. 28 阵亡
纪念物品			

抗日烈士登记册

三支队			
战士	战士	同	副班长
李永盛	张玉昆	侯玉树	吴玉生
24	44	22	18
河北饶阳郭村	河北肃宁梁家村	河北任丘高辛庄	河北新城葛辛庄
1940	1939	1939	1939
		党员	
朱家庄 1940. 4. 3 阵亡	修子固 1940. 2. 14 阵亡	修子固 1940. 2. 14	朱家庄 1940. 4. 3 阵亡

抗日烈士登记册

部别	三支队	同	
职别	战士	同	同
姓名	张根绳	黄大龙	巩治国
年龄	26	36	30
籍贯	河北饶阳西沿湾	河北肃宁西石堡	河北肃宁许家庄
何时入伍	1940	1939	1939
何时入党		党员	
简历			
牺牲时间地点及过程	北南大尚村 1940.4.12 阵亡	朱家庄 1940.4.3 阵亡	朱家庄 1940.4.3 阵亡
纪念物品			

抗日烈士登记册

部别	三支队		
职别	战士	战士	战士
姓名	崔芒	李顺成	李志刚
年龄	26	34	29
籍贯	河北肃宁高家庄	河北蠡县野清佐	河北肃宁南王村
何时入伍	1940	1939	1939
何时入党		党员	
简历			
牺牲时间地点及过程	修子固 1940.2.14 阵亡	同左	同左
纪念物品			

抗日烈士登记册

部　别	三支队		
职　别	战士	同	同
姓　名	宋恒	王俊	姚振清
年　龄	24		26
籍　贯	河北肃宁白牛堤	河北涿县六公营	河北蠡县南王庄
何时入伍	1939	1939	1940
何时入党			
简历			
牺牲时间地点及过程	修子固 1940. 2. 14 阵亡	修子固 1940. 2. 14 阵亡	同左
纪念物品			

抗日烈士登记册

部　别	三支队		
职　别	战士	战士	战士
姓　名	崔进答	张克甲	宋汝林
年　龄	20	26	42
籍　贯	河北肃宁南石保	河北肃宁东张岗	河北蠡县鲍墟村
何时入伍	1938	1939	1938
何时入党			
简历			
牺牲时间地点及过程	任丘魏家庄 1939. 9. 9 阵亡	同左	同左
纪念物品			

抗日烈士登记册

部　别	三支队		
职　别	班长	战士	同
姓　名	刘万荣	谢永声	张炳义
年　龄	27	27	21
籍　贯	河北新城刘庄村	河北固安新庄村	河北蠡县鲍墟村
何时入伍	1939	1938	1939
何时入党			
简历			
牺牲时间地点及过程	修子固 1940. 2. 14	任丘魏家庄 1939. 9. 9 阵亡	任丘魏家庄 1939. 9. 9 阵亡
纪念物品			

抗日烈士登记册

部　别	三支队		
职　别	战士	同	同
姓　名	姚金荣	张俊卿	刘兴汗
年　龄	28	25	22
籍　贯	河北肃宁付家佐	河北深泽县	河北新城相庄村
何时入伍	1939	1939	1939
何时入党	党员		
简历			
牺牲时间地点及过程	西南洼 1940. 5. 2 阵亡	同左	连子口 1939. 6. 28 阵亡
纪念物品			

抗日烈士登记册

部　别	三支队		
职　别	战士	同	同
姓　名	张文良	甄海	张永安
年　龄	17	26	32
籍　贯	河北蠡县西石堡	河北新城平景区	河北蠡县祁家营
何时入伍	1939	1939	1939
何时入党			
简历			
牺牲时间地点及过程	任丘魏家庄阵亡	同左	同左
纪念物品			

抗日烈士登记册

部　别	三支队		
职　别	战士	战士	战士
姓　名	宋连根	齐德祥	远德银
年　龄		23	23
籍　贯	河北肃宁	河北肃宁宋家庄	河北任丘西八方
何时入伍	1940	1939	1939
何时入党		党员	
简历			
牺牲时间地点及过程	西南洼 1940. 5. 22 阵亡	同左	彭子固 1940. 2. 14 阵亡
纪念物品			

抗日烈士登记册

部　别	三支队		
职　别	战士	同	同
姓　名	许庆元	孟顺明	郭锡武
年　龄	27	20	
籍　贯	河北新城相庄村	河北新城芦昝村	河北新城昝尚
何时入伍	1939	1938	1940
何时入党			
简历			
牺牲时间地点及过程	连子口 1939. 6. 28 阵亡	同左	同左
纪念物品			

抗日烈士登记册

部　别	三支队		
职　别	战士	战士	战士
姓　名	王茂	李连生	齐振旺
年　龄	28	22	21
籍　贯	河北饶阳何头村	河北蠡县张七村	河北肃宁大王村
何时入伍	1938	1939	1940
何时入党			
简历			
牺牲时间地点及过程	彭子固 1940. 2. 14 阵亡	同左	同左
纪念物品			

抗日烈士登记册

部　别	三支队	
职　别	战士	战士
姓　名	姚金章	贾金祥
年　龄	28	17
籍　贯	河北肃宁付家佐	河北新城徐家庄
何时入伍	1939	1938
何时入党		
简历		
牺牲时间地点及过程	西南洼 1940. 5. 22 阵亡	彭子固 1940. 2. 14 阵亡
纪念物品		

抗日烈士登记册

部　别	三支队	
职　别	战士	战士
姓　名	高曾会	赵进才
年　龄	24	30
籍　贯	河北高阳柳何庄	河北蠡县东侯佐
何时入伍	1939	1939
何时入党		
简历		
牺牲时间地点及过程	边家庄 1939. 12. 29 阵亡	同左
纪念物品		

抗日烈士登记册

部　别	三支队		
职　别	战士	同	副连长
姓　名	杨保斋	王景先	刘玉辉
年　龄	28	23	29
籍　贯	河北新城米黄庄	河北肃宁邸口村	赣省兴国县
何时入伍	1938	1939	1933
何时入党			党员
简　历			
牺牲时间地点及过程	彭子固 1940. 2. 14 阵亡	同左	西南洼 1940. 5. 22 阵亡
纪念物品			

抗日烈士登记册

部　别	三支队		
职　别	伙夫	战士	战士
姓　名	闫文清	刘文昌	曹风鸣
年　龄	31	23	28
籍　贯	河北肃宁高家庄	河北晋县今依村	河北肃宁刘家务
何时入伍	1939	1939	1939
何时入党			
简　历			
牺牲时间地点及过程	彭子固 1940. 2. 14 阵亡	同左	同左
纪念物品			

抗日烈士登记册

五连			七连
副班长	战士	战士	班长
赵鹤祥	李小国	王玉德	石恒俭
26	18	26	24
冀新城陈庄	冀博野北周	晋宁武细腰村	冀清苑蛮营村
1939	1939	1940	1939
党	党	群	
1941.10.8 闫家村冲锋时阵亡	同	1941.10.8 闫家村冲锋阵亡	同

抗日烈士登记册

部　别	四连	通讯连	
职　别	上士	通讯员	侦察员
姓　名	郭文华	郑保顺	周福山
年　龄	30	20	20
籍　贯	冀饶阳东张岗	冀清宛郑家庄	冀固安南背村
何时入伍	1939	1939	1939
何时入党	党	群	党
简历			
牺牲时间地点及过程	1941.8.23 宁武石片沟阵亡	1941.10.8 闫家村阵亡	1941.8.26 宁武春家窊阵亡
纪念物品			

抗日烈士登记册

特务连			
战士	战士		
孙英振	赵林	李曾书	杨培元
24	25	20	18
冀宁津羊盃	冀安国郑各庄	冀雄县道务村	冀新城板家窝
1940	1939	1939	1938
党	群	党	群
同	同	同	同

抗日烈士登记册

部　别	七连		八连
职　别	战士	战士	一排长
姓　名	宋振荣	陈金镯	唐王铎
年　龄	26	16	38
籍　贯	冀晋县宋各庄	冀蠡县滑岗	湖南石门一条街
何时入伍	1939	1939	1933
何时入党	群	群	党
简历			
牺牲时间地点及过程	1941. 10. 8 闫家村冲锋阵亡	同	同
纪念物品			

抗日烈士登记册

部　别	八团		
职　别	伙夫	同	同
姓　名	傅起棠	杜指国	张红祥
年　龄	32	44	34
籍　贯	河北肃宁县许家庄	河北深泽小杜家庄	河北蠡县辛庄
何时入伍	1939	1940	1939
何时入党	党		
简历			
牺牲时间地点及过程	西庄战斗阵亡	同	同
纪念物品			

抗日烈士登记册

部　别		十二连	
职　别	伙夫	班长	班副
姓　名	孙安民	陶于义	陈现卿
年　龄	28	17	22
籍　贯	冀晋县龙村	冀蠡县章村	冀宁晋白羊村
何时入伍	1940	1939	1940
何时入党	群	党	党
简历			
牺牲时间地点及过程	同	1941. 1. 11 静乐吉家掌战斗阵亡	同
纪念物品			

抗日烈士登记册

部　别	通讯连		
职　别	通讯员		
姓　名	石有哲	赵开珍	翟振公
年　龄	19	18	21
籍　贯	冀固安吴家庄子	冀蠡县刘家佐	冀深泽野庄头
何时入伍	1939	1939	1939
何时入党	党	群	党
简历			
牺牲时间地点及过程	1941. 1 西庄战斗	同	同
纪念物品			

抗日烈士登记册

部　别	六连		
职　别	战士		
姓　名	张增册	崔玉田	孙万堂
年　龄	34	23	18
籍　贯	冀蠡县褚岗	冀蠡县卧牛庄	冀新城中岔河
何时入伍	1940	1939	1939
何时入党	群	群	群
简历			
牺牲时间地点及过程	1941. 3. 27 蒲峪战斗阵亡	同	同
纪念物品			

抗日烈士登记册

部　别	特务连	供给处	通讯连
职　别	战士	勤务员	副排长
姓　名	郭涉江	许进孝	祁德山
年　龄	21	18	29
籍　贯	冀雄县望家台	冀清苑神白虎	冀固安临城
何时入伍	1939	1939	1939
何时入党	党	党	党
简历			
牺牲时间地点及过程	1941. 1. 11 在静乐吉家掌战斗阵亡	1941. 1. 11 在静乐宁家湾阵亡	1941. 1. 11 在静乐盖家庄阵亡
纪念物品			

抗日烈士登记册

十连	十二连		二连
班副	班长	排长	班长
王东凯	韩喜奎	陈肿林	王贵和
22	20	30	24
冀新城	冀蠡县	冀新城下韩庄	冀新城
1939	1938	1939	1940
党	党	党	党
1941. 11. 10 宁武红土沟阵亡	同	1941. 12. 30 宁武马坊阵亡	1942. 2. 21 于岚县春坊沟战斗

抗日烈士登记册

部　别	特务连	六连	特务连
职　别	战士	副排长	战士
姓　名	王玉亭	郭秋蒲	胡庆昌
年　龄	18	20	19
籍　贯	冀高阳高家庄	冀新城	冀新城色法村
何时入伍	1939	1939	1939
何时入党	群	党	群
简历			
牺牲时间地点及过程	同	同	1941.11.11 吴家沟战斗
纪念物品			

抗日烈士登记册

	八团政治处	二营五连	二连
	工作员	班长	战士
张景春	马秀山	高福春	任玉科
18	20	32	32
冀新安宋家庄	河北人	冀固安楚家营	冀蠡县丁家庄
1939	1939	1939	1939
群	群	党	群
同	1941.8 在五寨被袭阵亡	1941.8 在山西谢家沟阵亡	1941.8.17 大白水战斗阵亡

抗日烈士登记册

部　别	三连		
职　别	战士		
姓　名	李凤春	王文东	徐立
年　龄	21	28	18
籍　贯	冀安国南宫佐	晋兴县王家山	晋朔县陶粑窊
何时入伍	1939	1940	1940
何时入党	党	群	群
简历			
牺牲时间地点及过程	1941. 5. 14 岢岚小简沟	同	同
纪念物品			

抗日烈士登记册

部　别		三连	
职　别	上士	班长	班副
姓　名	张希珍	张成海	王桂芳
年　龄	27	20	20
籍　贯	冀新城昝岗	冀清苑付家营	冀博野米家务
何时入伍	1939	1939	1939
何时入党	党	党	党
简历			
牺牲时间地点及过程	同	1941. 5. 14 岢岚小简沟阵亡	同
纪念物品			

抗日烈士登记册

部　别	二营		七连
职　别	军需	粮秣员	上士
姓　名	赵玉桥	彭春年	王永和
年　龄	28	38	43
籍　贯	冀新城大辛庄	冀蠡县中埝	冀霸县合庄
何时入伍	1938	1939	1939
何时入党	党	党	党
简历			
牺牲时间地点及过程	1941.4.28在静乐搞粮被敌袭	同	同
纪念物品			

抗日烈士登记册

部　别	358旅8团	八团政治处	八团二营
职　别	副团长	总支书	军需
姓　名	佐清臣	黄桐	李祥臣
年　龄	37	27	30
籍　贯	冀武强西佐家庄	湘平江马石都	冀新城王马户
何时入伍	1938	1930	1939
何时入党	是党员	是党员	群
简历			
牺牲时间地点及过程	1941年阳曲县西庄战斗阵亡	同	同
纪念物品			

抗日烈士登记册

部　别	同	八团	同
职　别	战士	二参谋	马夫
姓　名	王顺田	任占国	王德友
年　龄	21	24	41
籍　贯	冀雄县龙道湾	湖北来凤城内	冀固安乐家镇
何时入伍	1939	1934	1939
何时入党	群	党	群
简历			
牺牲时间地点及过程	同	1941. 1. 11 在涯山村山上阵亡	1941. 1. 2 西庄战斗
纪念物品			

抗日烈士登记册

部　别	八团一营一连	同	同
职　别	政指	班长	战士
姓　名	张炳银	张庆云	张兰海
年　龄	33	26	18
籍　贯	贵州寺安许家吧	冀固安大沙法	冀饶阳南韩村
何时入伍	1935	1939	1940
何时入党	党	党	群
简历			
牺牲时间地点及过程	1940. 11. 2 于定襄县宽沟阵亡	同	同
纪念物品			

抗日烈士登记册

部 别	八团二营	同	同
职 别	通讯员	同	伙夫
姓 名	刘宝吉	刘福利	冯广田
年 龄	27	17	32
籍 贯	冀蠡县东张岗	冀新城仁义庄	河北人
何时入伍	1939	1939	1939
何时入党	党	党	群
简历			
牺牲时间地点及过程	同	同	同
纪念物品			

抗日烈士登记册

部 别	八团	同	八团副官处
职 别	马夫	伙夫	文书
姓 名	崔文友	彭如	李济民
年 龄	35	28	31
籍 贯	冀饶阳崔家池	冀固安余庄	冀安国马庄
何时入伍	1939	1939	1939
何时入党	群	群	党
简历			
牺牲时间地点及过程	1941. 1. 2 西庄战斗	同	同
纪念物品			

抗日烈士登记册

部别			
职　别	战士	同	同
姓　名	赵玉光	田天海	刘群
年　龄	27	25	19
籍　贯	晋兴县黄协村	晋章至〈长治〉县西场村	冀任丘南户庄
何时入伍	1940	1940	1939
何时入党	群	群	群
简历			
牺牲时间地点及过程	同	同	同
纪念物品			

抗日烈士登记册

部　别	八团通讯连	八团二营五连	同
职　别	副连长	二班副	战士
姓　名	王韩宝	刘保顺	宋占生
年　龄	22	33	28
籍　贯	陕西神木盘庚村	冀蠡县郑村	吉林龙安二道沟
何时入伍	1935	1939	1939
何时入党	党	党	群
简历			
牺牲时间地点及过程	1941. 1. 10 西庄战斗	同	同
纪念物品			

抗日烈士登记册

部别			
职别	伙夫班长	副班长	伙夫
姓名	颜金才	李振延	孟现忠
年龄	36	47	38
籍贯	冀蠡县胞庄	冀任丘王家庄	冀任丘远庄
何时入伍	1939	1939	1939
何时入党	党	群	党
简历			
牺牲时间地点及过程	同	同	同
纪念物品			

抗日烈士登记册

部别	八团	八团二营八连	
职别	战士	司务长	给养士
姓名	沈士云	侯正义	孙瑞清
年龄	22	22	40
籍贯	冀蠡县仉村	冀河间侯家庄	冀任丘大尚屯
何时入伍	1939	1940	1939
何时入党	党	党	群
简历			
牺牲时间地点及过程	西庄战斗	同	同
纪念物品			

抗日烈士登记册

	三支队		八团九连
伙夫	排长	班长	战士
李正山	谢庆福	王梦儒	张福田
37	24	28	25
冀赵县	湖北宣恩沙道沟	冀新城昝岗	冀雄县新安里
1940	1934	1939	1939
群	党	党	群
同	1940.1.14 山东临清李子谷阵亡	同	1942.11 于山西临县岐道山上冲锋时阵亡

抗日烈士登记册

部　别	二连		
职　别	战士		
姓　名	董苍	段景	康如同
年　龄	20	20	31
籍　贯	冀饶阳	冀饶阳	晋宁武韩家沟
何时入伍	1939	1939	1941
何时入党	党	党	群
简历			
牺牲时间地点及过程	1942.2.21 于岚县花家沟战斗阵亡	同	同
纪念物品			

抗日烈士登记册

		特务连	一连
班长	战士	战士	战士
武信昌	刘五子	何进才	白龙山
21	25	21	19
冀藁城武家庄	晋静乐东马坊村	冀饶阳西千明庄	晋大同上格楼
1939	1942	1940	1937
党	群	党	党
同	同	1942. 8. 14 静乐岔上战斗阵亡	1942. 8. 12 宁武红土沟战斗阵亡

抗日烈士登记册

部别	八团一连	通讯连	八团九连
职别	排长	通讯员	战士
姓名	宗增寿	于保全	张庆海
年龄	23	21	26
籍贯	冀雄县河西营	冀雄县望家台	冀晋宁大齐家庄
何时入伍	1939	1939	1940
何时入党	党	党	群
简历			
牺牲时间地点及过程	1942. 8. 8 于宁武石家庄战斗阵亡	1942. 8. 1 静乐后井村战斗阵亡	1942. 8. 9 宁武伙火沟阵亡
纪念物品			

抗日烈士登记册

	十连	一营	十一连
战士	战士	通讯员	战士
张桂贵	齐俊民	田路坡	张虎万
18	23	20	33
冀肃宁东清口	冀肃宁黄瓦口	冀新城朱家务	晋岚县堤沟
1939	1939	1939	1941
党	群	群	群
1941.4.18 晋宁武跌死	1941.5.20 于宁武西沟病亡	同	1941.2.25 静乐山羊会病亡

抗日烈士登记册

部　别	八团	八团二营	
职　别	政指	副营长	排长
姓　名	赵德山	傅鼎菊	杨振忠
年　龄	25	35	40
籍　贯	湖北当阳赵家河	湖北天门	冀新成孔家码头
何时入伍	1931	1933	1939
何时入党	党	党	党
简历			
牺牲时间地点及过程	1941.11 于晋定襄被敌打死	1941.2.11 病亡后方医院	1941 病亡宁武东沟
纪念物品			

抗日烈士登记册

一营	二连	一连	通讯连
上士	班长	战士	通讯员
孟凤起	孙玉福	张二白	许光远
28	21	16	22
冀晋县周元场	冀肃宁郭家庄	晋宁武岔山村	冀肃宁内村
1939	1940	1941	1939
群	党	群	群
同	同	1941. 8. 14 病亡宁武强干沟	同

抗日烈士登记册

部别	八团七连	十二连	特务连
职别	班长	战士	战士
姓名	都成学	黄维乾	赵九儒
年龄	21	22	26
籍贯	冀安国北都村	冀新城花子营	冀饶阳赵石村
何时入伍	1939	1939	1939
何时入党	党	群	群
简历			
牺牲时间地点及过程	1941. 6. 25 病亡西沟	1941. 7. 20 宁武马驹子沟病亡	1941. 8. 11 宁武石子沟病亡
纪念物品			

抗日烈士登记册

供给处	三支队七团	八团一连
马兵	教干	战士
张树荣	宋本书	路东文
27	23	25
冀任丘人	河北清苑	河北饶阳西阳庄
1939	1938 年	1939 年
党	党	党
	在抗大出来 39 年冬到三支队七团充教干	
1942. 5 在忻州被袭死	1942 年在山东临清李子谷阵亡	1943 年 8 月在临县董家沟病亡

抗日烈士登记册

部别	八团一连	二营	九连
职别	战士	战士	连长
姓名	马金科	亢二虎	刘光清
年龄	33	20	29
籍贯	河南石城城内	晋宁武吴家沟	湖南澧县刘家井
何时入伍	1938	1940	1935
何时入党	群	群	党
简历			
牺牲时间地点及过程	1942. 3. 7 宁武岔路塔病亡	同	1942. 4. 2 岢岚病亡
纪念物品			

抗日烈士登记册

三支队七团五连	同	同	三支队七团七连
战士	战士	战士	排长
史有益	赵玉书	李小考	张三
25 岁	23 岁	24 岁	24 岁
冀省蠡县华岗	冀省蠡县后刘氏村	冀省蠡县东魏村	山西怀仁县陈庄
1939. 3 入伍	1939. 6 入伍	1939. 6 入伍	1938. 5 入伍
1939. 9 入党	同上	1939. 9 入党	1938. 9 入党
岢岚大南沟战斗阵亡		在济南打石友三战斗阵亡 1940. 2	山西省静乐米玉镇带花，后敌进行扫荡被刺亡
在家务农	在家务农	在家务农	

抗日烈士登记册

八旅教导营	八团二营五连	八团二营五连
学员	副班长	战士
赵金销	张吉升	胡志明
16	21	28
河北省新城县小四方村	冀省清苑县埋羊村	冀省蠡县胡家营村
1939. 3 入伍	1939. 8 入伍	1939. 2 入伍
	1940. 2 入党	1939. 9 入党
在家上学	在家务农	在家务农
山西兴县 1940 年 8 月被敌刺亡	在山西岚县大车头战斗阵亡	1940 年 9 月于山西省郝家圪台病亡

抗日烈士登记册

八团二连	八团二连
伙夫	战士
张昌中	张义发
35 岁	33 岁
兴县井色村	冀饶阳西强民庄
38 年入伍	40 年 2 月入伍
42 年 3 月 27 日吴家沟（忻州）阵亡	42 年 3 月 27 日忻州吴家沟阵亡

抗日烈士登记册

部　别	八连	八连	八连
职　别	战士	战士	班长
姓　名	赵秀雁	黄引胜	张世友
年　龄	32	23	22
籍　贯	河北任丘	河北清苑	河北雄县
何时入伍	1939 年	1939 年	1939 年
何时入党	非	非	1940 年
简历			
牺牲时间及地点	于 1940 年在山西病亡	于 1940 年在山西静乐娄烦病亡	于 1940 年在山西岚县大蛇头牺牲
纪念物品			

抗日烈士登记册

部别	八连	八连
职别	二排副	战士
姓名	薛西友	崔万清
年龄	38	27
籍贯	陕西省人	河北固安县
何时入伍	1937 年	1939 年
何时入党	1938 年	1939 年
简历		
牺牲时间及地点	于 1940 年在山西岚县牺牲	于 1940 年在山西牺牲
纪念物品		

抗日烈士登记册

部别	八连	通讯连
职别	战士	电话员
姓名	李连生	吴殿明
年龄	18	16
籍贯	河北蠡县人	河北肃宁县
何时入伍	1939 年	1939 年
何时入党	非	非
简历		
牺牲时间及地点	于 1940 年在山西岚县大蛇头牺牲	于 1940 年在山西岚县河口牺牲
纪念物品		

抗日烈士登记册

部　别	八连	八连
职　别	战士	副班长
姓　名	穆殿成	王洛凯
年　龄	20	22
籍　贯	河北固安县	河北肃宁县
何时入伍	1939 年	1939 年
何时入党	非	1939 年
简历		
牺牲时间及地点	1939 年在河北马家营牺牲	1941 年在山西宁武熊沟牺牲
纪念物品		

抗日烈士登记册

部　别	八连		
职　别	战士	战士	战士
姓　名	平振远	王友智	陶子义
年　龄	27	20	19
籍　贯	河北固安县	河北霸县	河北霸县
何时入伍	1939 年	1938 年	1938 年
何时入党	非	1939 年	非
简历			
牺牲时间及地点	于 1940 年在山西静乐娄烦牺牲	于 1940 年在山西崞县铁路牺牲	于 1940 年在山西崞县铁路牺牲
纪念物品			

抗日烈士登记册

部　别		
职　别	班长	班长
姓　名	王玉林	朱田玉
年　龄	28	21
籍　贯	河北霸县	河北蠡县
何时入伍	1938 年	1939 年
何时入党	1939 年	1940 年
简历		
牺牲时间及地点	于 1940 年在山西崞县铁路牺牲	于 1940 年在山西静乐娄烦牺牲
纪念物品		

抗日烈士登记册

部　别	八连	八连	八连
职　别	战士	伙［夫］班长	战士
姓　名	吴造户	张耒	纪良
年　龄	27	28	18
籍　贯	河北清苑人	河北蠡县	河北饶阳
何时入伍	1940 年	1939 年	1940 年
何时入党	非	非	非
简历			
牺牲时间及地点	于 1940 年在山西岚县大蛇头牺牲	于 1940 年在山西宁化病亡	于 1940 年在山西宁武牺牲
纪念物品			

抗日烈士登记册

部　别	八连
职　别	战士
姓　名	吴功岗
年　龄	18
籍　贯	河北新城
何时入伍	1938 年
何时入党	非
简历	
牺牲时间及地点	于 1939 年在河北河间作战牺牲
纪念物品	

抗日烈士登记册

理发员	战士	同	同
傅贵祥	邢进生	武字金	刘玉元
30	26	26	18
河北蠡县里岗村	河北高阳刘家庄	山西静乐青龙山	河北霸县李家营
1939	1938	1941	1938
	党		
同	同	同	同

抗日烈士登记册

部　别	八团		
职　别	通讯员	同	同
姓　名	李桐林	秦二保	韩玉存
年　龄	20	19	19
籍　贯	河北固安县黄伐	山西清〈沁〉源县北城村	河北新城县罗家营
何时入伍	1939	1937	1938
何时入党	党	党	党
简历			
牺牲时间地点及过程	1942.8 在陈家台战斗阵亡	同	同
纪念物品			

抗日烈士登记册

部　别			
职　别	战士	同	通讯员
姓　名	吴喜纯	张得华	赵文增
年　龄	31	30	26
籍　贯	河北蠡县刘村人	山西静乐鸭子村	河北蠡县北陈村
何时入伍	1939	1941	1939
何时入党	党		
简历			
牺牲时间地点及过程	同	同	1942.9 在宁武丁家湾阵亡
纪念物品			

抗日烈士登记册

部　别	八团		
职　别	战士	同	同
姓　名	金玉龙	李忠福	李清波
年　龄	21	25	29
籍　贯	河北雄县付家营	河北曲阳县	河北肃宁县粟子口
何时入伍	1938	1939	1939
何时入党	党		党
简历			
牺牲时间地点及过程	1942.8 在陈家台战斗阵亡	同	同
纪念物品			

抗日烈士登记册

八团			
排长	班长	战士	战士
郭元起	石振楷	左沿甫	王科
40	24	19	21
江苏丰县杨口村	冀蠡县桑岗村	冀雄县南庄子	冀蠡县北儒村
1939.1	1940.1	1940	1939.4
党	党	党	党
42.12.10 临县东社战斗阵亡	同左	1942.11.3 于宁武吴家沟战斗阵亡	同左

抗日烈士登记册

部　别	八旅八团		
职　别	通讯员	卫生员	排长
姓　名	王财	李大庄	岳瑞力
年　龄	18	18	34
籍　贯	冀新城田家屯大王庄	冀新城郎家庄	冀新城板家窝村
何时入伍	1940	1939	1939. 2
何时入党			党
简历			
牺牲时间地点及过程	于晋宁武陈家台村战斗阵亡	同左	1942. 9. 23 于临县圪陵塥战斗阵亡
纪念物品			

抗日烈士登记册

部　别	八团		八团一连
职　别	战士	侦察员	班长
姓　名	张福田	王夫岐	万计章
年　龄	25	25	24
籍　贯	冀雄县新安镇	冀饶阳临井村	冀蠡县大白河村
何时入伍	1939. 6	1940. 1	1940
何时入党		党	1940. 7
简历			
牺牲时间地点及过程	1942. 11. 21 于临县岐道村战斗阵亡	同左	1943. 4. 16 于山西临南班家庺战斗阵亡
纪念物品			

抗日烈士登记册

部　别	八团		
职　别	战士	战士	战士
姓　名	李小路	张东成	张瑞
年　龄	18	20	23
籍　贯	冀蠡县西松林	冀南宫孟家庄	冀固安李章村
何时入伍	1939	1940. 1	1939. 1
何时入党			党
简历			
牺牲时间地点及过程	1942. 11. 3 于宁武吴家沟战斗阵亡	同左	同左
纪念物品			

抗日烈士登记册

部　别	八团
职　别	班长
姓　名	田福池
年　龄	23
籍　贯	河北新城米家务
何时入伍	1938
何时入党	党员
简历	事变前在家上学四年，事变后参加六支队任战士、班长
牺牲时间地点及过程	1941. 1 在静乐南峪被敌刺死
纪念物品	

抗日烈士登记册

部　别	二营四连	同	六团
职　别	二排长	班长	战士
姓　名	杨炳臣	杨万花	吴小力
年　龄	22	31	23
籍　贯	南方人	冀省新城阳岔上	冀省博野南刘陀庄上
何时入伍		1938 年上半年	1939 年上半年
何时入党		1938 年下半年	
简历	历史不明老干部	历史不明	历史不明
牺牲时间地点及过程	大蛇头战斗 40. 8 间他代一个班向敌冲烽〈锋〉头部负伤亡	同上他和排长率领全班战士向敌冲烽〈锋〉牺牲了	牺牲在程南庄（41 年冀中）
纪念物品			原在六团当战士

抗日烈士登记册

部　别	三支队七团三营	同	同
职　别	副班长	班长	看护
姓　名	刘玉昆	郭新改	谷松状
年龄			
籍　贯	河北省蠡县刘村	河北省饶阳	河北省肃宁县
何时入伍		1940 年	1939 年
何时入党			
简历			
牺牲时间地点及过程	1940 年于岢岚宋家沟战斗	1940 年 7 月于磨盘山战斗中牺牲	1941 年于兴县战斗中牺牲
纪念物品			

抗日烈士登记册

部　别	三支队九团一营	同左	三支队七团二营
职　别	战士	战士	战士
姓　名	刘风祥	杨友军	刘义新
年　龄	20	20	24
籍　贯	河北固安六区胡家庄	同左	河北新城大魏庄
何时入伍	1939. 9	1939. 9	1939. 8
何时入党			
简历			七七事变前在家给人做长工，事变后参加入伍
牺牲时间地点及过程	九团由晋察冀边区西进到静宁县岔上被敌伏击而故（1940. 5）	过同蒲路时阵亡（1940. 5）	三支队刚到晋西北在大蛇头战斗牺牲（1940. 6）
纪念物品			

抗日烈士登记册

部　别	三支队七团二营	三支队七团二营	三支队八团政	三支队特务连
职　别	战士	通讯员	除奸干事	战士
姓　名	胡志祥	李小壮	杨海龙	孙永平
年　龄	21	20	22	19
籍　贯	河北博野胡家庄	河北新城利园村	河北新城县徐家营村	河北晋县东河头
何时入伍	1939. 9	1938. 11	1938	1940
何时入党	1939. 12	1939. 6	1939. 3	
简历	自幼给人做长工，事变后参加三支队	在家时给人做小活事变后参加三支队	在家上学高小毕业后在家休息一年，事变后参加六支队。后三六支队合编到八团，政治处工作	在家做小买卖
牺牲时间地点及过程	1940年5月三支队刚到晋西北于大南沟战斗牺牲	1940年6月于兴县病故	1940年三支队到晋西北于宁武曲麻洼病故	过同蒲路牺牲
纪念物品				

抗日烈士登记册

部　别	三支队七团三营	同	同
职　别	战士	战士	班长
姓　名	章志生	闫三停	杨元正
年龄			
籍　贯	河北省饶阳	河北省新城	山西大同人
何时入伍	1940 年入伍	1940 年	
何时入党			
简历			
牺牲时间地点及过程	于河北省齐子估战斗中牺牲	同左	同左
纪念物品			

抗日烈士登记册

部　别	三支队七团三营	同	同
职　别	战士	战士	同
姓　名	王二胖	高三海	张清科
年龄			
籍　贯	河北省饶阳王六板桥	山西省	河北省饶阳西焉瓦村
何时入伍			1940 年 2 月
何时入党			
简历			
牺牲时间地点及过程	于茂上（岚县）阻击敌人 1940 年 4 月	1940 年 4 月于岚县茂上阻击敌人	同左
纪念物品			

抗日烈士登记册

部　别	八连		
职　别	战士	同	同
姓　名	周金龙	段风山	田礼
年　龄	19	25	23
籍　贯	河北蠡县	同	同
何时入伍	1939	1939	1940
何时入党	党	党	非
简历			
牺牲时间地点及过程	山西静乐县牺牲	同（病故）	宁武新屯堡牺牲
纪念物品			

抗日烈士登记册

部　别	
职　别	同（班长）
姓　名	李林
年　龄	22
籍　贯	山西大同县
何时入伍	1937
何时入党	党
简历	
牺牲时间地点及过程	冀南反石友山〈三〉
纪念物品	

抗日烈士登记册

部　别	八团一营三连
职　别	
姓　名	王法元
年　龄	
籍　贯	河北省
何时入伍	1938
何时入党	党员
简　历	
牺牲时间地点及过程	病死
纪念物品	

抗日烈士登记册

部　别			
职　别	班长	战士	战士
姓　名	高卫胜	高建杨	王孩子
年　龄			
籍　贯			河北省
何时入伍			1938
何时入党		党员	
简　历			
牺牲时间地点及过程	1941 年在山西省新口打仗牺牲	1941 年病死的	牺牲
纪念物品			

抗日烈士登记册

七团三营七连	七团三营七连	八团一营二连	三支队八团一营三连
班长	排长	班长	副班长
马成忠	马玉	张文全	许根旺
24	21	22	21
山西汾阳人	山西汾阳人	河北固安石葛庄	冀省新城县南平井
1937 年 3 月	1937 年 3 月	1938 年 2 月	1938 年
1937 年 6 月	1937 年 6 月	1939 年 7 月	1939 年
上学四年入伍战士班长	上学五年入伍任战士班长排长	为农给人家作活入伍任战士班长	上学后为农
1939 年 12 月在河北马家营战斗阵亡	1939 年 12 月在河北蠡县北高晃	1940 年 8 月在岚县战斗阵亡	1939 年在冀省任丘

抗日烈士登记册

部　别	八团一营三连	八团三营七连	七团三营八连
职　别	副班长	政指	支书
姓　名	甄海	张国新	贾金牛
年　龄	19	20	35
籍　贯	河北新城大新庄	河北新城力关	山西省崞县
何时入伍	1938 年 5 月	1938 年	1937 年 3 月
何时入党	1939 年 5 月	1938 年	1937 年 5 月
简历	为农入伍［任］战士副班长	上学入伍［任］宣传员政指	上学四年入伍任战士班长支书
牺牲时间地点及过程	1939 年 8 月在任丘伪庄阵亡	1940 年宁武病亡	1939 年 12 月在河北省马家营战斗阵亡
纪念物品			

抗日烈士登记册

八团二营五连	同	八团三营八连	七团三营八连
班长	战士	战士	副班长
张彩云	高桂花	杨庆田	王贵兰
27	22	20	25
河北南蠡县	河北新城县孙村	河北省新城县板家窝	河北新城县
1939 年 7 月	1939 年 1 月	1938 年 5 月	1939 年
1939 年 12 月			
上学三年后为农三年入伍任战士班长	自幼给人家为农后入伍任战士	自幼牧羊入伍［任］战士	为农入伍任战士副班长
1940 年七月在宁武磨盘山战斗阵亡	1940 年 10 月阳曲县西庄村阵亡	1940 年 8 月在静乐县娄烦镇阵亡	1940 年 8 月在岚县大车头阵亡

抗日烈士登记册

部　别	八团二营五连	八团二营二营部	八团二营五连
职　别	排长	教育干事	排长
姓　名	孟宪武	潘光	刘荣初
年　龄	24	18	26
籍　贯	河北省新城县相家庄	河北省新城县周家庄	湖南省
何时入伍	1939 年 1 月	1938 年 7 月	1935 年
何时入党	1939 年 5 月	1939 年 5 月	1936 年
简历	上学四年种地二年参加队伍任战士、班长、排长	上学高学入伍［任］宣传员教育干事教导员	经过长征
牺牲时间地点及过程	1940 年 6 月宁武县细腰战斗阵亡	1940 年 6 月在宁武病故	1940 年 6 月在宁武细腰战斗阵亡
纪念物品			

抗日烈士登记册

部　别	三支队七团一连	同	同
职　别	战士	班长	战士
姓　名	张其长	刘国财	王树仁
年　龄	17	23	20
籍　贯	河北蠡县掌村	同前	河北蠡县贝市村
何时入伍	1940. 2 入伍	1939. 6 入伍	1940. 2 入伍
何时入党	未	1939. 9 入党	未
简历	战士	战士班长	战士
牺牲时间地点及过程	1940. 5 在晋西北岚县寨子坪战斗带花经数日牺牲	同前	1940. 8 在宁武宁化百团大战［斗］牺牲
纪念物品			

抗日烈士登记册

部　别	三支队七团一连
职　别	副班长
姓　名	李福堂
年　龄	29
籍　贯	河北许〈肃〉宁官家庄
何时入伍	1939 年入伍
何时入党	入党
简历	战士副班长
牺牲时间地点及过程	1940. 5 在晋西北岚县寨子坪战斗牺牲
纪念物品	

抗日烈士登记册

部　别	三支队		
职　别	班长	通讯员	
姓　名	康小七	吴风岗	王桂芬
年　龄	22	19	
籍　贯	冀新城社村	冀新城板家窝	冀博野朱家庄
何时入伍	1938	1938	
何时入党	1939		
简历	为人做长工	务农	
牺牲时间地点及过程	1939年于河北任丘园庄战斗阵亡	1939年于河北边道口阵亡	闫家坪战斗牺牲
纪念物品			

抗日烈士登记册

部　别	
职　别	看护长
姓　名	于长令
年　龄	
籍　贯	冀新城人
何时入伍	
何时入党	
简历	
牺牲时间地点及过程	在静乐寺头村牺牲
纪念物品	

抗日烈士登记册

部　别	三支队七团一营部	同	同
职　别	重机枪副班长	战士	战士
姓　名	张秀林	桂金普	王良
年　龄	23	30	22
籍　贯	冀省新城县色发村	冀省新城县大韩村	冀省新城县小韩庄
何时入伍	1939 年	1939 年	1939 年
何时入党	1939 年 12 月		1939 年
简历	自幼在家务农做长工到入伍	在家务农	在家务农
牺牲时间地点及过程	冀省深泽县西河滩 1939 年 12 月阵亡	山西省静乐天王塔 1940 年 7 月阵亡	同左阵亡
纪念物品			

抗日烈士登记册

同	同	同	同
战士	通讯员	同	同
刘要苍	石长胜	刘振江	刘栎祥
20	19	19	18
冀省蠡县泡庄村	冀省雄县	冀省清苑	冀省新城咎岗
1939 年	1939 年	1939 年	1939 年
		1939 年	
在家务农			
山西静乐天王塔 1940 年 7 月阵亡	同左阵亡	同左阵亡	山西静乐县南峪 1941 年 1 月阵亡

抗日烈士登记册

战士	副班长	
孔长存	陈俊德	王仲秋
20	22	24
河北肃宁县	河北省新城县米家务村	河北省蠡县
1939.11	1938	1938
	1939	1940.1 入党
1940.3 于河北，晋县胡家庄战斗牺牲	1941 年 4 月于晋西北宁武杨家岭米家庄侦察牺牲	1941.8 于山西省忻口牺牲

抗日烈士登记册

部　别	三支队八团一营	八团	八团三连
职　别	政指	营长	班长
姓　名	陈辛	陈景山	高建耀
年　龄	19	28	25
籍　贯	河北新城县菊花台村	东北人	河北省
何时入伍	1938	1938	1939
何时入党	1938	1939	1940
简历			
牺牲时间地点及过程	1939.8 在河北省任丘卫家庄战斗而牺牲的	1939.6 在河北蠡县连子口战斗牺牲	1941.6 于葱沟病亡
纪念物品			

抗日烈士登记册

部　别	八团一营二连	八团一营二连
职　别	班长	司务长
姓　名	齐常起	李春如
年　龄	26	25
籍　贯	河北省肃宁大王村	冀省新城沙口村
何时入伍	1939 年 12 月	1938 年 12 月入伍
何时入党	1940 年 5 月	1939 年 5 月
简历	为农入伍任战士班长	为农入伍任班长司务长
牺牲时间地点及过程	1940 年 12 月在岚县南峪村阵亡	1940 年 6 月在宁武吴家沟病亡
纪念物品		

抗日烈士登记册

部　别	七团三营八连	八团一营一连
职　别	战士	班长
姓　名	王同	齐顺兴
年　龄	18	23
籍　贯	河北省新城县	河北肃宁大王村
何时入伍	1939 年	1939 年 6 月
何时入党		1939 年 12 月
简历	上学三年为农入伍任战士	上学三年为农入伍任战士、班长
牺牲时间地点及过程	1940 年 8 月在岚县峁上阵亡	1940 年 4 月在同蒲路打死的
纪念物品		

抗日烈士登记册

部　别			
职　别	司号员	侦察员	侦察员
姓　名	郭树林	田禄波	赵昌杰
年　龄			
籍　贯	冀任丘赵村		冀饶阳
何时入伍			
何时入党			
简　历			
牺牲时间地点及过程	同	在何家庄牺牲	同
纪念物品			

抗日烈士登记册

部　别			
职　别		战士	组织干事
姓　名	花子营	芦国华	王臻卫
年　龄			
籍　贯		冀博野北章村	冀新城刘家营
何时入伍			
何时入党			
简　历			
牺牲时间地点及过程	在岚县任家沟阵亡	在骆驼湾阵亡	1940.12 在静乐南峪阵亡
纪念物品			

抗日烈士登记册

部　别				
职　别	伙夫	副班长	电话员	电话员
姓　名	李奎	张桂武	吴见光	蔡林义
年　龄				
籍　贯	冀安国	冀肃宁清口村	冀肃宁北塔村	冀固安
何时入伍				
何时入党				
简历				
牺牲时间地点及过程	在岚县娄儿底病亡	在川湖屯摔死的	在张家村病亡	在岚县病亡
纪念物品				

抗日烈士登记册

部　别			
职　别	电话员	电话员	给养士
姓　名	石友泽	李杜	乔玉田
年　龄			
籍　贯	河北	冀饶阳	山西祁县
何时入伍			
何时入党			
简历			
牺牲时间地点及过程	1941.1 在阳曲西庄阵亡	于岚县张家村病亡	于岚县张家村病亡
纪念物品			

抗日烈士登记册

部 别			
职 别	同	同	战士
姓 名	李德金	张玉如	周铲
年 龄			28
籍 贯	冀新城	冀永清	冀蠡县
何时入伍			1939
何时入党			
简历			
牺牲时间地点及过程	同	同	兴县病故
纪念物品			

抗日烈士登记册

部 别		
职 别	战士	侦察员
姓 名	王科	楚振海
年 龄		
籍 贯	冀博野北辛村	冀蠡县堆村
何时入伍		
何时入党		
简历		
牺牲时间地点及过程	在静乐榆树掌病亡	同
纪念物品		

抗日烈士登记册

部　别	三支队七团一连	同	同
职　别	班长	连长	班长
姓　名	武治如	徐华堂	孟太仁
年　龄	25	27	24
籍　贯	河北	湖北	河北蠡县华干村
何时入伍	1939 入伍		1939. 5 入伍
何时入党	入党	入党	入党
简历	战士、副班长、班长		战士、副班长、班长
牺牲时间地点及过程	1940. 7 在晋西北祁县天旺他战斗带花经数月牺牲	1940. 5 在晋西北岚县寨子坪战斗牺牲	同前
纪念物品			

抗日烈士登记册

部　别	三支队七团一连	同	同
职　别	战士	通讯员	副班长
姓　名	贺子信	范岭	左峯山
年　龄	20	18	30
籍　贯	山西清源县	河北饶阳	河北安国大王村
何时入伍	1937 入伍	1940. 2 入伍	1940. 1 入伍
何时入党	未	未	入党
简历	战士	战士、理发员、通讯员	战士、副班长
牺牲时间地点及过程	40 年 3 月在冀中区博野县闫村战斗牺牲，是机枪打的，马上就死了	1940. 7 在晋西北祁县天旺他战斗牺牲，是机枪当时就打死的	同前
纪念物品			

抗日烈士登记册

部　别		
职　别	副班长	连长
姓　名	许振荣	陈汉清
年　龄	河北新城	湖南大庸
籍　贯		
何时入伍		
何时入党		
简历		
牺牲时间地点及过程	在界河口牺牲	在宁化牺牲
纪念物品		

抗日烈士登记册

部　别	通讯连
职　别	排长（侦察）
姓　名	祁德山
年龄	
籍　贯	河北新城
何时入伍	
何时入党	
简历	
牺牲时间地点及过程	在南峪村阵亡
纪念物品	

抗日烈士登记册

部　别	
职　别	通讯班长
姓　名	曹玉民
年　龄	
籍　贯	河北深泽县人
何时入伍	
何时入党	
简历	
牺牲时间地点及过程	在岚县井上牺牲
纪念物品	

抗日烈士登记册

部　别	同［通讯连］
职　别	同［通讯员］
姓　名	桃增元
年龄	
籍　贯	冀省新城县花塔营村
何时入伍	
何时入党	
简历	
牺牲时间地点及过程	在南峪牺牲
纪念物品	

抗日烈士登记册

八团特务连	同	同	同
战士	同	班副	伙夫
刘振江	姜志海	张宝田	刘虎
23 岁	27 岁	19 岁	20 岁
河北雄县	河北固安	河北蠡县	同
1939 年	1939 年	1939 年	
1941 年于岚县后山村	同	同	同

抗日烈士登记册

部　别	八团特务连	同	同
职　别	战士	班副	战士
姓　名	王老褚	张九文	张玉福
年　龄	19 岁	27 岁	25 岁
籍　贯	河北雄县	同	河北霸县
何时入伍			
何时入党		1939 年	1939 年
简历		1939 年	
牺牲时间地点及过程	1940 年宁武县天王塔战斗牺牲	同	同
纪念物品			

抗日烈士登记册

部　别	同［八团特务连］
职　别	同［战士］
姓　名	郭东成
年　龄	19 岁
籍　贯	河北肃宁
何时入伍	1939 年
何时入党	
简历	
牺牲时间地点及过程	1943 年于临县病故
纪念物品	

抗日烈士登记册

部　别	供给处
职　别	伙夫
姓　名	刘
年　龄	40
籍　贯	河北雄县
何时入伍	1939
何时入党	
简历	此人名字一时想不起来了关于简历问题也无可稽考了
牺牲时间地点及过程	病亡兴县医院 1940. 7
纪念物品	

抗日烈士登记册

部　别	供给处	
职　别	通讯员	勤务员
姓　名	吴瑞增	许进考
年　龄	19	19
籍　贯	河北蠡县人	河北清苑县
何时入伍	1939	1939
何时入党		
简历	不清楚	同上
牺牲时间地点及过程	静乐八区大南峪 1941. 3	静乐八区大南峪 1941. 3
纪念物品		

抗日烈士登记册

部　别	三支队七团八连
职　别	战士
姓　名	齐国君
年　龄	25
籍　贯	冀清苑县
何时入伍	1939. 2
何时入党	1939. 5
简历	在家务农
牺牲时间地点及过程	河北深泽沙滩战斗阵亡
纪念物品	

抗日烈士登记册

部　别	三支队七团七连	三支队八团团部
职　别	战士	卫生员
姓　名	李喜	耿燥星
年　龄	18	15
籍　贯	冀蠡县西河村	冀省束鹿县耿家庄村
何时入伍	1939. 9	1939. 10
何时入党		
简历	在家务农	在家玩要
牺牲时间地点及过程	山西新屯铺镇战斗阵亡 1940. 5	山西忻县二十里铺 1940. 7 鼻子流血病亡故
纪念物品		

抗日烈士登记册

部　别	三支队七团六连	三支队挺进军队	三支队七团三连
职　别	支书	特务员	战士
姓　名	郭玉荣	王老万	郭五
年　龄	26	22	19
籍　贯	冀蠡县楚岗村	冀中新城小庄村	冀蠡县西河村
何时入伍	1939. 3	1939. 7	1939. 9
何时入党	1939. 10		
简历	在家做木匠	抗战前当过二十九军	在家务农
牺牲时间地点及过程	山西岢岚南沟战斗阵亡。1940. 1	河北新城茫茫口村战斗阵亡	山西岚县得急火〈霍〉乱病亡。
纪念物品			

抗日烈士登记册

部　别	三支队特务营	同前	同前
职　别	战士	班长	班长
姓　名	高三	张希臣	李宝杰
年　龄	22	21	24
籍　贯	冀雄县道务村	冀雄县亚古城村	冀雄县道务村
何时入伍	1939. 10	1939. 7 入伍	1939. 3
何时入党		1940. 4 入党	1939. 10
简历	在家小时替人家抱孩子大了又当雇农	在家上学五年下学后在家务农	在家给人家牧羊大了给人家当雇农
牺牲时间地点及过程	山西静乐县玉皇村在1940. 7 在村的对面山上退时阵亡	山西宁武头马营村1940. 9 攻据点在村内阵亡	山西宁武头马营村1940. 9 攻据点在铁丝网内阵亡
纪念物品			

169. 晋察冀军区抗战第六周年营以上干部伤亡统计表
（1943 年 6 月）

团级以上干部牺牲统计　1942—1943. 6 止

部别 数目 职别	一分区	二分区	三分区	四分区	雁北	十一分区	十三分区	冀中区	军区直属队	总计
分区司令员（副）				1			1	2		4
分区政委								1		1
分区参谋长（副）		1								1
分区政治主任		1					1	1		3
军区部长（副）								2	2	4
团（区队）长（副）		3	4	2	1	2	3	13		28
团（区队）政委			3		1		2	10		16
团参谋长	1	1	1	1			2	5		11
团政治主任	2		1				1	4		8
分区科长		1	1				2	1	2	7
合计	3	7	10	4	2	2	12	39	4	83
说明　一、此表主要根据 1942 年后之登记来统计的，过去存底遗失 二、被俘及投敌者均未进行统计										

分区级干部牺牲名单

四分区	司令员	周建屏
八分区	司令员	常德善
	司令员	孔庆同
	政治委员	王远音
九分区	政治部主任	袁心纯
十三分区	副司令员	包森
	政治部主任	刘诚光
二分区	副参谋长	熊德臣
	政治部主任	朱潘显

团级干部牺牲名单

	军区直属队	
政治部		
宣传部	副部长	钟蛟蟠
卫生部	副部长	杜伯华
政治部	统计科长	舒仁
	敌工科长	高其五
一分区		
三团	政治主任	刘光汉
二十六团	政治副主任	张濯生
察绥支队	参谋长	朱宝琛
二分区		
	组织科长	王达
十九团	团长	李和辉
二十二团	团长	詹道奎
四区队	参谋长	张国瑞
十九团	团长	刘桂云
三分区		
补充团	团长	许佩坚
游击军	司令员	王溥
	政治副主任	郝玉明
骑兵团	团长	刘云彪
四二团	团长	包镇
七区队	参谋长	高瀑
六区队	政委	喻忠良
骑兵团	政委	曾海庭
政治部	宣传科长	余毅
四二团	政委	赵乃禾

四分区		
三六团	团长	罗发明
八区队	区队长	韩光宇
五团	参谋长	曾飞
雁北		
十区队	区队长	刘伯松
十一区队	副政委	王纯一
十一分区		
九团	团长	刘开绪
平北		
十团	团长	白乙化
十三分区		
十二团	团长	陈群
	参谋长	钟奇
十三团	政治主任	姜林
	参谋长	严禁高
政治部	敌工科长	王子仪
	宣传科长	陈狭
五区队	政委	王波
三区队	区队长	苏然
一区队	副区队长	高小安
六区队	政委	季安
冀中		
军区	宣传部长	张仁槐
骑二团	政委	汪乃荣
	政治主任	杨经国
警一团	政委	陈德仁
	副团长	郭慕芬

警二团	政委	王志
三十团	政委	汪威
	副团长	肖治国
二十三团	团长	谭斌
	副团长	赵振亚
	政治主任	孟庆武
三十团	参谋长	雷吼
十八团	政委	钟州
	副团长	焦玉礼
三十二区队	区队长	丁占明
四十五区队	政委	安有龙
分区	组织科长	李子英
二十三团	政委	姚国民
三十团	团长	欧阳林
二十二团	副团长	孙福如
十八团	政治主任	李耀之
三十五区队	参谋长	赵文明
三十四区队	区队长	王韬
军区卫生部	副部长	王育荣
三十一区队	政委	石以铭
回民支队	政委	郭天顺
二十七团	政委	谭继先
三十五区队	区队长	李绍卿
四十区队	区队长	乾云清
四十四区队	参谋长	贾耕
三十二区队	参谋长	陈汝和
四十一区队	区队长	王斌
	副区队长	王汝舟
	参谋长	冯克
	政治主任	王均

冀中反扫荡营以上干部伤亡

河肃战斗	8B	司令员	常德善
		政治委员	王远音
		侦察股长	杜克夫
		管理股长	王茸奎
	23R	二营长	邱福合
		分总支书	齐永建
	30R	政委	汪　威
		总支书	沈笑天
			张昌大
	军区宣传部长		张仁槐（浮南亡）
任河战斗	33 区队长丁占明		
高口西张岗战斗	23R	团长	谭　斌
		3 营长	刘衔山
		政教	周士敬
		分总支书	吴士缔
	23R	总支书	张　建
关山东园子战斗	23R	副团长	赵振仍〈亚〉
		主任	孟庆武
		一营副营长	戴景武
		政教	王作文
阜东	23R	总支书	马　勇

晋察冀军区抗战第六周年伤亡营以上干部略历表　1942. 5—1943. 6

分区	队别		职别	姓名	年龄	籍贯	伤或亡	伤亡日期地点
1B	1R	1b	教导员	孙丕谟	24	陕西．富平	亡	1942. 5. 23. 易县中罗村
		2b	副营长	胡俊文	27	江西．兴国	亡	1942. 10. 19. 易县南白虹
		3b	副教导员	王玉华	26	河北．满城	伤	1942. 10. 19. 易县肖家庄
	6R	3b	副营长	陈前	36	广东．合浦	亡	1942. 5. 15. 易县钟家店
			教导员	刘一山	31	河北．丰润	亡	1942. 8. 浑源
2B	5S		总支书	贾臣汉	29	山西．朔县	亡	1942. 5. 7. 定襄．南庄
	五台基游		政治委员	何光翠	39	四川．广元	亡	1942. 6. 16. 五台．瓦岔村
	4R		参谋长	周宏	28	山西．崞县	伤	1942. 11. 1. 平山．杨家庄
	侦察股		副股长	赵锦	26	山西．代县	亡	1943. 5. 20. 忻县．韩岩村
3B	7S		参谋长	高瀑	26	辽宁．凤城	亡	1942. 11. 25. 完县．亭西庄
	作战股		股长	姚之一	28	山西．应县	亡	1942. 11. 25. 完县．亭西庄
	42R		团长	包镇	37	辽宁	亡	1943. 1. 24. 曲阳．西坡里
	6S		区队长	喻忠良	36	湖南．平江	亡	1943. 3. 11. 曲阳．赵庄
	KR		政治委员	雷海庭	30	江西．瑞金	亡	1943. 5. 1. 唐县．豆铺附近
	政治部		宣传科长	余毅	28	广东．中山县	亡	1943. 5. 6. 完县．马耳山（山名）

续表

分区	队别		职别	姓名	年龄	籍贯	伤或亡	伤亡日期地点
3B	卫生处		医务副主任	马振华	28	赣永新人	亡	1943. 5. 6. 完县．马耳山
	望定支队		副政委	张维华	28	河南	亡	1943. 5. 17. 定县．北支合
	定唐支队		支队长	邓子山	29	江西．瑞金	被俘	1943. 2. 16. 唐县．三里庄
			政治委员	贾其敏	31	辽宁．海城	被俘	1943. 5. 19. 唐县．行里庄
4B	5R	2b	营长	胡徒明	27	江西．吉安	伤	1942. 7. 7. 平山．上三汲
	8S		副区队长	韩光宇	29	河北．平山	伤	1942. 7. 7. 灵寿．黄璧庄
			总支书	许世昌	24	陕西．商县	亡	1942. 5. 24. 灵寿．朱食伤后亡
	教导团	1b	教导员	曲竟济	24	河南．巩县	伤	1942. 11. 29. 行唐．瓦仁
	5R	3b	营长	杜先锋	29	江西．吉水	伤	1943. 1. 16. 平山．七汲附近
	8S		总支书	康志中	25	陕西．长安	伤	1943. 1. 24. 正定城附近
	5R	2b	营长	胡从明	28	江西．吉安	伤	1943. 2. 3. 韩楼
			副教导员	李永昌	24	河北．平山	伤	1943. 2. 6. 行唐．东寺
	17R		总支书	李左东	26	河北．	亡	1943. 2. 1. 行唐．西口头
	平定支队		副政委	王松涛	23	河北．平山	亡	1943. 3. 18. 平定．白家庄
雁北支队	6R		团长	萧思明	29	江西．永新	伤	1943. 4. 23. 灵丘．站上

170. 八路军、新四军抗战六年战斗统计表

（1943 年 6 月）

十八集团军部（区）　　年　　月战斗统计表（三）

项别	细目＼数目										总计
我军伤亡	旅级	伤									
		亡									
	团营级	伤									
		亡									
	连排级	伤									
		亡									
	班级	伤									
		亡									
	战士	伤									
		亡									
	合计	伤	17726	20086	20026	51849	40813	18107			
		亡	8260	7351	20881	21311	23034	11378			
	被俘										
	失连络										
	中毒										
	合计										

续表

项别	数目 / 细目										总计
我军伤亡	旅级	伤	1			2					
		亡	2			5					
	团营级	伤	30	5		57				5	
		亡	32	4		63				4	
	连排级	伤	740	73		572				73	
		亡	216	63		444				63	
	班级	伤	752	117		723				117	
		亡	289	70		514				70	
	战士	伤	3184	484		7112				484	
		亡	1606	278		4354				291	
	合计	伤	4679①	1341②	4375	8408③	2218			629④	20309⑤
		亡	2145	674⑥	2138	5315⑦	911			428	10937⑧
	被俘		368	45		792	280			214	1654⑨
	失连络		415	88	1562	664	90			102	2833⑩
	中毒			134						62	134⑪
	合计			267		1456	370			378	4742⑫

①②③④⑤⑥⑦⑧⑨⑩⑪⑫　原文如此，计算有误。

续表

项别	数目 / 细目									总计
我军消耗	步马枪弹	419205	230929①	585465	637479	42346			133614	1818109②
	机枪弹	9368	29029						22449	31817③
	炮弹	1690		610	934	36298				39532
	迫炮弹									
	掷筒弹	161	521	4324	6936				451	11872④
	短枪弹	6584	562		2524				609	9717
	手枪弹		1606						1267	
	手榴弹	51335	6357	31471	46780	26417			4428	160431⑤
	枪榴弹	400			399					799
	地雷			1566						
我之损坏	步马枪	369	12		222	1712			12	2315⑥
	轻机枪	16	7		58	39			7	120
	重机枪	3			1					4
	手机枪				2					2
	掷弹筒	4	7		47	5			7	63⑦
	短枪		4		11				4	15
	炮					2				2
	迫击炮									
	刀					545				545

① 原件数字不清楚，分不清是230929还是230969。

②③④⑤⑥⑦ 原文如此，计算有误。

续表

项别	数目 细目									总计
我军之遗失	步马枪	1642	146	2539	3159				356	7696①
	轻机枪	19	8	56	72				8	155②
	重机枪	1		2	2	5				
	手机枪		6		7				8	13③
	短枪	168	15	133	240				38	579④
	炮				1					1
	追击炮	3								3
	掷弹筒	3	1	7	30				1	41
	手榴弹	6301	354	2028	7273	15602				
	刀(大小各种)	1201	39		1121				92	2414⑤
	钞票					23595				23595
我军之遗失	枪榴筒				18					18
	工作器具	276			1280					1556
	步机枪弹	14272	12023	47372	59025					132692
	各种被服	505	205	1846						2556
	炮弹	1073		246	1818					3137
	追击炮弹									
	掷弹筒弹			177						177
	地雷			75	117					192
	电话机			10	28					38
	电台			1	2					3

①②③④⑤ 原文如此，计算有误。

十八集团军　各部（区）抗战第六年战斗统计表（三）

项别	细目＼数目		115D	120D	129D	晋察冀	冀鲁豫	总计
我军伤亡	旅级	伤						
		亡	31					
	团营级	伤						
		亡						
	连排级	伤						
		亡						
	班级	伤	10184					
		亡						
	战士	伤						
		亡						
	合计	伤		8075				
		亡						
	被俘							
	失连络							
	中毒							
	合计							

各军区（师）抗战第五周年战斗统计表（三）

项别	数目 细目 部别		晋西北	北岳	冀中	冀鲁豫	山东	晋冀豫	晋西北	（统计）	总计
我军伤亡	旅级	伤									
		亡					1				
	团营级	伤		20			34				
		亡	8	19			9				
	连排级	伤		355			253				
		亡		221			136				
	班级	伤		385			241				
		亡		224			110				
	战士	伤		2272			2130				
		亡		1473			894				
	合计	伤	3899①	3014②			2658			40813	
		亡	2230	1937			1150			23034	
	被俘						96				
	失连络						340				
	中毒		160								
	合计		160	32			436				

①② 原文如此，计算有误。

各军区（师）抗战第五周年战斗统计表（四）

项别	部别 / 数目 / 细目	晋西北	北岳	冀中	冀鲁豫	山东	晋冀豫	总计
我军伤亡	步马枪弹	392448				393943		
	机枪弹	232209						
	炮弹					4		
	迫炮弹	234				35		
	掷筒弹	9997				55		
	短枪弹	971				1741		
	手机弹	9160						
	手榴弹	19782				95571		
	其他弹药					89		
我之损坏	步马枪					247		
	轻机枪					27		
	重机枪					1		
	手机枪					1		
	掷弹筒					1		
	短枪					153		
	炮					1		
	迫击炮							

续表

项别	部别 数目 细目	晋西北	北岳	冀中	冀鲁豫	山东	晋冀豫	总计
我军之遗失	步马枪	749				33		
	轻机枪	21				10		
	重机枪	1				1		
	手机枪	62						
	短枪	36				13		
	炮							
	迫击炮							
	掷弹筒	2						
	手榴弹					712		
	刀（大小各种）	196				919		
	各种枪炮弹					3610		

新四军抗战第五周年战斗统计表（三）

项别	数目 细目								总计
我军伤亡	旅级	伤							
		亡							
	团营级	伤							
	连排级	伤							
		亡							
	班级	伤							
		亡							
	战士	伤							
		亡							
	合计	伤						16029	10856
		亡							6745
	被俘								
	失连络								
	中毒								
	合计								

各师（区）抗战五周年来战斗统计表（三）

项别	数目 部别 细目		聂军区	山纵	山纵		总计
我军伤亡	旅级	伤		4			
		亡		11			
	团营级	伤		94			
		亡		72			
	连排级	伤		1584			
		亡		858			
	班级	伤		2037			
		亡		871			
	战士	伤		9862			
		亡		4701			
	合计	伤		13581			
		亡		6513			
	被俘						
	失连络						
	中毒						
	合计		55388				

各师（区）抗战五周年来战斗统计表（四）

项别	数目/细目	晋军区	山纵	山纵		总计
我军消耗	步马枪弹		2389980			
	机枪弹					
	炮弹		5443			
	迫炮弹					
	掷筒弹		497			
	短枪弹		11998			
	手枪弹					
	手榴弹		199211			
	炸药（块）		10776			
我之损坏	步马枪		886			
	轻机枪		25			
	重机枪		2			
	手机枪		14			
	掷弹筒		2			
	短枪		114			
	炮		34			
	迫击炮					
	短枪弹		925			
我军之遗失	步马枪		2104			
	轻机枪		4			
	重机枪					
	手机枪					
	短枪		68			
	炮					
	迫击炮		3			
	掷弹筒					
	手榴弹		2300			
	刀（大小各种）		1408			
	步机弹		47459			

部（区）　　年　　月战斗统计表（四）

项别	数目 细目						总计
我军消耗	步马枪弹	394282		690312	292418	762908	
	机枪弹	28195		204756	51793		
	炮　弹	1133		485	84		
	迫炮弹						
	掷筒弹	405		325	311		
	短枪弹	6288		7591	2117		
	手机弹						
	手榴弹	478013			14379	299321	
	枪榴弹	684					
	炸药	1309 块					
我之损坏	步马枪	166		1954	564		
	轻机枪	9		42	11		
	重机枪	1		6	1		
	手机枪						
	掷弹筒	3					
	短枪			75	25		
	炮						
	迫击炮	1					

续表

项别	数目 / 细目						总计
我军之遗失	步马枪	1480				3992	
	轻机枪	16				76	
	重机枪					2	
	短枪弹	726					
	短枪	100					
	炮弹	12					
	迫击炮	12					
	掷弹筒	1				25	
	掷筒弹	8					
	刀（大小各种）	375					
	机枪弹	1152				120000	
	步枪弹	25759					
	手榴弹	2998					
	马	23					

部（区）　　年　　月战斗统计表（三）

项别	细目 \ 数目 \ 部别							总计
我军伤亡	旅级	伤						
		亡	1					
	团营级	伤	20					
		亡	26					
	连排级	伤	411					
		亡	192					
	班级	伤	475					
		亡	241					
	战士	伤	3658					
		亡	1382					
	合计	伤	4564		8333	4398	6125	
		亡	1829①				4065	
	被俘		146				12684	
	失连络		2055					
	中毒							
	合计							

① 原文如此，计算有误。

部（区）　　年　　月战斗统计表（三）

项别	数目/细目								总计
我军伤亡	旅级	伤	1				2		
		亡	1	1			4		
	团营级	伤	57	10			50		
		亡	34	9			51		
	连排级	伤	835	143			287		
		亡	298	99			231		
	班级	伤	627	135			262		
		亡	175	86			370		
	战士	伤	3842	531			4233	1855	
		亡	1974	411			2929	515	
	合计	伤	5362	819	3691	3804	4870①	2190②	20736③
		亡	2482	606	1975	2062	3585	667④	11377⑤
	被俘		1236	396		615	43	509	
	失连络		2635	275	1092			2449	
	中毒						109		
	合计		3875	675			152⑥	2958⑦	

①②③④⑤⑥⑦　原文如此，计算有误。

新四军一九四二年每月战斗统计表（三）

项别	数目 月份 细目								七	总计
我军伤亡	旅级	伤								
		亡								
	团营级	伤								
		亡								
	连排级	伤							71	
		亡							28	
	班级	伤								
		亡								
	战士	伤							377	
		亡							215	
	合计	伤							448	
		亡							243	
	被俘								29	
	失连络								25	
	中毒									
	合计								54	
我军消耗	步马枪弹								35482	
	机枪弹								16685	
	炮弹									
	迫炮弹									
	掷筒弹									
	短枪弹								403	
	手机弹									
	手榴弹								1669	
	枪榴弹								6	
我之损坏	步马枪								185	
	轻机枪								3	
	重机枪									
	手机枪									
	掷弹筒									
	短枪								6	
	炮									
	迫击炮									
	造枪机								1部	

续表

项别	数目／月份 细目							七	总计
我军之遗失	步马枪								
	轻机枪								
	重机枪								
	手机枪								
	短　枪								
	炮								
	迫击炮								
	掷弹筒								
	手榴弹								
	刀（大小各种）							45	
	工作〈具〉							71	

十八集团军各部（区）　四三年负伤统计

项别	数目 细目		115D	120D	129D	晋察冀	冀鲁豫	总计
我军伤亡	旅　级	伤						
		伤						
	团营级	伤				团 3		
		伤						
	连排级	伤	连 3			连 36		
		伤				排 43		
	班　级	伤				68		
		伤						
	战　士	伤				913		
		伤						
	合　计	伤						
		伤						
	被　俘							
	失连络							
	中　毒							
	合　计							

十八集团军各部（区） 四三年伤亡统计

项别	数目 细目		115D	120D	129D	晋察冀	冀鲁豫	总计
我军伤亡	旅级	亡						
		亡						
	团营级	亡				团级 5		
		亡						
	连排级	亡	连 56			连 56		
		亡				排 70		
	班级	亡				87		
		亡						
	战士	亡				818		
		亡						
	病亡	亡				232		
		亡						
	被俘							
	失连络							
	中毒							
	合计							

171. 太行军区第4军分区关于7月份损失粮秣事的报告
（1943年7月22日）

于六月下旬敌人扫荡太南围攻友军时，职分区卅二团开到辉县开展工作，该地粮食实为困难，不能供给部队需用。该地军政机关所食之粮大部由壶、林等县运去供给。在本月上旬，在壶关土池村动员民伕七拾玖名，往辉县黄花岭一带运送。路上被敌人遭遇，将所运之粮全部被敌人抢去，共损失小米4560斤。现在粮食困难无法解决，恳请批准报销。

谨呈

刘师长、邓政委、李参谋长①

黄新友
石志本（章）
王孝慈（章）
何柱成（章）

① 刘师长、邓政委、李参谋长：指八路军第129师师长刘伯承、政治委员邓小平、参谋长李达。

172. 晋察冀军区关于7月份人员伤亡情况的报告
(1943年7月23日)

叶滕[①]:

兹将七月份全军区战斗统计我军伤亡消耗损失报告如下:

(一)我伤306:内营级2,连级6,排级18,班级15。亡235:内团级2,营级2,连10,排13,班12。被俘57,失联络16。共614名。

(二)我消耗迫击炮弹21,掷弹486,手榴弹3159,机关枪弹2975,步枪弹49244发,短枪弹195,枪榴弹128,地雷10。

(三)我遗失轻机枪2,掷弹筒8,步枪159,驳壳枪6,手枪10,决枪2,枪榴弹筒2,刺刀33,锹2,掷筒弹14,手榴弹260,步枪弹、机枪弹、短枪弹3118发。

(四)损坏机枪2、掷弹筒1,长短枪11。

(五)伤亡干部略历:

亡青建交[②]区队长王斌,年32,冀曲阳人,于献县东南马庄河阵亡。六分区直属队总支书晨曦,年23,江于冀冀县陈家庄阵亡。

伤青建交区队副政委谢继友,年29,赣省兴国人,艳于献县马庄河伤;桑干沿岸工作队长崔肃斋,年35,冀满城人,冬于广灵桥尔涧村伤。

唐[③]

午梗

---

① 叶滕:指叶剑英、滕代远。

② 青建交:指原青县、建国县、交河县。

③ 唐:指唐延杰。

173. 太行军区第2军分区春季反“扫荡”中损失粮食统计表
（1943年7月25日）

种类 部别	小米	损失原因
卫生处	3500.000	系由和顺双峰村运至太谷千户沟作反扫荡准备，粮被敌抢走。
电话局	120.000	电话员胡梦壮双峰守机，存米被敌抢去。
三十团	2565.1875	在双峰、西河两村被敌抢去米2110斤。另有乔麦500斤，玉茭70斤，黑豆200斤，共折米455.1875斤。
平西基干队	77.250	5月13日在松塔受敌袭击，把做好的饭丢掉，损失米36.625斤；二区区干队于同日受狼峪敌袭击，损失米40.625斤。
抗大上干三队	350.000	3月26日在和顺杨东庄受敌袭击，损失干粮150斤，小米200斤。
合计	6612.4375	

司 令 员　曾绍山　　　政治委员　赖际发　　　供给处长　惠怀芳
副司令员　张国传　　　参 谋 长　何正文　　　代 政 委　管韵寒

174. 晋察冀军区6月份人员伤亡情况报告
（1943年7月26日）

叶滕[1]：

（一）军区六月份战斗统计共战455次，攻克据点、堡垒各18处，毙敌382名，伤413，毙伪347名，伤363。敌伪伤亡计1502，俘敌5，伪774名，反正82。总计2283名。

（二）缴迫击炮1，重机1，轻机14，掷弹筒7，步马枪648，手枪33，驳壳枪2，决枪6，冲锋机枪1，共计714。缴迫击炮弹56，掷弹筒弹192发。手榴弹1290，各种枪弹42267。总计各种弹43805，马1，自行车60，电话机9，钢盔29，军衣71件，军毯52，望远镜4。

（三）破坏铁路54里，破汽路12里，平沟79里，毁墙32里。毁汽车5辆，木桥4，堡垒20，哨房11，合作社3，仓库3，收电线39082斤，电杆20根，磁头215个。

（四）我伤469名，内伤团级1，连级11，排级21，班级25；亡273名，内团级1，连级10，排级17，班级9；被俘65，失联络23，总计829名。

（五）我消耗迫击炮弹39，掷弹1119，手榴弹3199，枪榴弹226，机枪弹12083，步枪弹41716，短枪弹156，地雷7，总计58545发。

（六）我遗失轻机枪3，步枪195，掷弹筒1，驳壳枪4，手机枪7，手枪3，决枪2，枪榴弹筒1，计216。遗失刺刀85，工作具8，掷筒弹11，手榴弹476，轻机弹242，步枪弹4322，短枪弹223。损坏重机1，轻机4，掷筒4，步枪13，驳壳枪3。

（七）八区队长韩光宇，年31岁，冀平山人，巳马于白石伤；三十一区队政委石以铭，年28岁，冀清苑，巳马于宁晋东之杏家庄亡。

聂肖唐[2]

午宥

---

① 叶滕：指叶剑英、滕代远。

② 聂肖唐：指聂荣臻、肖克、唐延杰。

175. 冀南军区第4军分区第771团人员物资损失统计表（1943年8月28日）

战役自1943年8月18日起至1943年8月24日止

战斗次数及收获消耗损失统计表（秘密）

长　吴宗先
员　吕　琳
长　向守志
员
1943年8月28日于丁角村　填

项目	数目		部别	团直	一营	三营	十三团	十团	汤安	总计
资财										
我军伤亡	负伤	干部	连级		2		3	3		2
			排级		2		3			2
		战士			63	38	55	15	38	101
		小计					61	18	38	
	阵亡	干部	连级		1	1	1	1		2
			排级		2		1		8	2
		战士			24	6	9	3	8	30
		小计					11	4		
	失联络	干部	级							
			级							
		战士					2			
		被俘					1			
	合计				94	45	75	22	46①	139
消耗弹药	步马弹				3567	3420	5079	1031	1400	6987
	轻机弹				2400	1510	2387	758	480	3910
	重机弹				100		632			100
	掷筒弹				4	7	149		31	11
	炸弹				416	584	785	220	192	1000
	迫炮弹						60			
	合计				6487	5521	9170②	2009		12008
	冲锋弹						58			
	驳壳弹						20			

①② 原文如此，计算有误。

续表

项目	部别 数目	团直	一营	三营	十三团	十团	汤安支队	总计
损坏武器	步马枪		2	2				4
	轻机枪			2				2
	掷弹筒			1	1			1
	合计		2	5				7
损失武器弹药	冲锋机				1			
	冲锋弹				30			
	冲锋弹袋				1			
	七九步枪				1	1		
	手榴弹					3		
	七九步弹					45		
	合计							

176. 太行军区第6军分区第13团林县战斗负伤人员登记表
（1943年8月31日）

班以上干部负伤登记表

姓　名	宋祯祥	何志海	马明臣	沈庆炳	李文才	张国义	高乾珠	谷　勤	杨俊英
年　龄	22	30	29	29	30	27	25	25	32
籍　贯	冀隆平庄头	安徽黑山白岩村	豫郑州四图村	冀宁晋唐邱村	山西潞城大东村	冀临城西树村	陕山阳县小河口	冀高邑程照	冀邢台东进干
部　别	二营	二营部	五连	同	五连	五连	六连	一连	同
职　别	重机枪排长	政指	一排长	一班长	二班长	机枪班长	连副	机枪班长	同
何时入伍	1938.4	1929.10	1936.12	1939.5	1939.7	1938.4	1933.5	1940.5	1941.9
何时入党	1940.7	1933.	1938.5	1940.12	1940.7	·	1937.12		
负伤地点	林县蒋里村	同	林县吴家井西南山上	同	林［县］吴家井西南山	同	林县蒋里村	林县大莲池	林县蒋里村
负伤年月	1943.8.18	同	1943.8.23	同	1943.8.18	同	1943.8.18	1943.8.19	1943.8.18
备　考									

班以上干部负伤登记表

郭小丑	孙宝珠	李增喜	王振武	王五海
29	24	24	26	24
冀赞皇南峪	冀赵县	冀沙河林掌村	冀昌平柏山村	山西和顺后其村
一连	同	同	三连	同
机枪班长	八班长	二班长	排长	班长
1940	1939.9	1941.9	1937	1939
	是	是	是	是
蒋里村	同	同	同	同
1943.8.18	同	同	同	同

殷志山	荣恒根	姚清玉	边义新	张小会
27	22	22	21	23
冀赞皇齐家庄	冀晋县	冀无极	正定朱河	河北赞皇阳宅
三连	三连	同	同	七连
一排长	班长	班长	同	二排长
1937.9	1938	1939	1938	1937.9
是	是	同	同	
蒋里村	同	同	同	林县马头村
1943.8.18	同	同	同	1943.8.23

王田福	蒲锡文	李梦华
22	27	19
河北赞皇王家庄	四川南充县	冀宁晋
七连	司令部	司令部
一班长	一参谋	通信班长
1937.9	1938	1938
1943.7	1940	1940
林县大莲池	林县大莲池	同
1943.8.19	1943.8.19	同

战士负伤登记表

姓　　名	高志亮	李长贤	李成凤	杨占海
年　　龄	21	24	29	18
籍　　贯	豫武安良寺村	河北邢台良原店	河北邢台内阳村	豫武安列江村
部　　别	二营	五连	同	同
职　　别	战士	通讯员	战士	同
何时入伍	1943. 4	1941. 11	1941. 12	1943. 3
何时入党		1943. 3		
负伤地点	林县蒋里村	林县大莲池	同	同
负伤年月	1943. 8. 18	1943. 8. 23	同	同
备　　考				

楼堂的	宋西子	王大有	尹天书	李贵芬
18	25	25	29	20
豫武安管陶镇	豫武安万安村	豫武安六渠村	四川浪兰尹家湾	冀临城来川
五连	五连	同	同	一连
战士	同	同	同	副班长
1943. 3	1942. 12	1943. 3	1933. 7	1942. 2
				是
林县大莲池	同	同	同	蒋里村
1943. 8. 19	同	同	同	1943. 8. 18

李书琴	赵　斌	郭成贵	郭殿成	郭路恒
21	27	19	27	20
冀临城营等	冀临城台峪	豫武安车谷	豫武安柏林	同
一连	同	同	同	同
副班长	战士	同	同	同
1942. 2	1942. 9	1942. 2	1943. 5	同
是	是			
蒋里村	林县大莲池	同	同	同
1943. 8. 18	1943. 8. 19	同	同	同

战士负伤登记表

李何林	石善林	温令和	郭秋林	石　话
25	26	23	20	25
豫武安柏林	同	同	同	冀元氏石家沟
一连	同	同	同	一连
战士	同	同	同	同
1943. 5	同	同	同	1942. 2
是				
林县蒋里村	同	同	林县上庄伏击	蒋里村
1943. 8. 18	同	同	同	1943. 8. 18

郭礼全	米五妮	胡贵合	王二恒	范　奇
28	26	21	27	21
豫武安西井	冀临城郝庄	晋昔阳山上	豫武安西井	豫武安南丛井
一连	同	同	同	同
战士	同	同	同	同
1943. 3	1942. 9	1942. 2	1943. 3	同
蒋里村	蒋里村	同	同	同
1943. 8. 18	同	同	同	同

王昌聚	宋　河	胡玉林	刘金福	李桂芳
20	21	27	27	21
冀沙河高庄	豫武安龙务	同	冀沙河	豫武安马相村
三连	同	同	同	三连
战士	同	同	同	同
1942	1943. 3	同	1942. 2	1943
蒋里村	同	同	同	同
1943. 8. 18	同	同	同	同

战士负伤登记表

郭天喜	王贵堂	赵文祥	张廷祥	吕万和
25	35	25	18	22
豫武安县	河北赞皇	河北临城亳庄	豫武安北丛井	豫武安北委<苇>泉
三连	同	同	同	同
战士	同	同	同	同
1943.3	1939	1939	1943.2	同
蒋里村	同	同	同	同
1943.8.18	同	同	同	同

吕永进	祁有林	姜洪志	申明才	常虎文
25	24	22	24	32
豫武安北委<苇>泉	豫武安龙务村	河北临城	豫武安西井村	晋榆社马村
三连	同	同	同	同
战士	同	副班长	战士	同
1943.3	1943.2	1937	1943.2	1937
蒋里村	同	同	同	同
1943.8.18	同	同	同	同

翟风山	王文河	李增林	李会山	王金林
26	28	25	20	22
晋平定高家山	豫武安杨庄	同	冀沙河	冀正定城内
三连	同	同	同	同
战士	同	同	同	同
1938	1943.3	同	1940	1938
蒋里村	同	同	同	同
1943.8.18	同	同	同	同

战士负伤登记表

张清明	池　政	张振基	刘福生	王俊其
20	36	22	24	20
冀晋县	冀赞皇豆岭村	武安紫辽村	河北高邑南然村	冀束鹿从城村
三连	六连	同	七连	七连
通讯员	副班长	战士	战士	战士
1938	1940. 3	1943. 4	1940. 3	1939. 3
				1940. 12
同	林县蒋里村	同	林县马店	林县大莲池
同	1943. 8. 18	同	1943. 8. 23	1939. 8. 19

姓　名	孙庆元	张二珠	郭正田	陈金长
年　龄	21	20	23	21
籍　贯	豫武安大水峧	冀高邑北蒲底	豫武安车谷	豫武安赵峪村
部　别	七连	同	同	同
职　别	战士	副班长	战士	同
何时入伍	1943. 7	1938. 7	1943. 2	1943. 2
何时入党		1943. 7		
负伤地点	林县大莲池	同	同	同
负伤年月	1943. 8. 19	同	同	同
备　考				

王连宪	宋二保	张振东	刘钱锁	郝士贤
24	28	29	20	20
晋平定桃姚刘	冀临城辛庄	豫武安河西	豫武安河底村	冀高邑宋家庄
七连	同	同	同	同
战士	同	同	同	卫生员
1939. 10	1939. 1	1943. 2	同	1938. 4
1943. 4	1940. 4			1938. 12
林县大莲池	同	同	林县	同
1943. 8. 19	同	同	1943. 8. 22	

177. 太行军区5—8月份人员、物资消耗损失统计表
（1943年8月）

（秘密）

司令员①

政治委员②

参谋长③

一九四　年　月　日于　　填

战斗次数及收获消耗损失统计表（五月份）

项目 \ 数目 \ 部别		太行一分区	二分区	三分区	四分区	五分区	六分区	七分区	冀南	太岳	总计
被我爆破	兵营										
	飞机										
	火车头			1						1	2
	火车厢										
	汽车									1	1
	铁路	16		6							22
	公路			3	10	4				13	30
	封锁沟	2				8	1		120	2	133
	封锁墙										
	大小铁桥			5							5
	大小石桥										
	大小木桥			13							13
	电杆						8		22	250	280
	电线	33							300	58000	58333
伪军反正	次数	1							3		4
	人数	2							412		414
	枪支	2							412		414
日军投诚											
解救群众				729		130					859

① 指刘伯承。

② 指邓小平。

③ 指李达。

续表

项目		部别/数目	太行一分区	二分区	三分区	四分区	五分区	六分区	七分区	冀南	太岳	总计
我军	负伤	旅级								1		1
		团级								1		1
		营级								4		4
		连排级	9		8	2	13	5		28	21	86
		战士	23		70	20		71		243	79	515①
		其他人员									1	1
		小计	32		78	31②	13	76		277	101	608③
	阵亡	旅级								1		1
		团级										
		营级								4		4
		连排级	4		2	7	1	1			11	26
		战士	10		29	32	8	22			39	140
		其他人员									4	4
		小计	14		31	39	9	23			50④	270
	被俘	旅级										
		团级								1		1
		营级								6		6
		连排级	2				1			13		16
		战士	8				8			248	19	283
		其他人员									3	3
		小计	10			9						1213⑤
	失联络	营级										
		连排级										
		战士			13	6		7				26
		其他人员										
		小计				6		7				26
	合计		56		122	76⑥		106				368⑦

①②③④⑤⑥⑦ 原文如此，计算有误。

续表

项目		部别 数目	太行一分区	二分区	三分区	四分区	五分区	六分区	七分区	冀南	太岳	总计
我军	损失武器	步马枪	6		31	29	6	20		264		356
		短枪	5		1					7		13
		重机枪										
		轻机枪				3				2		5
		掷弹筒										
		手机枪	1									1
		迫击炮					1					1
		平射炮										
		山炮										
		合计			32							376①
		刺刀			9			6				15
		大刀										
		工作器具										
	损失弹药	各种子弹	357		307	648	134	937			1002	3385
		各种炮弹										
		掷弹筒弹									51	51
		手榴弹	32		58	48	19	87				164②
		化学弹										
		地雷						6				6
		合计			365						1053	3606③
	损失军用品	电台										
		电话机										
		油印机										
		自行车										
		大车										
		电线				360						360
		炸药	5									5
		牲口				2		5			1	8
		西药				2						2
		军毯				16	6	59				81
		衣服						79				79
		鞋子						91				91

①②③ 原文如此，计算有误。

续表

项目		部别/数目	太行一分区	二分区	三分区	四分区	五分区	六分区	七分区	冀南	太岳	总计
我军	消耗弹药	各种子弹	2027		12355	8273	2069	12799		13152	17893	68598
		各种炮弹				42		12			10	64
		掷弹筒弹	45		298	75	23	217			89	767
		手榴弹	240		1114	278	105	395		339		3296
		化学弹			13						324	
		地雷	14		29	32	11	45				131
		合计									18366①	
	损坏武器	步马枪				2	5	9			38	54
		短枪						1			1	2
		重机枪										
		轻机枪					1					1
		手机枪										
		掷弹筒					1				1	2
		迫击炮										
		平射炮										
		合计									5②	59
		刺刀									13	13
		大刀										
		工作器具										

附记：1. 三分区民兵参加作战人数3081，战斗次数403，毙伤敌伪722人。
2. 四分区民兵作战496次，毙伤敌伪295，俘汉奸23，毙敌与俘获牲口187头，获轻机枪1，步枪2，我伤亡被俘共21人。
3. 五分区民兵战斗326次，毙伤敌伪280，俘321，获步枪8枝，我伤亡被俘民兵共31人，群众465人
4. 六分区民兵作战331次，毙伤敌伪271，俘伪4，获步枪2，我伤亡被俘30人。

冀南伤旅干1，系董启强同志，团干1，系十团副主任杨波。亡旅干1，系六分区政之夏祖盛同志。被俘团干1，系六分区卫生处政委张龙。

①② 原文如此，计算有误。

（秘密）

司令员①

政治委员②

参谋长③

一九四　年　月　日于　　填

战斗次数及收获消耗损失统计表（六月份）

项目	数目＼部别	太行一分区	二分区	三分区	四分区	五分区	六分区	七分区	冀南	太岳	总计
被我爆破	兵营										
	飞机										
	火车头										
	火车厢										
	汽车										
	铁路				300						300
	公路			50							50
	封锁沟					95					95
	封锁墙										
	大小铁桥			2	2						4
	大小石桥				1						1
	大小木桥										
	电杆					3					3
	电线										
伪军反正	次数						1				1
	人数						1				1
	枪支						1				1
日军投诚											
解救群众											
我军负伤	旅级										
	团级										
	营级										
	连排级	1		5	2	4					12
	战士	11		63	8	8	4				94
	其他人员										
	小计	12		68	10	12	4				106

① 指刘伯承。

② 指邓小平。

③ 指李达。

续表

项目		部别 / 数目	太行一分区	二分区	三分区	四分区	五分区	六分区	七分区	冀南	太岳	总计
我军	阵亡	旅级										
		团级										
		营级										
		连排级		10	4							14
		战士	3	85		3	3					94
		其他人员		6								6
		小计	3	101	4	3	3					115①
	被俘	旅级										
		团级										
		营级										
		连排级										
		战士										
		其他人员										
		小计										
	失联络	营级										
		连排级	1									1
		战士	2	15			3					20
		其他人员										
		小计	3	15			3					21
	合计		18	188②	15③		10④					242⑤
	损失	步马枪	3	51	5		4					63
		短枪		1	1							2
		重机枪										
		轻机枪		2								2
		掷弹筒										
		手机枪										
		迫击炮										
		平射炮										

①②③④⑤ 原文如此，计算有误。

续表

项目 \ 数目 \ 部别			太行一分区	二分区	三分区	四分区	五分区	六分区	七分区	冀南	太岳	总计
我军	武器	山炮										
		合计	3		54	6						67①
		刺刀	2		11							13
		大刀										
		工作器具										
	损失弹药	各种子弹			755	291						1046
		各种炮弹										
		掷弹筒弹										
		手榴弹	3		27		18					48
		化学弹										
		地雷										
		合计			782		18					1094
	损失军用品	电台										
		电话机										
		油印机										
		自行车										
		大车										
		电线										
		冀钞				320						320

① 原文如此，计算有误。

续表

项目		部别/数目	太行一分区	二分区	三分区	四分区	五分区	六分区	七分区	冀南	太岳	总计
我军	消耗弹药	各种子弹	735		13220	2391	2520	653				19519
		各种炮弹			70							70
		掷弹筒弹	94		201	5	19					319
		手榴弹	25		856	145	149	33				1208
		化学弹										
		地雷			15		8	3				26
		炸药				11						11
		合计	854		14362	2541①	2696	689				21153
	损坏武器	步马枪	1				2	3				6
		短枪										
		重机枪										
		轻机枪										
		手机枪										
		掷弹筒	1									1
		迫击炮										
		平射炮										
		合计	2				2	3				7
		刺刀										
		大刀										
		工作器具										

附记：

① 原文如此，计算有误。

（秘密）

司令员①

政治委员②

参谋长③

一九四　年　月　日于　　填

战斗次数及收获消耗损失统计表（七月份）

项目 \ 数目 \ 部别		太行一分区	二分区	三分区	四分区	五分区	六分区	七分区	冀南	太岳	总计
被我爆破	兵营										
	飞机										
	火车头									2	2
	火车厢										
	汽车									3	3
	铁路			150	150						350④
	公路	3500		500						3500	7500
	封锁沟						5				5
	封锁墙	2									2
	大小铁桥				3						3
	大小石桥			3						7	10
	大小木桥			3	1						4
	电杆									20	20
	电线	103								500	603
伪军反正	次数			1							1
	人数			25							25
	枪支			17							17
日军投诚											
解救群众							300				300
我军负伤	旅级										
	团级			1							1
	营级										
	连排级	4		29	7					5	45
	战士	6		360	8	3	2			58	437
	其他人员	1									1
	小计	11		390	15	3	2			63	483⑤

① 指刘伯承。

② 指邓小平。

③ 指李达。

④⑤ 原文如此，计算有误。

续表

项目		部别 / 数目	太行一分区	二分区	三分区	四分区	五分区	六分区	七分区	冀南	太岳	总计
我军	阵亡	旅级										
		团级										
		营级										
		连排级	3		10	10					15	38
		战士	4		108	12	2	6			44	176
		其他人员			3							3
		小计	7		121	22	2	6			59	217
	被俘	旅级										
		团级										
		营级										
		连排级										
		战士										
		其他人员										
		小计										
	失联络	营级										
		连排级									3	3
		战士	6		8	12					13	39
		其他人员	5								1	6
		小计	11		8	12					17	48
	合计				519							748
	损失	步马枪	5		23	26		1				55
		短枪			3							3
		重机枪										
		轻机枪				1						1
		掷弹筒										
		手机枪										
		迫击炮										
		平射炮										

续表

项目		部别 数目	太行一分区	二分区	三分区	四分区	五分区	六分区	七分区	冀南	太岳	总计
我军	武器	山炮										
		合计	5		26	27		1				59
		刺刀	1		5							6
		大刀										
		工作器具			2							2
	损失弹药	各种子弹	76		208	1072						1351①
		各种炮弹			19							19
		掷弹筒弹										
		手榴弹	16		10	12						38
		化学弹										
		地雷	2		10							12
		合计	89②		247							1420③
	损失军用品	电台										
		电话机										
		油印机										
		自行车										
		大车										
		电线				120						120
		军服	5									5
		军毯	5		7	4						16
		弹袋	2		30	3						35

①②③ 原文如此，计算有误。

续表

项目		部别 数目	太行一分区	二分区	三分区	四分区	五分区	六分区	七分区	冀南	太岳	总计
我军	消耗弹药	各种子弹	1355		33743	3561	700	1590			28600	70549①
		各种炮弹			296						34	330
		掷弹筒弹	14		958	49	4	12			116	1141②
		手榴弹	193		4317	129	16	109			820	5584
		化学弹										
		地雷	80		73		1	20			423	597
		合计	2647③		39387	3739	721	1731			29993	73100④
	损坏武器	步马枪	8		4	4				12	28	
		短枪										
		重机枪			2							2
		轻机枪	1									1
		手机枪										
		掷弹筒	1		3							4
		迫击炮										
		平射炮										
		合计	10		9	4					12	35
		刺刀										
		大刀										
		工作器具										

附记：1. 负伤团干系郑国仲同志；
2. 三分区战斗统计系武蟠战役统计；
3. 四分区对顽战斗十三次，俘其排长以下20人，获轻机枪1，步枪19支，伤顽120，我伤亡连长以下21人。

①②③④ 原文如此，计算有误。

（秘密）

司令员[①]

政治委员[②]

参谋长[③]

一九四　年　月　日于　　填

战斗次数及收获消耗损失统计表（八月份）

项目	部别 / 数目	太行一分区	二分区	三分区	四分区	五分区	六分区	东地区部队	西地区部队	冀南	太岳	总计
被我爆破	兵营											
	飞机			1					1			2
	火车头											
	火车厢											
	汽车								1			1
	铁路											
	公路		10	4		10						24
	封锁沟		1				21					22
	封锁墙											
	大小铁桥											
	大小石桥		2									2
	大小木桥			3								3
	电杆			3			14					17
	电线	27.5										27.5
	查道火车					1						1
伪军反正	次数						1					1
	人数						1					1
	枪支						1					1
日军投诚												
解救群众			70		293	200	100					663
我军负伤	旅级											
	团级								1			1
	营级			1								1
	连排级			16	15			18	34			83
	战士	10	1	238	19	22		257	407			954
	其他人员			1	1							1[④]
	小计	10	1	256	35	22		275	442			1040

① 指刘伯承。

② 指邓小平。

③ 指李达。

④ 原文如此，计算有误。

续表

项目　　数目　　部别			太行一分区	二分区	三分区	四分区	五分区	六分区	东地区部队	西地区部队	冀南	太岳	总计
我军	阵亡	旅级											
		团级								1			1
		营级											
		连排级			10	6	9		8	10			35①
		战士	7	1	87	20	11	2	55	98			281
		其他人员	1			1							2
		小计	8	1	97	27	12②	2	63	109			319③
	被俘	旅级											
		团级											
		营级											
		连排级							1				1
		战士	1	1			5		5				12
		其他人员							4				4
		小计	1	1			5		10				17
	失联络	营级											
		连排级				4							4
		战士			11	28		1		9			39④
		其他人员			1								1
		小计			12	32		1					40⑤
	合计				365	94	39⑥	3		560			1416⑦
	损失	步马枪	7	2	55	22	8	1	6	27			128
		短枪	1		1	1	4			1			8
		重机枪											
		轻机枪			2								2
		掷弹筒				1							1
		手机枪							1				1
		迫击炮											
		平射炮											

①②③④⑤⑥⑦　原文如此，计算有误。

续表

项目		部别 / 数目	太行一分区	二分区	三分区	四分区	五分区	六分区	东地区部队	西地区部队	冀南	太岳	总计
我军	武器	山炮											
		合计			58	24	12	1	7	28			140①
		刺刀			22		1			1			24
		大刀											
		工作器具											
	损失弹药	各种子弹	127	15	760	981	78	15	280	1475			3731
		各种炮弹											
		掷弹筒弹			9	6							15
		手榴弹	13	5	40	38		3	10	7			116
		化学弹											
		地雷			2					1			3
		合计	140	20	811	1372②		18	290	1483			3865
	损失军用品	电台											
		电话机											
		油印机											
		自行车											
		大车											
		电线											
		毯子	6		44	17			3	13			83
		挂包	1		30				1				32
		衣服	3		18				1	18			40
		弹袋	3		64	14	3			15			99
		米袋	4		38		3		5				50
		粮食			1526					701			2227

①② 原文如此，计算有误。

续表

项目		数目 \ 部别	太行一分区	二分区	三分区	四分区	五分区	六分区	东地区部队	西地区部队	冀南	太岳	总计
我军	消耗弹药	各种子弹	1573	957	38073	7918	3270	1097	32913	69424			155243①
		各种炮弹			192	10			173	383			758
		掷弹筒弹	6	4	447		54	9	296	692			1509②
		手榴弹	72	50	2269	365	283	60	3105	4028			10232
		化学弹											
		地雷	2	15	17			13	10	12			69
		合计	1653	1044③	40998	8293	3607	1179		74399④			167811⑤
	损坏武器	步马枪	1		12	6		1	7	15			42
		短枪											
		重机枪											
		轻机枪	1		2				2	8			13
		手机枪											
		掷弹筒			1				3	2			6
		迫击炮											
		平射炮											
		合计	2		20⑥	6		1	12	25			61
		刺刀											
		大刀											
		工作器具											

附记：第三团团长周⑦阵亡，政委崔建功负伤。

①②③④⑤⑥ 原文如此，计算有误。

⑦ 周：指周发东。

178. 太行军区第3军分区关于损失粮食事的报告
（1943年9月15日）

报告　1943.9.15

为呈请准予报销损失及没有〈收〉粮食事

查职分区所属部队，在此次敌占蟠龙后，频繁的战斗中损失一部粮食及过期未取，而被政府没有〈收〉之粮一部，理应呈报，请求报销，兹将其数目列下：

损失及没收粮料报告表

科目 数目 部队	小米	麦子	花料	备考
武工一队	216			敌人扫荡时损失
三分院		309		过期没收176，损失133斤
被服所			896	在黎城敌扫荡时损失
榆社营	216		69	战争损失
襄垣营	5176		242	战争损失
决七团	47.25			战争损失
七六九团	21564		800	在王家峪被敌袭击，粮秣员被打死，损失粮粟
合计	27219.25	309	2007	

此呈（附损失及没收诉明信件）

后勤部长杨[1]核准

三分区　鲁瑞林　彭涛　卢仁灿　芦洪海　李述唐

---

① 杨：指杨立三。

179. 晋察冀军区上半年以来干部伤亡报告
（1943 年 9 月）

军委总部：

兹将本年上半年（一至六月）伤亡营团级及连以下干部战士伤亡数报于下：一分区：阵亡连级 3，排 8，班 10，战士 15，病亡（包括连以下班排战士）69，共计 195。二分区：阵亡连级 7，排 8，班 5，战 138，病亡 23，共 182。三分区：阵亡包镇，四二团团长，年 37 岁，辽凤城，于子冀曲阳；喻忠良，六区队长，年 36，冀平山，于寅冀曲阳；李海廷，四团政委，年 30，赣瑞金，于辰冀唐县；连级 21，排 24，班 24，战 229，病亡 46，共 347。四分区：阵亡罗发明，三十六团团长，于卯平山；吴光，抗四大队总支书，年 34，晋盂县，于卯平山；连级 18，排 26，班 41，战 305，病亡 70，共 462。雁北：阵亡连级五，排 2，班 7，战 27，病亡者 3，共 44。军直阵亡连级 4（其内分解手榴弹炸死一），排 2，班 14，病故者 21，共 41。五分区：连级 2，排级 1，班 7，战士 63，共 73。二分区［伤］智生元，四区队政委，年 28 岁，晋定襄，于巳盂县。连级 7，排 7，班 4，战 144，共 163。三分区［伤］连级 20，排 19，班 20，战士 263，共 312，四分区［伤］韩光字，八区队队长，年 28，陇〈冀〉平山，子灵寿；连 27，排 10，班 33，战士 410，共 481。雁北伤肖思明，六团团长，于辰灵丘；排 4，班 4，战 28，共 37。军直［伤］排 2，战 5，共 7。七分区伤亡 32。

聂肖唐[1]

① 聂肖唐：指聂荣臻、肖克、唐延杰。

180. 晋察冀军区北岳区8月份战斗伤亡情况报告
（1943年10月9日）

叶滕[1]：

（一）八月份我伤亡指战员的实数报告如下：我亡团级1（系十一区队政委），王纯一，冀定县人，年32岁，午文于应县穆店旺，伤连级9、亡8，伤排级11，亡4，伤班级20，亡11，伤战士191，亡60，共计231。伤84，被俘41，失联络23，总计389名。我消耗迫击炮弹58、掷弹538、枪榴弹134，手榴弹2103，机枪弹7198，步枪弹21982，手机弹386，短枪弹165。

（二）遗失步枪77，手机枪1，短枪14，枪榴弹32，刺刀19，手榴弹68，步机弹2152，短枪弹1819。我损坏步枪135、轻机枪2、掷弹筒2、枪榴弹筒3。

唐沙[2]

酉佳辰

---

① 叶滕：指叶剑英、滕代远。

② 唐沙：指唐延杰、沙克。

181. 太行军区9月份人员物资损失消耗统计表
（1943年11月12日）

九月份

战斗次数及收获消耗损失统计表

（秘密）

司 令 员　李达

政治委员　李雪峰

参谋处长　张廷发

一九四三年十一月十二日于赤崖填

项别	数目 \ 部别	一军分区	二军分区	三军分区	四军分区	五军分区	六军分区	七军分区	八军分区	总计
被我爆破	兵营									
	飞机									
	火车头		1							1
	火车厢		3							3
	汽车									
	铁路		20							20
	公路	5								5
	封锁沟									
	封锁墙									
	大小铁桥									
	大小石桥									
	电杆									
	电线	82						105		187
	大小木桥									
	合计									
伪军反正	次数				1					1
	人数				20					20
	枪支				19					19

续表

项别 \ 数目 \ 部别			一军分区	二军分区	三军分区	四军分区	五军分区	六军分区	七军分区	八军分区	总计
日军投诚											
解救群众			200							12	212
我军	负伤	旅级									
		团级									
		营级									
		连排级	3			1			1		5
		战士	7	3	3	2		4	17		36
		其他人员			48						48
		小计	10	3	51	3		4	18		89
	阵亡	旅级									
		团级									
		营级									
		连排级	3		2			1	2		8
		战士	3	4	10	3	2	5	10		37
		其他人员									
		小计	6	4	12	3	2	6	12		45
	被俘	旅级									
		团级									
		营级									
		连排级			1						1
		战士	1		9				6		16
		其他人员			1				1		2
		小计	1		11				7		19
	失联络	营级									
		连排级									
		战士	2		6	2			1		11
		其他人员							3		3
		小计	2		6	2			4		14
	合计		19	7	80	8	2	10	41		167

续表

项别		部别/数目	一军分区	二军分区	三军分区	四军分区	五军分区	六军分区	七军分区	八军分区	总计
我军	损失武器	步马枪	7	9	12	6		6	23		63
		短枪		1	1				3		5
		重机枪									
		轻机枪									
		掷弹筒									
		手机枪	1				1				2
		迫击弹									
		平射炮									
		山炮									
		合计	8	10	13	6	1	6	26		70
		刺刀			5						5
		大刀									
		工作器具			3						3
	损失弹药	各种子弹	94		1728		36		531		2389
		各种炮弹			7						7
		掷弹筒弹			4						4
		手榴弹	3					15	16		34
		化学弹									
		地雷	1								1
		合计	98		1739		36	15	547		2435
	损失军用品	电台									
		电话机									
		油印机									
		自行车									
		大车									
		电线									
		背包			22						22
		军毯			6						6
		单军服			34			2	68		104

续表

项别 \ 数目 \ 部别			一军分区	二军分区	三军分区	四军分区	五军分区	六军分区	七军分区	八军分区	总计
我军	损失军用品	鞋子			1						1
		袜子			1						1
		子弹袋			5				3		8
		炸弹袋			5						5
		粮食			110				1350		1460
		冀钞			4000				3400		7400
	消费弹药	各种子弹	1978	1845	4854	2261	252	243	3601		21034①
		各种炮弹	64		33						97
		掷弹筒弹	72		69	24		8	50		223
		手榴弹	357	30	396	167	11	37	89		1087
		化学弹	64								64
		地雷		18	7			6			31
		合计	8535②	1893	5361③	2452	263	304④	3740		22536⑤
	损坏武器	步马枪	10			1					11
		短枪									
		重机枪									
		轻机枪							1		1
		手机枪									
		掷弹筒									
		迫击炮									
		平射炮									
		合计	10			1			1		12
		刺刀									
		大刀									
		工作器具									
附记											

①②③④⑤ 原文如此，计算有误。

182. 太行军区10月份人员物资损失消耗统计表
（1943年11月）

拾月份

战斗次数及收获消耗损失统计表

（秘密）

司 令 员　李达

政治委员　李雪峰

参谋处长　张廷发

一九四三年　　月　　日于　　填

项别		部别 数目	一军分区	二军分区	三军分区	四军分区	五军分区	六军分区	七军分区	八军分区	总计
我军	阵亡	旅级									
		团级									
		营级									
		连排级	1			3					4
		战士	2	4	8	6	13	1			34
		其他人员									
		小计	3	4	8	9	13	1			38
	被俘	旅级									
		团级									
		营级									
		连排级	1								1
		战士	4	7							11
		其他人员									
		小计	5	7							12
	失联络	营级									
		连排级									
		战士		7		7		3			17
		其他人员				1					1
		小计		7		8		3			18
合计			16①	18	20②	22③	20④	7⑤			68

①②③④⑤　原文如此，计算有误。

续表

项别		数目 部别	一军分区	二军分区	三军分区	四军分区	五军分区	六军分区	七军分区	八军分区	总计
我军	损失武器	步马枪	6	3		10	7	7			33
		短枪	1	1				4			6
		重机枪									
		轻机枪									
		掷弹筒									
		手机枪									
		迫击弹									
		平射炮									
		山炮									
		合计	7				7	11			25①
		刺刀									
		大刀									
		工作器具									
	损失弹药	各种子弹	129			130	6	185			450
		各种炮弹									
		掷弹筒弹									
		手榴弹	9					19			28
		化学弹									
		地雷						2			2
		合计	138				6	206			480
	损失军用品	电台									
		电话机									
		油印机									
		自行车									
		大车									
		电线									
		食盐	80								80
		冀钞	200								200
		被子					26				26

① 原文如此，计算有误。

续表

项别		部别／数目	一军分区	二军分区	三军分区	四军分区	五军分区	六军分区	七军分区	八军分区	总计
我军	损失军用品	子弹袋					6				6
		炸弹袋					5				5
		挂包					47				47
		米袋					30				30
	消耗弹药	各种子弹	2539	1875	4420	9258	5327	763			24152①
		各种炮弹	35	2							37
		掷弹筒弹	15	27	24	56	47				169
		手榴弹	109	70	38	205	156	53			631
		化学弹									
		地雷		12			13				25
		合计	2688②	1986	4482	9585③	5543	816			25014④
	损失武器	步马枪		4			5				9
		短枪									
		重机枪									
		轻机枪									
		手机枪									
		掷弹筒									
		迫击炮									
		平射炮									
		合计		4			5				9
		刺刀									
		大刀									
		工作器具									
附记											

①②③④ 原文如此，计算有误。

183. 太行军区11月份人员物资损失消耗统计表
（1943年11月）

一九四三年十一月份全军区

战役自一九四三年十一月　　日起

至一九四　年　　月　　日止

战斗次数及收获消耗损失统计表

（秘密）

长

员

长

员

一九四　　年　　月　　日于　　填

说明

（一）本表每至月终（以上月25日至本月24日为一月）及每次战役（如正太榆辽等战役）或反扫荡结束后实数填写，按级上报，至迟不得拖延至本月10日。

（二）我军伤亡团以上干部及伤毙日军少校以上伪团（支队）者以上伪组织县以上长官须在总附记内说明其职别姓名（我伤亡排以上干部另填伤亡履历表）。

（三）重要战斗攻克较大据点（如县城等）须在附记内注明地名。

（四）我中毒人员与击顽战斗斩获损耗亦填在附记内。

（五）一般规定子弹以发计算，铁、公路、沟墙以米达计算，电杆、铁轨、枕木以根计算，电线、粮食以斤计算，未规定者自定，但须加说明。

（六）本表只限用于旅分区以上机关，用于营团者另定。

项目 \ 数目 \ 部别		一	二	三	四	五	六	七	八	合计	总计
共计大小战斗		23	55	91	76	70	25	56	396		
分计	袭击	1	6	7	17	11	9	17		68	
	反袭击	7		2	8	10	6	4		37	
	伏击	2	15	10	11	14	1	8		61	
	反伏击	4			2	4				10	
	急袭	3								3	
	防御	6		36						42	
	破袭				15	6	6	12		39	
	其他		34	22	17	25	3	15		116	
攻克	据点							1		1	
	碉堡			2						2	
	岗楼										
	合计			2				1		3	
斩获敌伪人	伤毙日军	17	33	289	29	9	21	23		421	
	伤毙伪军	19	61		73	147	11	145		456	
	伤毙其他人员	2			18	1	2			23	
	小计	38	94	289	120	157	34	168		900	
	生俘日军										
	生俘伪军	2	47	29		37		171		286	
	生俘其他人员	2			15	13	5	1		36	
	小计	4	47	29	15	50		172		322	
	日军投诚										
	伪军反正 次数										
	伪军反正 人数										
	伪军反正 枪枝										
	合　　计										
资财											

续表

项目 \ 数目 \ 部别			一	二	三	四	五	六	七	八	合计	总计
我军伤亡	负伤	旅干										
		团干										
		以下干部			3	2			3		8	
		战士	5		27	7	6		46		91	
		其他人员										
		小计	5		30	9	6		49		99	
	阵亡	旅干										
		团干										
		以下干部	1		1		1		1		4	
		战士	8		22	5	5		15		55	
		其他人员										
		小计	9		23	5	6		16		59	
	失联络	旅干										
		团干										
		以下干部	1				5				6	
		战士	6		6		7		3		22	
		其他人员										
	合计		7		6		12		3	28		
消耗弹	各种子弹		1762	4150	13689	3856		505	7138		31100	
	各种炮弹				20				103		123	
	掷弹筒弹				127	45		7	82		261	
	手榴弹		160	115	523	93		49	489		1429	
	化学弹											
	地雷		4	5				2	2		13	

184. 太行军区12月份人员物资损失消耗统计表
（1943年12月）

一九四三年十二月份全军区

战役自一九四　　年　　月　　日起

至一九四　　年　　月　　日止

战斗次数及收获消耗损失统计表

（秘密）

长

员

长

员

一九四　　年　　月　　日于　　填

项目	数目	部别	一	二	三	四	五	六	七	八	合计	总计
资财												
我军伤亡	负伤	旅干										
		团干										
		以下干部	2				1		1		4	
		战士	26	2			17		65		110	
		其他人员							1		1	
		小计	28	2			18		67		115	
	阵亡	旅干										
		团干										
		以下干部	10	2					4		16	
		战士	54	7			17		25		103	
		其他人员							29		29	
		小计	64	9			17				90①	

① 原文如此，计算有误。

续表

部别 数目 项目			一	二	三	四	五	六	七	八	合计	总计
我军伤亡	失联络	旅干										
		团干										
		以下干部							1		1	
		战士	17	6			11		31		65	
		其他人员										
	合　　计		17	6			11		32		66	
消耗弹药	各种子弹		3217	2267			6252		12737		24473	
	各种炮弹						2				2	
	掷弹筒弹		7	29			63				99	
	手榴弹		97	44			172		1304		1617	
	化学弹											
	地雷		14	2			3				19	
	合　　计											
损坏武器	步马枪			2			4				6	
	短枪											
	自动步枪											
	轻机											
	重机											
	掷弹筒						1				1	
	合计											
	迫击炮											
	山炮											
	炮											
	合计											

续表

项目	数目 部别	一	二	三	四	五	六	七	八	合计	总计
损失武器	刺刀	1								1	
	其他刀矛										
	工具器具	805								805	
	合计										
	步马枪	82	6			28		52		168	
	自动步枪										
	短枪	2	1			2		2		7	
	轻机	2								2	
	重机										
	掷弹筒	2								2	
	手机枪	1								1	
	合计	89	7							96①	
	迫击炮										
	炮										
	合计										
损失弹药	各种子弹	1114				111		1215		2448②	
	各种炮弹										
	掷弹筒弹							9		9	
	手榴弹	131						64		195	
	地雷	5								5	
	化学弹										
	合计	1250				111				2657③	

①②③ 原文如此，计算有误。

续表

项目 \ 部别 / 数目		一	二	三	四	五	六	七	八	合计	总计
损失军用品	电台										
	电话机	2								2	
	油印机										
	自行车										
	大车										
	各式军装					21				21	
	粮食							1760		1760	
	电线							1200		1200	

185. 晋绥军区第2军分区一年来牺牲人员登记表
（1943年）

二军分区一年来牺牲人员登记

军区政治部

二分区直属偏清支队

姓名	吴清乡	汤白	高锁镇	张世杰	刘化元	吴三拴	闫三		
籍贯	保德清道沟	神池红孕	宁武中泉村	河北清源	山西崞县	山西偏关	山西偏关		
部别与职别	分区侦察员	同上	同上	同上	武工队干部	三连班长	四连伙夫班长		
略历及死难经过	6月12日山岔杨家山埋地雷敌打死	6月12日车路上埋地雷敌打死	同上	7月间山岔石庙观察敌人打死	9月在水泉被敌袭击打死	病亡	病亡		
备考	党员	党员	党员	党员					

二分区九团牺牲登记

姓名	张继贤	张占海	夏孙德	高四福	周森	金风严	郭有成	徐尚义	廉满
籍贯	河北饶阳	河曲寺墕	右玉周大庄	山西怀仁	怀仁马营	河北阜平	长子县郭村	神池南窑村	大同下申洞
部别与职别	团部三参谋	团直上士	团特务连侦察员	同上	同上	团骑兵连排长	同上	骑兵连战士	同上
略历及死难经过	9月10日神池八角南高村扰敌时腹部枪伤	1月在山岔叛徒打死	6月24日在神池白龙庙遇敌	9月10日八角南窝战斗胸部受伤而死	6月20日爷庙山负重伤送卫死	同上	9月10日五里坪重伤后死	6月20日何曲寺墕重伤送卫生部途中死	6月20日白爷庙战斗
备考			党员	党员	送卫死	党员	党员		

续表

姓名	王二孩	周春发	傀德胛	魁子英	吴少清	李炳文	唐俊廷	侯玉堂	刘为新
籍贯	右玉神家湾	陕西神木涉卯	陕西潼关茆上村	山西朔县曹家村	贵州城内	山西榆次	山东济宁	右玉磁窑沟	河曲人
部别与职别	骑兵连战士	骑兵连司号员	骑兵战士	骑兵连班长	骑兵副班长	一连班长	一连战士	同上	同上
略历及死难经过	9月20日在八角五里坪战斗	同上	9月10日八角五里坪战斗	同上	同上	6月21日西梁墕腹部中弹	8月29日五寨界牌南梁战斗	同上	6月20日西梁墕战斗
备考				党员	党员	非党员	非党员	非党员	非党员

二分区九团牺牲登记

姓名	于润海	张有才	路德标	张德胛	刘福云	王志满	贾毛仁	闫三	高顺林
籍贯	山西大同	保德马家滩	山西平鲁	河北北平	山西崞县	绥远和中	河西石窊村	偏关磁上上	偏关高家湾
部别与职别	一连战士	同上	同上	同上	同上	二连战士	二连战士	三连班长	三连战士
略历及死难经过	6月21日西梁墕战斗	同上肠部重伤后死	同上撤退时重伤死	6月21日西梁墕战斗抢机枪牺牲	6月21日西梁墕战斗	6月30日五寨上窊战斗	11月1日河曲韩昌沟被敌人打散企图回家在路上刺死	6月23日在山岔柳河被敌包围自己打死的	同上
备考	非党员	党员	非党员	非党员				党员同志	非党员
姓名	杨三兰后	李三后	刘玉玲	云中和	刘龙虎	严富	杨其昌	贺三有	
籍贯	河曲巡镇	偏关海子背	陕西神府	绥远和林	绥远滦城	山西右玉	湖南	山西偏关	
部别与职别	三连战士	三连通讯员	一连一排长	一连班长	一连骡夫	一连副班长	骑兵连排长	骑兵连战士	
略历及死难经过	同上	8月29日在五寨界牌南梁战斗	8月29日界牌战斗冲锋时牺牲	11月6日韩长沟牺牲	11月6日韩长沟牺牲	11月20日因病于马镇病故	1月双台墕战斗牺牲	同上	
备考	非党员		党员	党员	非党员	党员	党员	党员	

二分区三十六团牺牲登记

姓名	李树枝	张爱成	吴树云	安述彪	闫增海	王厚国	王允中	刘政过	范金财
籍贯	神池史家庄人	山西文水	山西离石	山西交城	山西文水	山西岢岚	山西文水胡家堡	五寨大双碾	山西阳曲人
部别与职别	三十六团侦察排长	团部训练排长	团部民兵工作员	团特务连侦察员	武工一队组长	武工一队队员	武工三队组长	武工三队组长	团属五大队二中队排长
略历及死难经过	1月29日在五寨武家梁被包围而死	2月28日五寨武王城战斗	1月29日五寨王家沟被包围	1月8日五寨碾子咀与敌遭遇	1月21日岢岚三井被包围	同上	4月22五寨被包围手榴弹打尽	5月3日五寨簸□窊汗奸王治国打死	1月6日五寨沱泉水战斗
备考	党员		党员		党员		党员		党员
姓名	马润罗	张有	张润蒲	岳兴龙	雷虎林	刘德夫	粟荣春	赵存英	葛三毛
籍贯	五寨任家坡	五寨西梁坊	五寨前所村	五寨寒岭坪	五寨官咀林	平鲁	宁武马坊村	崞县长梁沟	神池平沟
部别与职别	团属五士队冲锋队战士	同上	同上	同上	同上	二营四连副政指	四连排长	四连班长	四连战士
略历及死难经过	1月五寨沱泉水扰敌战斗	同上	同上	同上	同上	8月29日五寨界牌战斗	2月28日武王城战斗	同上	同上
备考						党员			

三十六团牺牲登记

姓名	安述虎	李文才	化民	李万禄	闫才	李玉龙	张羊孩	杨银	高万锁
籍贯	山西交城	山东	五寨徐村	山西岚县	山西交城	山西文水	山西保德	山西保德马家滩	山西宁武
部别与职别	团部侦察员	饲养员	监护员	一连班长	二连班长	三连战士	同上	四连班长	四连副班长
略历及死难经过	1.8五寨驿子咀战斗	1月保德乔头战斗	7月岢岚南堨战斗	11月五寨杨家堨	7月11日五寨常家坡战斗	同上	同上	8月间五寨安吉村战斗	6月安吉村战斗
备考							党员	党员	
姓名	杨维世	刘德富	冯智	徐治国	李存仁	崔振岐	赵旺仁	于二提	赵双销
籍贯	保德寨堨	山西岚县	山西平鲁	山西交城	山西岚县李家堨	堡德崔家堨	岢岚大涧	五寨杨家坡	山西太原
部别与职别	三连战士	五连副政指	五连排长	六连排长	六连副班长	六连班长	七连战士	九连战士	九连战士
略历及死难经过	1月五寨旧寨战斗	8月29日在五寨安吉村战斗	同上	同上	同上	2月5日保德曹虎战斗	4月28日岢岚井儿上战斗	4月5日岢岚化子粟战斗	2月2日保德曹虎战斗
备考	党员	党员	党员	党员	党员				党员

186. 晋绥军区第2军分区抗战第六周年上半年人员伤亡统计表（1943年）

第六周年上半周年各种统计表

疾病统计表
负伤登记表
阵亡登记表
伤亡统计表
弹类统计表
病亡调查表
伤类统计表

二分区
卫生部　呈
一九四三年于陕北马真

负伤登记表

队别	地方支队	同	同	同	同	同	骑兵营 第一连	同	同	同	同
职别	班长	同	同	副班长	战士	同	排长	副班长	同	战士	同
姓名	贾天成	苏白志	郝志成	齐良成	张涧月	张根义	丁如江	杨金顺	尹国桂	双寿态	裴杜义
年龄	29	27	21	32	31	19	23	21	25	20	18
籍贯	晋岚县	晋河曲	晋保德	贵州	晋宁武	晋保德	陕西	凉城	平鲁	凉城	晋右玉
负伤日期地点	42年8月 9日朔县 刘家岭	同	同	42年9月 22日朔县 太西村	同	同	42年1月 16日朔县 丰镇	同	同	同	42年6月 9日大同 平涧村
负伤部位	左肩胛部	左手指部	右手指部	右上膊部	左下膊部	左上腿部	胸部	右耳	右上膊部	左大腿部	右足趾部
伤名	贯通	擦伤	同	贯通	擦伤	贯通	擦伤	贯通	同	同	同
备考											

负伤登记表

队别	骑兵营 第一连	骑第 二连	一中队	营部	同	同	骑一连	同
职别	通讯员	副班长	分队长	政指	政教	文书	副班长	战士
姓名	梁国华	苏伍娃	丁如国	高秀峰	杨必达	陈福玉	王春元	刘平唤
年龄	19	21	33	29	25	20	同	19
籍贯	晋右玉	汉中府	陕西	晋崞县	陕西	河曲	平鲁	右玉
负伤日期地点	42 年 6 月 29 日 大同县汗 头窝子村	同	42 年 7 月 15 日	42 年 9 月 19 日前 营于	同	同	同	同
负伤部位	左上膊部	右大腿部	左小腿部	头部	左肩胛部	右上膊部	胸部	左手
伤名	贯通	同	同	盲贯	贯通	同	同	擦伤
备考								

负伤登记表

队别	九团二连	同	同	同	四团三营十连	同	四团三营九连	同	三营十一连	同
职别	排长	班长	战士	教员	战士	班长	排长	班长	战士	卫生员
姓名	张士孝	冯保绪	刘占国	张凤来	周虎成	康健有	白成绪	李福贵	闫正文	梁永金
年龄	25	24	18	32	28	24	22	26	22	18
籍贯	陕西神木	河南	山西右玉	山西榆次	晋河曲	晋祁县	太原	晋朔县	同	晋汾阳
负伤日期地点	1942 年 9 月 19 日朔县	同	同	1942 年 8 月 28 日神池	1942 年 2 月 24 日神池义井镇	同	1942 年 4 月 29 日朔县	同	同	同
负伤部位	头部右下肢	股部	右足关节	上膊及肩胛	右手	颊部	头部	下肢	右手	同
伤名	盲贯	同	擦伤	贯通伤	同	同	同	同	同	擦伤
备考										

阵亡登记表

队别	九团第三连	九团团都	同	九团骑兵营	警卫营	同	九团第一连	警卫营	同	同	同
职别	副班长	敌［工］干事	宣传员	看护长	战士	司号员	副班长	排长	战士	排长	战士
姓名	王二来	李景春	郝志宏	魏家陆	张兴海	韩振华	刘发	王世海	康仝久	郭保全	唐朝元
年龄	18	26	20	23	21	18	30	24	19	24	同
籍贯	晋岚县	晋宁武	陕府谷	四川	山西	河北	晋偏关	陕西	山西	同	湖北
负伤日期地点	42 年五寨	42 年 10 月 12 日	同	42 年 9 月 19 号	42 年 6 月 18 日神池	同	42 年 8 月 28 日三道沟	42 年 3 月 4 号偏关	同	同	42 年 5 月 21 日神池
负伤部位				头部	同	腹部	头部	同	同	同	肩胛部
伤名				贯通	同	同	同	同	同	同	同
备考											

阵亡登记表

队别	警卫营	同	同	同	同	同	四团三营九连	同	三营营部	同	七支队三连
职别	司务长	连长	战士	同	同	副连长	连长	战士	特干	班长	战士
姓名	吉克生	白玉山	张金山	许河树	弓涧明	苏玉山	王星昌	高凯金	陈文公	孙光明	丁志来
年龄	28	25	19	18	21	25	29	19	28	31	19
籍贯	晋	陕西	晋崞县	晋河曲	晋宁武	湖南	陕西	晋寿阳	晋崞县	晋忻县	晋朔县
负伤日期地点	42年4月26日朔县	42年9月1日神池	42年6月26日神池	同	同	同	42年4月29日朔县	同	同	同	42年9月21日朔县大西村
负伤部位	头部	同	腹部	胸部	同	同	头部	胸部	右下腿部	头部	胸部
伤名	贯通	盲贯	同	贯通	同	同	同	同	同	同	同
备考											

阵亡登记表

队职别	四团十连副排长	四团党训队员	旅供毛厂工人	暂一师政治部伙夫	旅党训队员	医院院部伙夫班长	四团侦察员	暂一师三六团一连战士	警卫连班长	九团马夫	暂一师卫生部伙夫	六团副班长
姓名	陈桃盛	李玉府	郝守齐	王福海	张守恒	白占鳌	赵贵才	马富贵	赵英	吴保花	韩吉元	任来元
年龄	24	32	34	44	21	34	21	24	30	19	42	33
籍贯及通信处	晋崞县	晋太原	晋宁武	晋岚县	晋怀仁	晋忻县	晋崞县	晋忻县	晋应县	晋清源	同	晋右玉
何时何地发病												
诊断	肺结核合并胃炎	肺结核合并肠结核	气管支肺炎	胃溃疡	同	慢性胃炎	同	副伤寒	腹部脓疡	赤痢	腹水	同
何时何地死亡	42年11月18日陕北马镇	42年8月4日同	42年9月21日同	42年10月28日同	42年8月8日同	42年8月14日同	42年8月24日同	同	42年12月5日	42年10月21日同	42年11月2日同	
死亡原因	咳血甚多体虚极度呼吸促迫而亡	下痢不止心脏衰弱麻痹而死	循环障碍瓣膜闭锁不全心脏代偿极度弱麻痹而亡	心脏虚脱而死	心脏衰弱异常心脏麻痹而死	心脏麻痹衰弱而亡	同	同	腹膈肌溃穿出血过多而亡	营养障碍心脏衰弱麻痹而亡	循环障碍心脏衰弱麻痹而亡	同
备考												

阵亡登记表

队职别	暂一师三十七团通讯员	同管理员	九团二连班长	同伙夫	九团团部理发员
姓名	刘爱熊	赵全	何顺毕	李拉桂	李明忠
年龄	18	26	32	29	19
籍贯及通信处	晋岢岚	晋太原	湖南龙山县	绥远	晋偏关
何时何地发病			42年9月16日神池大羊泉村	9月16日神池	9月23日发病
诊断	贯通伤	挫伤	流感合并肺炎	流感合并黄疸	阿米巴赤痢
何时何地死亡	42年9月5日同	42年9月27日	9月26日偏关亡	10月16日河曲拒风梁病亡	10月1日偏关
死亡原因	神经中毒呼吸麻痹而死	中枢神经麻痹而死	因心脏静止呼吸交换断绝而死	同	同
备考					

187. 八路军第120师独立第2旅抗战第六周年下半年阵亡登记表
（1943年）

卫生部呈

部别	三营十连	同	同	同	一营二连	同	同	二营八连	同	同
阶级										
职别	连长	战士	同	同	班长	战士	同	同	副政指	文书
姓名	童大章	梁玉虎	王栓小	张伯	刘国栓	张元小	刘槐绪	袁四岐	李克仁	李健
年龄	26	28	22	20	22	23	22	35	27	25
籍贯	湖南	偏关	神池	朔县	河曲	同	朔县	同	河北	河曲
受伤日期	2月12日	同	同	同	4月21日	同	同	同	同	同
受伤部位	头部	胸部	同	头部	同	腹部	同	头部	腰部	头部
伤名	炸伤	贯通	同	同	同	同	同	同	同	同
阵亡日期	2月12日	同	同	同	4月21日	同	同	4月12日	同	同
备考										

续表

部别	三营部	同	同	同	同	同	十连	同	同	同
阶级										
职别	号目	通讯员	同	战士	班长	卫生员		副政指	排长	战士
姓名	王金保	杨正有	张四	张白英	田德付	马青德	刘恒	荣震	郭全成	孙培明
年龄	19	22	21	32	27	20	31	21	26	36
籍贯	陕西阜平	四川苍溪	保德	河曲	汾阳	陕西三原	陕西府谷	河北霸县	宁武	忻州
受伤日期	4月12日	同	同	同	同	同	同	同	同	同
受伤部位	头部	上下肢 胸部	胸部	同	腰部	头部	胸部	腰部胸部	头部	胸部
伤名	炸伤	刺伤	贯通	炸伤	同	贯通	炸伤	同	贯通	炸伤
阵亡地点	五寨县 周家村	同	同	同	同	同	同	同	同	同
备考							未牺牲			

续表

部别	三营十连	同	同	同	同	同	同	同	同	同
阶级										
职别	班长	同	同	战士	同	同	同	同	同	同
姓名	任生	杨成明	郭家发	李双驹	刘正国	杨金元	吕二红	岳天付	高志虎	何国世
年龄	22	29	31	18	20	34	24	38	27	19
籍贯	右玉	宁武	高平	河曲	同	太原	河曲	宁武	保德	朔县
受伤日期	4月12日	同	同	同	同	同	同	同	同	同
受伤部位	胸部	头部	同	同	同	腹部	头部	头部	背部	头部
名伤	贯通	同	同	炸伤	同	同	同	贯通	炸伤	炸伤
阵亡地点	五寨周家村	同	同	同	同	同	同	同	同	同
备考										

188. 八路军野战供给部1943年5月份反“扫荡”中人员伤亡财产损失统计
（1943年）

43年5月反“扫荡”中连级以上干部损失统计表

职别	组干	保管员	教员	政指	所长	秘书	政指	卫生所长	会计	副科长	科员	所长	检查员
姓名	张茂兰	王玉奎	姜一平	崔凤贞	张道生	李季	阳克寒	张庆荣	李效良	杨大吉	桑齐贤	孔乾山	王治平
性别	男	男	男	女	男	男	男	男	男	男	男	男	男
年龄	27	37		22	41	28	30	23	26				
籍贯	闽	晋		豫	赣	冀尧山	四川	晋洪洞	晋武乡	豫光山	冀肥乡	四川	冀
军龄	1929	1938		1938	1928	1939	1935	1938	1939	1939	1938	1933	1938
党龄	1933	1940		1938	1929	1939	1936	1938	1938	1933	1939	1934	1940
备考	前营作战牺牲	在洛水被迫自杀	被俘	前营负伤住院牺牲	跳崖跌死	牺牲	被俘	牺牲	生死不明	生死不明	被俘	被俘	被俘

部别	本部	供校	警卫连	同				
职别	通信员	学员	排长	侦察员	战士			
姓名	裴成林	李禄	李海山	安积德	张全礼	张锁江	耿焕文	王二孩
年龄	18	20	27	23	22	20	19	17
性别	男	男	男	男	男			
籍贯	河北无极	晋长治	四川江油县	榆次刘家庄	河北彭城	山西左权石匣	元氏张村	襄垣关闫
成份								
入伍年月	1939年5月	1938	1935	1939	1937	1939	1940	1940
入党年月		1942	1942	1942				
备考	在小南庄遇敌中弹身死	在青塔帮助地方工作，被俘在偏城被杀	5月16日在和东白地垴战斗中牺牲	5月15日在和东南天池牺牲	5月16日白地垴战斗中负伤被俘不走被敌刺死	5月16日被俘，害于马连曲	5月16日白地垴战斗中被刺身毙	同

部别								
职别	班长	班长		炊食员	运输员			
姓名	殷志金	张永正	李祥忠	武二孩	郭殿成	万永章	胡承喜	贾喜
年龄	26	38	25	29	25	23	26	34
性别								
籍贯	晋汾阳	陕西	晋闻喜	晋武乡	豫开封	晋长治	陕安康	晋孟县
成份	贫农							
入伍年月	1937	1935	1937	1938	1939	1938	1936	1939
入党年月		1937	1943					
备考	5月14日在白鹿角被俘	5月14日在白鹿角失踪	同	同				

反扫荡中人员损失登记表

部别		缝一	缝二		纺织厂		运输队	
职别		缝工学徒	剪裁工	手工工人	炊食员	学员	供给员	管理排长
姓名	王丑保	李树青	黄静英	李金华	王继善	黄国丙	杨春华	薛纪平
年龄	20	20	20	33	32	16	35	33
性别						男	男	
籍贯	昔阳东庄	冀南和	山西平安	河北广宁	山西昔阳	冀灵寿	晋宁［武］县	陕北
成份							中农	
入伍年月	1938	1940.1	1938.5	1938	1938	1939	1939	1935
入党年月			1938.9				1937	1936
备考	5月16日白地垴战斗中被俘刺死于马连曲	与敌遭遇跌崖而死	5月7日在摩天岭山脚兴脚〈与敌〉遭遇	5月7日早被俘，12日被害于新店（刺死）	被俘	处死刑（有汉奸嫌疑）	5月14日在白鹿角被俘	同

部别	
职别	
姓名	薛金奎
年龄	42
性别	
籍贯	冀平山
成份	
入伍年月	1937
入党年月	
备考	

五月份被敌冲散不明统计表

职别	班长	战士	副班长	战士
姓名	李保荣	袁文章	王炳全	邓满苍
年龄	35	27	24	17
籍贯	察哈尔阳原县	河南开封	山西临县	河北景县
何时入伍	1938 由山东自来	1938 由桐峪	1938 由本县自来	1940 由本县自来
何时入党	1939 由西井		1942 由左权入党	
地点	白地垴	同	同	同
日期	1943. 5. 16	同	同	同
备考	向敌投降了	向敌投降了		牺牲

五月份被敌冲散不明统计表

职别	警卫连战士	通讯员	战士	
姓名	王三兴	罗金贵	杨苍州	申六全
年龄	18	19	34	27
籍贯	河北宁晋县	河北磁县	河北束鹿	河南林县
何时入伍	1937 由本县自来	1938 由家自来	1939 由本县自来	1937 由渡口
何时入党				
地点	白地垴	同	同	同
日期	1943. 5. 16	同	同	同
备考	黄			

五月份被敌冲散不明统计表

职别	战士	同	同	同
姓名	桑保栓	郑玉春	魏连喜	王福贵
年龄	22	20	19	29
籍贯	山西黎城	河北赞皇县	山西屯留县	河南会清府
何时入伍	1938 由本县自来	1938 由家自来	1938 由本县自来	1937 由高平自来
何时入党				
地点	白地垴	同	同	同
日期	1943. 5. 16	同	同	同
备考				

同	同	同
运输员	同	同
赵文庆	张长林	苗来生
29	24	29
男	同	同
河南武涉	山西平定	河南武安
贫农	贫农	贫农
1937 年	1938 年	1939 年
无	无	无
腹伤	腹伤	腹伤
河北内丘白鹿角	同	同
1943 年 5 月 14 日	同	同

此外，下落不明者有本部白苏（干部教员）运输队八人，警卫连 22 人

马匹遗失统计表

部别	纺织厂部	纺一所	纺三所	警卫连	同	运输队
类别	骡	骡	骡	骡	驴	骡
数目	2	2	1	2	1	20
遗失详情	帮一所至松烟驮粮，至黑山遇敌遗失	到松烟驮粮，至黑山被敌抢	被敌打死	在黑虎山被敌搜去	同前	在内丘被敌劫去

弹药损失消耗统计表

部别	纺织厂部	纺三	缝二所		警卫连							军械科	运输队
种类	枪弹	炸弹	步枪弹	炸弹	子弹	同	枪榴弹	冲机枪弹		冲锋匣子	手榴弹	八二炮弹	七九枪弹
数目	60	4	15	5	505	500	24	76	70	25	21	54	86
遗失情形	作战消耗	被盗二遗二	爱好坪作战消耗	同	白地垴消耗	损失	损失	消耗	损失	损失	损失	自造短峪沟被挖走	消耗六发俘八十

武器损失统计表

部别	警卫连					军械科	运输队
种类	七九步枪	六五步枪	掷弹筒	冲锋盒子	刺刀	苏式机枪转盘	七九步枪
数目	7	8	1	1	12	26	1
遗失情形	白地垴战斗中遗失	同前	同	侦察员在南天池被害所带	白地垴战斗遗失	短峪沟被敌挖走	被俘带去

资材损失统计表

部别	损失品名	数量	地点	备考
供校	小米	1540 斤	地洞内	被敌挖去
运输队	小米	500 斤	在白鹿角被抢	
	玉茭	450 斤	同	
	黑豆	1000 斤	在白鹿角及塞扁	被敌抢去
纺织厂	小米	1100 斤	西安后山	
	同	900 斤	西安分散	
	玉茭	545 斤	西安群众保存	
缝二所	小米	62 斤	爱好坪遗失	
收盐组	饼干	230.5 斤	分散保存者	

各种资材武器弹药损失统计表

品名	数目	单位	每头合洋	单位	合洋	单位	地点	时间	备考
骡子	20	头	2500	元	50000	元	河北内丘白鹿角	1943 年 5 月 14 日	被敌包围袭击牲口全套失掉

武器统计

品名	数目	单位	合洋	单位	弹药	数目	单位	每发合洋	单位	弹共合	单位	枪弹共合洋	单位	消耗	单位	地点时间	备考
新造七九步枪	1	支	300	元	七九弹	80	发	2	元	160	元	460	元	6	发	同上表	人枪弹全被敌俘去

粮食损失统计

品名	数量	单位	合计	单位	每斤合洋	单位	整合洋	单位	总计	单位	被敌抢去	单位	地点时间	被敌抢去	单位	地点	时间	备考
小米	500	斤	1950	斤	8	元	4000	元	13715	元	1300	斤	同上	650	斤	塞沟	同上	这次反“扫荡”整个损失粮食数目
玉茭	450	斤			6.7	元	3015	元										
黑豆	1000	斤			6.7	元	6700	元										

经费损失统计

姓名	职别	数目	单位		单位	备考
薛纪平	管理排长	500	元			他借公家钱准备分给他一班牲口带领活动结果被俘，借条还在

其他损失统计

品名	数目	单位	单个合洋	单位	总数合洋	单位	时间	地点	备考
全鞍架	两	个	200	元	400	元	1943. 5. 14	河北内丘白鹿角陆由村	被盗偷去
谷草	110	斤	5	毛	550	元	反“扫荡”时候	小南庄大林口	被敌吃掉
口袋	30	条	30	元	900	元	同上	内丘	失掉
汗提	5	个	30	元	150	元	同上	大林口	失掉
席子	3	条	8	元	24	元	同	小南庄	被盗去
大锅	两	口	200	元	400	元	同	同	被敌找见打坏
杀猪用具	1	套			80	元	同	同	工人被俘去未回来，也找不见
菜刀	1	把	20	元	20	元	同	同	同
大锅盖	1	个	8	元	8	元	同	同	被敌搞坏
菜盆	2	个	15	元	30	元	同	内丘小南庄	失掉
瓦盆	5	个	5	元	25	元	同	小南庄	被敌找见打坏
被子	24	床	80	元	1920	元	同	内丘	被敌包围全部失掉
炒菜勺	2	把	5	元	10	元	同	同	
					以上各表总合计洋	单位			
					868692	元			

说明 1. 以上各项表统计数目都是确实数目。2. 以上粮食损失统计表数目是这次战争中损失的，但是在内丘副政指带二十匹牲口粮食有五百五十斤全部失完，同时队长带一路牲口二十匹全部回来，但是也失了五百多斤粮食。在家粮食塞沟寄存黑豆有 1000 斤，这次敌人多少搞走一部分，但是老百姓多少搞走一些，我们还在调查之中。3. 从前王万显同志走后统计粮食结账时就短小米两千斤，粮食用过原因，吃过一部分，同时也向上级报告过，脱秤吃过两千斤，这一次没有统计在内，假使要连过去吃过的脱秤的这次损失那就有小四千斤。4. 以上各表统计都是公共资武损失统计，私人失掉东西未统计。

辎重连　刘生财　严世俊

一九四三年五月二十九日于小南庄

纺织厂造呈1943年5月反扫荡资材损失统计报告表

部别	品名	数量	单位	平均单价		估计金额		损失地点	经手人	时间及原因
厂部	棉花	1932	斤	7	00	13524	00	西安山上和窑洞内	赵守鸿	分散给老百姓保存，每家一包或二包放在山上和人造窑洞内，敌人从5.6—5.13搜去此数
	纱机木架	14	台	600	00	8400	00	西安山上和窑洞内	罗培生	东安山上七台外其余均在窑洞内，敌人烧去
	棉桶	1187	个	1	20	1424	40	西安村西窑洞内	罗培生	放在西安窑洞内六号至十三号被敌烧去
	拨锭轮	1145	个		40	458	00	西安村西窑洞内	赵守洪、罗丘、罗培生三人	放在西安窑洞内六号至十三号被敌烧去
	棉桶衣	3008	个		25	752	00	西安村西窑洞内	赵守洪、罗丘、罗培生三人	放在西安窑洞内六号至十三号被敌烧去
	纱轴	1374	个	1	20	1648	80	西安村西窑洞内	赵守洪、罗丘、罗培生三人	放在西安窑洞内六号至十三号被敌烧去
	弹花机	3	台	500	00	1500	00	西安村西第二个洞内	赵守洪、罗丘、罗培生三人	5.6—5.13敌人挖开窑洞全烧掉
	轻纱机	2	台	600	00	1200	00	西安村西第二个洞内	赵守洪、罗丘、罗培生三人	5.6—5.13敌人挖开窑洞全烧掉
	清花机	1	台	200	00	200	00	西安村西第二个洞内	赵守洪、罗丘、罗培生三人	5.6—5.13敌人挖开窑洞全烧掉

续表

部别	品名	数量	单位	平均单价		估计金额		损失地点	经手人	时间及原因
厂部	摇纱机	1	台	120	00	120	00	西安村西第三个洞内	赵守洪、罗丘、罗培生三人	5. 6—5. 13 敌人挖开窑洞全烧掉
	风箱	1	个	50	00	50	00	西安村西第三个洞内	赵守洪、罗丘、罗培生三人	5. 6—5. 13 敌人挖开窑洞全烧掉
	14 号塔轮	1	付	80	00	80	00	西安村西第三个洞内	赵守洪、罗丘、罗培生三人	5. 6—5. 13 敌人挖开窑洞全烧掉
	36 号塔轮	1	付	200	00	200	00	西安村西第三个洞内	赵守洪、罗丘、罗培生三人	5. 6—5. 13 敌人挖开窑洞全烧掉
	锡林	1	个	150	00	150	00	西安村西第三个洞内	赵守洪、罗丘、罗培生三人	5. 6—5. 13 敌人挖开窑洞全烧掉
	四号皮带轮	14	付	4	00	56	00	西安村西第三个洞内	赵守洪、罗丘、罗培生三人	5. 6—5. 13 敌人挖开窑洞全烧掉
	12 号皮带轮	11	付	6	00	66	00	西安村西第三个洞内	赵守洪、罗丘、罗培生三人	5. 6—5. 13 敌人挖开窑洞全烧掉
	铁口	40	斤	10	00	400	00	西安村南地下埋	赵守洪、罗丘、罗培生三人	敌人驮去
	螺丝	50	套	10	00	500	00	西安村南地下埋	赵守洪、罗丘、罗培生三人	敌人驮去
	轻重轮	800	个		50	400	00	西安村南地下埋	赵守洪、罗丘、罗培生三人	敌人捣烂
	雨挡	28	付	5	00	140	00	西安新修工房北山上	赵守洪、罗丘、罗培生三人	敌人烧去

续表

部别	品名	数量	单位	平均单价		估计金额		损失地点	经手人	时间及原因
厂部	木板	10	丈	100	00	1000	00	西安村南地下坑里	赵守洪、罗丘、罗培生三人	从坑里挖出烧去
	工具	1	箱			300	00	西安村南地下坑里	赵守洪、罗丘、罗培生三人	敌人驮去
	煤炭	4000	斤		150	600	00	西安村大庙里	赵守洪、罗丘、罗培生三人	与大庙一块烧着
	合计					33169	20			
三所	棉花	440	斤			3080	00	峧沟后山石岩上	刘金瑞	分散于群众家中，五家一包，放在山上，被敌烧去
	座钟	1	个			70	00	军寨田野中	田秀得、弋海生、	在田野中被敌抢去
	铁原动皮带轮	1	个					麻田工房中	田秀得、弋海生、	被捕敌打碎
	皮弦	1.75	斤			35	00	峧沟	李贵云	老百姓说被敌人拿去
	锭线	1	斤			50	00	峧沟	李贵云	同上（待查）
	斧子	1	个			30	00	军寨村	王兴顺	或被群众拿去
	锛头	1	个			15	00	军寨村	王兴顺	同上
	合计					3280	00			
总计						36449	20			

厂长：崔近仁（章）　　政委：郑鹤麟（章）　　经手人：赵守鸿（章）　　五月二十八日于西庵驻地

189. 八路军野战供给部1943年人员物资损失统计表
（1943年）

1942年3月作战人员马匹伤亡统计表

项别 数目 职别		伤	亡	逃亡	被俘	生死不明	合计
人员	指挥人员		1				1
	政工人员					1	1
	工作人员						
	供给人员	1	1		2		4
	卫生人员						
	战斗员		7			22	29
	杂务人员	4	4		2	8	18
	合计						
人员共计		5	13		4	31	53
马匹	乘马（骡）						
	驮骡（马）		2		26		28
	驴				1		1
	合计		2		27		29

武器弹药损坏消耗统计表

职别 \ 项别 数目		损失	损坏	消耗	合计	缴获
武器	步马枪	16			16	
	卜克枪					
	手枪					
	冲锋枪	1			1	
	轻机枪					
	重机枪					
	刺刀	12			12	
	掷弹筒	1			1	
弹药	步枪弹	580		676	1256	
	卜克弹					
	手枪弹					
	机枪弹	95		76	171	
	迫炮弹					
	掷筒弹	24			24	
	手榴弹	25		5	30	
	地雷					
公文箱						
注：连级以上干部须另制名单，职别姓名伤或亡或被俘等						

野供各单位资财损失统计表　　经费（之一）

部别	金额		备注
运输队	500	000	管理排长薛纪平被俘带去
说明	未列各单位即无损失者，下仿此		

资财损失统计表之二　粮秣

部别		物品	数量	保存地点	备考
供校		小米	1540	地洞内	被敌挖去
运输队		小米	500		白鹿角被袭丢掉
		玉茭	650		同
		黑豆	1800		大鱼
纺织厂	厂部	小米	1100	西安后山	
	四所	小米	900	西安分散	
	四所	玉茭	545	西安群众保存	
缝衣二所		小米	62		爱好坪遗失
收盐组		饼干	230.5 箱	分散保存	
说明		收盐组饼干分散保存于黎城孔家峧，左权西崖底、北家楼、南家楼、北沟、南沟，武乡大坪村。			

资财损失统计表之三　杂项

部别	物品	数量	单位	保存地点	备考
被服科	布鞋	141	双		被敌挖走
	草鞋蔴	81	斤		同
	白洋布	5	丈		被盗
	绑带	9	付		同
	棉便衣	2	件		同
军械科	苏式机枪转盘	26	个	短峪沟	被敌挖走
	自造八二炮弹	54	颗	记林沟	同
	前秋	1	个		
	后秋	1	个		
	元皮	6	丈		
	三角	5	个		
	汗提	5	个		
	小韁	1	根		
	韁绳	2	条		
	谷草	600	斤		
	席子	3	床		
	门帘	1	块		
	单军衣	5	套		
	布鞋	11	双		
	布袜	6	双		
	绑带	1	付		
	棉背心	2	件		

续表

部别	物品	数量	单位	保存地点	备考
军械科	包袱皮	3	块		
	毛巾	1	条		
	皮背心	1	件		
	土布	18	尺		
	棉衣	4	套		
	长衫	1	件		
	雨衣	1	件		
	白线	3	元		
	垫被	1	床		
收盐组	海盐	3473.25	斤	大林口	被敌驮走
	饼干箱子	66	个	熟峪西崖底	被敌焚毁
	饼干锅	1	口	西崖底	被敌捣坏
	榨油机	1	架	同	同
	大刀秤	5	个	石崖交西崖底	被烧一杆
供校	单帽	14	顶	地洞内	被挖走
	单衣	1	套	同	同
	毛巾	9	条	同	同
	腊纸	3.5	桶	同	同
	煤油	15	斤	同	同
	皮油	8.5	斤	同	同
	食盐	22	斤	地洞内	被敌驮走
	席子	16	领	山坡上	不明
	米达尺	120	根	地洞内	不祥
	纸	0.5	刀	同	同
	粉笔	5	盒	同	弄毁
	毛笔	200	支	同	被敌带走
	铅笔	10	打	同	同
	土布	13	斤	同	同
	毛巾	201	条	同	同
	元青	2	桶	同	同

续表

部别	物品	数量	单位	保存地点	备考
供校	品蓝	19	桶	同	同
	黑腿带	30	付	同	同
	腰巾	2	条	同	同
	肥皂	7	条	同	同
	袜子	8	打	同	同
	棉军衣	3	套	同	同
	棉帽	10	顶	同	同
	棉大衣	2	件	同	同
	挂包	6	个	同	同
	裤套	2	个	同	同
警卫连	盐	40	斤		白地塪战斗损失
	香油	50	斤		战斗损失
	鞋子	7	双		同
	夹被	27	床		同
	米袋	28	条		同
	子弹袋	19	条		同
	行军锅	2	口		同
	大米袋	20	条	夫子岭	敌挖走
	单帽	13	顶	同	同
	棉帽	178	顶	同	同
	棉衣	178	套	同	同
	便衣布	3	匹	同	同
	猪	8	口	磨鱼沟	敌赶走
运输队	鞍架	2	个		白鹿角被盗
	谷草	110	斤	小南庄大林口	敌吃去
	口袋	30	条		内丘失掉
	汗提	5	个	大林口	失掉
	席	3	领	小南庄	被盗
	大锅	2	口	同	被敌捣毁
	杀猪肉具	1	套		人被俘带去
	菜刀	1	把		同

续表

部别	物品	数量	单位	保存地点	备考
运输队	大锅盖	1	个	小南庄	被敌捣坏
	菜盆	2	个	小南庄	内丘损失
	瓦盆	5	个	小南庄	被敌捣坏
	被子	24	床		被袭丢掉
	炒菜瓢	2	把		同
缝一所	土布	10	匹		
染布所	染布锅	2	口	小南庄	敌捣破
	行军锅	2	口	同	敌带走
	火柱	1	根	小南庄	遗失
	席	5	领	同	同
	瓦盆	4	个	同	敌捣破
	铁瓢	2	个	同	遗失
缝衣二所	米袋	13	条		爱好坪丢掉
	袖套	7	付		同
	袜子套	8	双		同
	包袋皮	3	个		同
	棉上衣	4	件		同
	鞋子	14	双		同
	洋布	15	尺		同
	盆子	1	个		同
	毛巾	2	块		同
	棉被	10	床		爱好坪丢掉
	单裤	5	条		同
	单上衣	5	件		同
	单帽	1	顶		同
	大小猪	3	个	土棚	
皮革所	羊皮	3387	张	西安大绿	敌毁与腐坏
	麻线	28	斤	山洞	腐坏

续表

部别	物品	数量	单位	保存地点	备考
纺织厂部	口袋	4	条		黑山丢掉
	棉衣	7	套	滚堂沟	
	旧棉衣	5	套	同	
	菜刀	2	把	同	
	鞋子	3	双	同	
	棉花	1932	斤	西安	敌搜去
	纱机木架	14	架	同	敌焚毁
	棉桷	1187	个	同	同
	拨锭轮	1145	个	同	同
	棉角底	3008	个	同	同
	纱轴	1374	个	同	同
	弹花机	3	台	西安	同
	轻纱机	2	台	同	同
	清花机	1	台	西安地洞	敌烧掉
	摇纱机	1	台	西安窑洞	同
	风箱	1	个	同	同
	14 塔轮	1	付	同	同
	36 塔轮	1	付	同	同
	锡林	1	个	同	同
	四皮带轮	14	付	同	同
	12 皮带轮	11	付	同	同
	铁口	40	斤	西安	敌驮走
	罗丝	50	套	同	同
	轻重轮	800	个	同	敌捣坏
	雨挡	28	付	同	敌烧去
	木板	10	丈	同	同
	工具	1	箱	同	敌驮去
	煤炭	4000	斤	西安	敌烧去

续表

部别	物品	数量	单位	保存地点	备考
（纺）三所	旧棉裤	150	条	峧沟	
	菜刀	1	把	同	
	棉花	440	斤	同	被焚
	座钟	1	个	军寨	敌抢去
	铁原动皮带轮	1	个	麻田	敌打碎
纺三所	皮弦	1.75	斤	峧沟	敌拿去
	锭线	1	斤	同	同
	斧子	1	个	军寨	被盗
	锛	1	个	同	同

190. 八路军第129师供给部1943年财产损失统计表
(1943年)

损失统计表

部别			金额	
一二九师供给部	被服科		11292	000
	合计		11292	000
	师直供给处	本部	38034	100
		被服厂厂部	44977	500
		被服厂一所	600	000
		被服厂二所	3194	000
		被服厂三所	9601	600
		被服厂四所	6335	000
		被服厂五所	56664	000
		合计	159306	200
	军用经济处	本部	12746	730
		第二采办处	1212	000
		下庄合作社	279656	100
		土货合作社	13897	000
		桐峪合作社	543	800
		纺织所	3007	000
		毡帽厂	266	250
		长条坪煤窑	360	000
		松树坪煤窑	60	000
		合计	311748	800
总　　计			482347	000

191. 太行军区第 5 军分区 5 月反“扫荡”中被服物资损失统计表
（1943 年）

品名/数量/部别	棉帽	棉军衣	棉被	棉花	单军衣	单便衣	单帽	米袋	绑腿	挂包	布鞋	麻	土布	公毯	毛巾	汗衣	子弹带	炸弹带	带口袋	棉大衣	
司令部					12																
政治部			3	16	11			5													
供给处		3	1	414				4		1	1770		120								
特务连			10	8	11	6	3			5	22				9						
五分院	70	54	10	24	61	38	4		3	11	16	6		20	8	84					
输分队			4		4																
电话局		3	3	6	9		6	2			27	19									
一团			25	50	44		24	101	14												
34 团	338	341	58	80	132		67	72		30		25					49	47	8	15	
林独营		7			9	14											9	10			
安独营																					
磁工队																					

续表

数量/品名/部别	棉帽	棉军衣	棉被	棉花	单军衣	单便衣	单帽	米袋	绑腿	挂包	布鞋	麻	土布	公毯	毛巾	汗衣	子弹带	炸弹带	带口袋	棉大衣	
安工队		1				35															
干休所												3									
编干队		1																			
涉独营			3		25	2	1	2				4			2						
化价	4																				总合
		150	170	8	53	53	6	6	98	5	10	4	3	50	4	40	20	8	20	150	90227.0
	326.4			4784	53	3175	630	1110	136	228	18350	225	360	1000	76	3360	1160	335	160	750	
合计	408	410	118	598	2905	633.5	105	185	17	47	1835	57	120	20	19	84	58	57	8	15	
单位	顶	套	床	斤	套	套	顶	条	付	个	双	斤	疋	床	条	条	条	条	条	件	
		4100	20070		19375	3365.5	4725		1547	423		228		2000	665	2360	1160	456	160	1500	

192. 冀南军区第3军分区人员物资损失消耗统计表
（1944年1月4日）

四三年全年

战役　自一九四二年十二月二十一日起

　　　至一九四三年十一月二十一日止

战斗次数及收获消耗损失统计表

（秘密）

冀南三分区

司 令 员　张维翰

政治委员　王幼平

副司令员　孔庆德

参 谋 长　高厚良

一九四四年一月四日

月终战斗统计表

区别	数目 \ 部别	正规军	游击队	总计
坏的	道钉			
	螺丝钉			
	封锁沟	10000m	3150m	13150m
我负伤	旅级			
	团级	1		1
	营级	1		1
	连级	14	9	23
	排级	23	6	29
	班级	40	6	46
	战士	288	100	388

续表

区别 \ 数目 \ 部别		正规军	游击队	总计
我负伤	政工人员			
	供给人员			
	卫生人员			
	事务人员			
	其他			
	小计	367	121	488
我军亡	旅级			
	团级			
	营级			
	连级	4	3	7
	排级	8	6	14
	班级	19	10	29
	战士	91	50	141
	政工人员			
	供给人员			
	卫生人员			
	事务人员			
	其他			
	小计	122	69	191

续表

区别	数目 部别	正规军	游击队	总计
我	旅级			
	团级			
	营级			
	连级			
	排级			
	班级			
	战士			
	政工人员			
	供给人员			
	卫生人员			
	事务人员			
	其他			
	小计			
我失连络（生死不明）	旅级			
	团级			
	营级			
	连级	5	1	6
	排级	2		2
	班级	4	5	9
	战士	67	44	111
	政工人员			
	供给人员			
	卫生人员			
	事务人员			
	其他			
	小计	78	50	128

续表

区别 \ 数目 \ 部别		正规军	游击队	总计
我消耗弹药	步马枪弹	45489	22478	67967
	轻机弹	9377	9377	
	短枚弹	418	135	553
	掷弹	64	7	71
	手榴弹	2933	323	3256
	冲锋弹		50	50
损坏武器	步枪	4	3	7
	轻机枪	1		1
我损坏弹药				
我损坏其他军用品	机枪梭子	1		1
我损失武器	步马枪	87	103	190
	轻机枪	2		2
	短枪	9	2	11
我损失弹药	步马弹	1310	1140	2450
	轻机弹	240		240
	短枪弹	83	12	95
	炸弹	156	62	218
我损失其他军用品	刺刀	13	2	15
	机枪筒子	1		1
	机枪梭子	1		1
	工作器具	5		5
	车子	2	1	3
	马达	1		1
	马匹	8		8
	大衣	2		2
	粮食	1010	500 斤	1510 斤
	冀钞	250 元		250 元

193. 冀鲁豫军区第4军分区2月份人员物资损失统计表
（1944年1月30日）

（四、五分区十二月份在内，一分区不在内）

一月份战役战斗次数及收获

消耗损失统计表

自一九四　　年　月　日　起

至一九四　　年　月　日　止

秘密

政委　乔晓光

参谋长　吕琛

1944年1月30日于潘官寨填

月终战斗统计表

数目 部别 区别		分直	十一团	游击队			合计	七	六	五	一	二	三	四
坏的	道钉													
	镙丝钉													
	据点													

续表

区别	数目 部别	分直	十一团	游击队			合计	七	六	五	一	二	三	四
我负伤	旅级干部													
	团级干部													
	营级干部			1			1							1
	连级干部						3			2		1		
	排级干部		3				11		1	4				6
	班级干部		2				15		2	3		1	3	6
	战士	3	6	2			81		6	17		4	12	42
	政工人员													
	供给人员													
	卫生人员													
	事务人员													
	其他													
	合计	3	11	3			111		9	26		6	15	55
我阵亡	旅级干部													
	团级干部													
	营级干部						1							1
	连级干部	1					4			1			1	2
	排级干部			0			5			1		1		3
	班级干部			1			12		2	3		2	3	2
	战士	1	4	3			68		4	14		10	8	32
	政工人员													
	供给人员													
	卫生人员													
	事务人员													
	其他													
	合计	2	4	4			90		6	19		13	12	40

续表

数目 部别 区别		分直	十一团	游击队			合计	七	六	五	一	二	三	四
我中毒	旅级干部													
	团级干部													
	营级干部													
	连级干部													
	排级干部													
	班级干部													
	战士													
	政工人员													
	供给人员													
	卫生人员													
	事务人员													
	其他													
	合计													
我失联络（生死不明）	旅级干部													
	团级干部													
	营级干部	1					3					1		2
	连级干部	2					13		1			3	3	6
	排级干部	3		1			12		1			3	3	5
	班级干部			2			10		2			6		2
	战士			26			91		9			29	1	52
	政工人员													
	供给人员													
	卫生人员													
	事务人员													
	其他													
	合计	6		29			129		13			42	7	67
日军投诚	次数													
	人数													
	枪数													

续表

区别 \ 数目 \ 部别		分直	十一团	游击队			合计	七	六	五	一	二	三	四
伪军反正	次数													
	人数													
	枪数													
解放敌人统治下的人员														
	小计													
我消耗弹药	步马枪弹	600	550	905			21770		3210	4534		1836	4325	7865
	驳克弹	60					293		92				81	120
	轻机弹	160	464				2755		428				659	1668
	重机弹													
	自动弹													
	讯号弹						1							1
	迫炮弹													
	手榴弹		30	14			997		162			20	158	657
	花机弹													
	手机弹													
	掷弹						21						10	11
	手枪弹													
	合计	820	1044	919			25837							10322
我损坏武器	步枪													
	马枪													
	轻机枪													
	重机枪													
	自动步枪													
	驳壳枪													
	手枪													
	合计													

续表

部别/数目/区别		分直	十一团	游击队			合计	七	六	五	一	二	三	四
我损失其他军用品	粮食			220斤										59641
	谷子													
	冀钞			2000元										2000元

194. 太行军区1月份人员物资损失消耗统计表
(1944年1月)

一九四四　　一月份全军区

战役自一九四　　年　月　日起

至一九四　　年　月　日止

战斗次数及收获消耗损失统计表（秘密）

一九四　　年　月　日于　填

数目 部别 项目			一	二	三	四	五	六	七	八			总计
资材													
我军伤亡	负伤	旅干											
		团干											
		以下干部	2	3		1	1		4			11	
		战士	17	13		12	9		18			69	
		其他人员											
		小计	19	16		13	10		22			80	
	阵亡	旅干											
		团干											
		以下干部	15	1		1			1			18	
		战士	70	10		5	7		8			100	
		其他人员											
		小计	85	11		6	7		9			118	
	失连络	旅干											
		团干											
		以下干部	1									1	
		战士	2	8					2			12	
		其他人员	2										
		合计	5	8								13	

续表

项目 \ 数目 \ 部别		一	二	三	四	五	六	七	八			总计
消耗弹药	各种子弹	683	3161		2925	3500		6359			18161	
	各种炮弹		10					16			26	
	掷弹筒弹	9			13	43		22			87	
	手榴弹	58	156		94	51		325			684	
	化学弹											
	地雷	7									7	
	合计											
损坏武器	步马枪											
	短枪											
	自动步枪											
	轻机		1		1							
	重机											
	掷弹筒		4									
	合计		5		1							
	迫击炮											
	山炮											
	炮											
	合计											
损失武器	刺刀	44										
	其他刀矛											
	工具器具											
	合计											
	步马枪	70	9		5	3	10	6			103	
	自动步枪	7				2					9	

续表

部别 数目 项目		一	二	三	四	五	六	七	八			总计
损失武器	短枪											
	轻机	2	1								3	
	重机											
	掷弹筒	1									1	
	合计	80	1①		5	2②	10				116	
	迫击炮											
	炮											
	合计											
损失弹药	各种子弹	2837	25		88	56		145			3221③	
	各种炮弹											
	掷弹筒弹	26	7								33	
	手榴弹	213	18			9		4			244	
	地雷	16									16	
	化学弹											
	合计	3092	50		88	65		149			3514④	
损失军用品	电台											
	电话机											
	油印机											
	自行车											
	大车											
	各式军装											
	粮食				3200			160				
	电线											

①②③④ 原文如此，计算有误。

195. 华北局1943年秋季反“扫荡”损失统计
（1944年2月8日）

一九四三年秋季大扫荡损失统计

（ ）（报北局中央 ）

（一）统计数字：

甲．人口杀死5711，受伤845，病死2369，共计8925。

乙．房屋被烧49785间。

丙．公粮损失8892石，人民粮食损失288599石。

丁．牲口（包括骡马牛驴）损失共18126头。猪羊共52528只。

戊．农具损失共171595件。

己．被服损失455671件。

（二）与一九四一年反扫荡比较，因两个时期全区面积不同，故只抽出几个中心地区的县比较。（设一九四一年扫荡损失为一，下为一九四三年扫荡损失之倍数。）

项目 县名	一九四三年扫荡损失“房屋”与一九四一扫荡“房屋”	粮食	人口	牲口	猪羊
平山县	0.1	0.8	0.5	1.6	3.0
阜平县	2.6	15.7	1.3	4.3	9.0
易县	2.3	0.6	1.4	1.1	3.0
灵寿县	0.8	37.0	0.05	1.1	2.0
灵丘县	0.6	36.4	0.1	5.5	124.0
涞源县	0.9	10.0	4.3	4.3	5.0

196. 太行军区2月份人员物资损失消耗统计表
(1944年2月)

一九四四年二月份全军区

战役自一九四　　年　月　日起

至一九四　　年　月　日止

战斗次数及收获消耗损失统计表（秘密）

（缺三、八分区）

一九四　　年　月　日于　　填

数目 项目		部别	一	二	三	四	五	七	八			总计
资材		碉堡	23									
我军伤亡	负伤	旅干										
		团干		1							1	
		以下干部	3	2			1	1			7	
		战士	9	8		6	12	12			47	
		其他人员										
		小计	12	11			13	13			54①	
	阵亡	旅干										
		团干										
		以下干部										
		战士	4	6		3	6	4			23	
		其他人员										
		小计	4	6			6	4			23	
	失连络	旅干										
		团干										
		以下干部										
		战士	1	1				1			3	
		其他人员					2	2			7	
	合计		1	1			2	3			10	

① 原文如此，计算有误。

续表

项目 \ 数目 \ 部别		一	二	三	四	五	七	八			总计
消耗弹药	各种子弹	2541	2896		2587	4421	2697			14942	
	各种炮弹		4							4	
	掷弹筒弹	21	8			139				168	
	手榴弹	75	298		24	248	76			721	
	化学弹										
	地雷	18	6		22	22				88	
	炸药										
	合计										
损坏武器	步马枪				15	3					
	短枪					1					
	自动步枪										
	轻机										
	重机										
	掷弹筒										
	合计				15	4					
	迫击炮										
	山炮										
	炮										
	合计										
损失武器	刺刀										
	其他刀矛										
	工具器具										
	合计										
	步马枪	2	2			3	4				

续表

项目	数目 部别	一	二	三	四	五	七	八			总计
损失武器	自动步枪						10				
	短枪	1									
	轻机										
	重机										
	掷弹筒										
	合计	3	2			3	14				
	迫击炮										
	炮										
	合计										
损失弹药	各种子弹	15			365	39	13				
	各种炮弹										
	掷弹筒弹										
	手榴弹	3									
	地雷	5									
	化学弹										
	合计	23			365	39	13				
损失军用品	电台										
	电话机										
	油印机										
	自行车										
	大车										
	各式军装										
	粮食										
	电线										

197. 太行军区 3 月份人员物资损失消耗统计表
(1944 年 3 月)

一九四四年三月份全军区

战役自一九四　年　月　日起

至一九四　年　月　日止

战斗次数及收获消耗损失统计表（秘密）

（缺三、八分区）

一九四　年　月　日于　填

数目/项目		部别	一	二	三	四	五	七	八		总计
资材		碉堡									
我军伤亡	负伤	旅干									
		团干									
		以下干部	1							1	
		战士	5	12		6	2	30		55	
		其他人员									
		小计	6	12		6	2	30		56	
	阵亡	旅干									
		团干						1		1	
		以下干部	1					5		6	
		战士	1	4		6	3			14	
		其他人员									
		小计	2	4		6	3	6		21	
	失连络	旅干									
		团干									
		以下干部									
		战士		4		5	3			12	
		其他人员									
	合　计			4		5	3			12	
消耗弹药		各种子弹	2029	1582		6085	2593	3012		23708	
		各种炮弹		4				4		8	
		掷弹筒弹	13	102		3	6	45		169	
		手榴弹	65	242		41	64	67		481	
		化学弹									
		地雷	37	7						44	

198. 八路军第120师及晋西北新军抗战七周年来伤、病、阵亡军政各类干部数目报告
(1944年4月8日)

电联司:

一二〇师及晋西北新军抗战七周年来伤、病、阵亡军政等各类干部人员数目

（一）阵亡：军干、旅长1，分区副司令1，旅参谋长1，团长3，参谋长2，营长29，科长11，军教股长1，连长232，排长543，管理员31，参谋21，司号长4，文书12，副官6，司务长3，大队长2，共903人。

政干：支队政委1，主任1，团政委5，主任1，民运副部长1，科长1，锄奸科长1，股长3，政教12，特派员13，总支书7，分支书3，组干2，教干1，青干3，政干21，政指144，支书45，宣传队长1，教员9，共275人。

其他干部：供给员3，军医6，军实股长1，工作员127，收发1，看护2，战斗员7372，其他36，共7549人。

共阵亡8727人，内党员4399人。

（二）病亡：共1661人，党员447人。

（三）负伤：军干：纵队长1，支队长2，团长11，团参谋长3，营长84。

科长3，管理科长1，连长366，排长944，管理员14，参谋35，测绘员1，司务长5，文书14，副官8，司号长4，大队长2，共1498人。

政干：旅、支队政委2，主任1，团政委2，主任5，政教41，股长9，特派员11，组干11，锄干15，宣干14，青干7，政干16，政指229，支书102，宣传队长1，教员15，共475。

其他：供给主任2，军需1，供给员2，电台队长1，卫生队长2，军医9，看护9，工作员145，战斗员13507，其他25，共13606人。

共伤15579人，党员8077人。

阵亡数与司令部对照符合。病亡数是从月终统计摘出，差职别，只有总数。

张平化

四月八日

项目		军事																					政治							
		旅长	支队长	旅参谋长	团(副)长	团参谋长	营长	副营长	科长	师管理科长	军教股长	连长	副连长	参谋	排长	副排长	管理员	测绘员	司号员	副官	文书	指挥人员	支队政委	旅副政委	支队政治主任	团政委	团政治主任	旅直政委	教导员	副政委
负伤	一周年		1		4	2	4	3				37	10	2	112	17												1	2	
	二周年		1		2		14	4	1	1		62	8	6	183	31	3	1	1	3	2		1		1				2	2
	三周年				1	1	19	4				82	9	3	215	39	1			2	6			1		1	4		15	
	四周年				2	1	7	2				48	12	7	116	21		1		1	5					1			8	1
	五周年																													
	六周年						2					7		1	19							9					1		2	
	七周年						1					5		1	8					2										
合计			2		9	4	47	13	1	1		241	39	20	653	108	4	2	1	8	13	9	1	1	1	2	5	1	29	3
阵亡	一周年						1	3				38	5	1	73	10				1						1	1		2	
	二周年						7	4			1	35	9	3	97	17					3					2			3	
	三周年	1		1		1	3	2				28	8	5	104	21				2	2		1		1				5	
	四周年				2	1	2	1	2			33	4	4	56	17		1		2	4								2	
	五周年																													
	六周年						2					14		5	25					1	3	8								
	七周年								2			3		2	14	1														
合计		1		1	2	2	15	10	4		1	151	26	20	369	66		1		6	12	8	1		1	3	1		12	
附记		一、五周年统计不内。二、七周年统计是根据几个单位的半年报告。三、军事指挥人员是根据冀北分区周年报告、政治人员在右。																												

续表

项目		政治																	供给					卫生				其他								总计
		民运副部长	科长	股长	总支书记	团级干事	特派干事	宣传干事	教育干事	锄奸干事	青年干事	政治干事	政指	副指	副政指	支部书记	文化教员	特派员	供给主任	军实股长	军需	供给员	军实科长	卫生队长	军医	看护长	医生	技术报务干部	其他干部	学员	战斗员	工厂组长	看护员	工作人员	其他人员	
负伤	一周年			1									27		13																2496				8	2740
	二周年			3		5	3		3	3	4		42	4	33		5	2			1	2		1	3	2		1	5		2810①		6	22		3289
	三周年			2		6	1	2	2	1	3		62	1	34	1	5	3	2						2	1					1618②		2	60		4229
	四周年			2		5							22	3	14		4	4				3	1	1			3		1	4	3636③		7	15		1940④
	五周年																																		1	1⑤
	六周年					1						1	6		1							3									246			4	14	317
	七周年					1	1	1					3																1	4	353			4	37	422
合计				8		18	5	3	5	4	7	1	162	8	95	1	14	9	2		1	8	1	2	5	3	3	1	7	8	11159		15	105	59	12937
阵亡	一周年												23																		1119				17	1295
	二周年				2						2		26	2	14	1	1	2							1				1		1671		2	18		1924
	三周年		2	1	2	2			1		3		23	5	17		3	4		1		3			2	1			2		1674			11		1942
	四周年	1	1		1			1	2		1		20		12		2	4				9					1		3	7	1847⑥		7	36		1086
	五周年																																			
	六周年			1		2	2	2	1	1		2	12		3							2							2	1	454	1		67		611
	七周年							1					5																	2	180			6		220⑦
合计		1	3	2	5	4	2	4	4	1	6	2	109	7	46	1	6	10		1		14			3	1	1		8	10	5945⑧	1	9	138	21	7078
附记		四、工厂组长是爆炸死的。																																		

①②③④⑤⑥⑦⑧ 原文如此，计算有误。

抗战七年以来伤亡总计

项目		军事																									政治										
		旅长	副司令员	总队长	支队长	旅参谋长	团长	副团长	团参谋长	营长	副营长	科长	师管理科长	军教股长	连长	副连长	排长	副排长	管理员	参谋	测绘员	司务长	副官	文书	副官	司号长	大队长	支队政委	旅副政委	支队主任	团政委	团副政委	民运副部长	教导员	副教导员	民运科长	锄奸科长	股长
负伤	一周年				1		1	3		4	3				37	10	112	17		2								1						2				1
负伤	二周年						1		1	19	4				82	9	215	39	1	3			6	2				1		1		4		15				1
负伤	三周年				1		2			14	4	1	1		62	8	183	31	3	6	1	5	2	3	1		1		1					2	2			2
负伤	四周年						2		1	16		1			84		201		10	10			3		1	2				1				12				2
负伤	五周年			1				1		17		1			33		75			6			2	1										6				1
负伤	六周年						1			2					25		35			2			1	1	2								1	1				
负伤	七周年								1	1					16		36			6				1										1				
合计				1	2		7	4	3	73	11	3	1		339	27	859①	87	14	35	1	5	14	8	4	2	1	2	1	2		5②		39	2			
阵亡	一周年									1	3				38	5	73	10		1				1						1		1		2				
阵亡	二周年									7	4			1	35	9	97	17		3		1	3							2				3				1
阵亡	三周年	1				1			1	3	2				28	8	104	21		5		1	2	2			1		1					5		1		1
阵亡	四周年						2	1	1	4		3			58		118		24	8			4	3									1	2				1
阵亡	五周年		1							4		7			26		51		7	1										1								1
阵亡	六周年									1					14		23			3		2	2			2												
阵亡	七周年											1			11		29						1		3						1							
合计		1	1			1	2	1	2	20	9	11		1	210	22	495	48	31	21		4	12③	6	3	2	1		1	4	1	1	1	12		1		3
病亡	一周年																																					
病亡	二周年																																					
病亡	三周年																																					
病亡	四周年																																					
病亡	五周年																																					
病亡	六周年																																					
病亡	七周年																																					
合计																																						
附记		1. 四周年负伤内有地方游击队189人，五周年负伤内有地方游击队131人。2. 四周年阵亡内有地方游击队171人，五周年阵亡伤内有地方游击队154人。3. 病亡统计是根据月终统计摘要节录下来的。4. 病亡内所差的单位统计，一周年缺：大R一个月、八R一个月、雁支二个月、九B一个月、李支队、二支队、师供直各一月。二周年缺：大青山支队七个月，四支队三个月，津南军一个月。三周年缺：三支队一个月，六支队三个月的，大青山七																																				

①②③　原文如此，计算有误。

续表

项目		政治																		供给				卫生				其他							统计	党员
		总支书记	政教股长	敌军股长	特派员	分总支书	组织干事	特派干事	宣传干事	教育干事	锄奸干事	青年干事	政治干事	政指	副政指	副政指	支书	宣传队长	教员	供给主任	军需	供给员	电台队长	卫生队长	军医	看护长	看护	战士	司号员	工作员	收发	地方工作人员	其他	军实股长		
负伤	一周年													29		13											340	2156					8		2740	2015
	二周年		1		3		6	1	2	2	1	3		62	1	34	1	5	2					2	1	2	527	3109		60					4229	2066
	三周年			1	2		5	3		3	3	4		42	4	33		5		1	2	1	1	3	2	6	465	2345		22					3289	1625
	四周年				4				7					51		18		4					1	3			454	1995				40			2923	1325
	五周年				1								10	29		3		1								1	193	706				20	6		1114	465
	六周年												5	6													117	476					5		680	319
	七周年				1								1	7		1								1			96	426		3			6		604	262
合计			1	1	11		11	4	9	5	4	7	16	224	5	102	1	15	2	1	2	1	2	9	3	9	2192	11213		85		60	25		15579	8077
阵亡	一周年	0												23													210	909					17		1295	726
	二周年				2	1						1	1	26	2	14	1	1						1		2	306	1365		18					1924	1056
	三周年	1			4	2	2			1		2	1	23	5	17		3			3			2	1		264	1408	2	11	1			1	1942	986
	四周年	6			5									33		12		3						1			243	1245		2		62			1842	846
	五周年				2								10	21		2		1						2			117	590				17	7		868	396
	六周年												17	7				1									170	278				9	9		428①	204
	七周年												2	4													74	291		1		7	3		428	185
合计		7			13	3	2			1		3	21	137	7	45	1	9			3			6	1	2	1284	6086		32	1	95	36	1	8727	4399
病亡	一周年																																		40	13
	二周年																																		137	31
	三周年																																		159	19
	四周年																																		823	219
	五周年																																		300	92
	六周年																																		129	47
	七周年																																		73	26
																																			1661	447
附记		个月，四、五支队、兵工厂各一个月。四周年缺：大青山四个月，雁支三个月，野战医院后勤一个月，兵工厂三个月，八B游击队一个月，五分区四营、教导团、六支队各一个月，大青山二个月。五周年缺：兵工厂四个月，骑营三个月，炮兵营二个月。六周年缺：三团一营四个月，后勤兵站二个月，绥三团一个月，炮兵营一个月。七周年缺：绥三团一个月，雁支六个月。5. 伤亡、阵亡数完全与司令部统计相符合。																																		

① 原文如此，计算有误。

199. 八路军第115师、120师、晋察冀军区等抗战第七周年营以上干部伤亡登记表
(1944年4月)

营以上干部伤亡暂时登记
自一九四三年十二月用

总司令部　营级以上干部负伤登记表

部别	职别	姓名	年龄	籍贯	负伤		备考
					日期	地点	
总司令部	三科副科长	林伟		福建	1943. 5. 7	贵子石	

一一五师（山东军区）（冀鲁豫）营级以上干部负伤登记表

部别	职别	姓名	年龄	籍贯	负伤		备考
					日期	地点	
冀鲁边分区	司令员 政委	傅继海 吴荣海					
冀鲁边分区	副主任	戴克信					
冀鲁边第十一团	政委	谭士冕					
清河分区	团长	许云祥					
清河第一军分区	政委	岳掘山					
清河第一军分区	主任	王林					
冀鲁豫×团	政委	胡华居					
冀鲁豫×团	参谋长	游万川					
冀鲁豫×团	参谋	王锡山					
分区教导队 地区队	政委 政委	刘权 彭钦臣					
××大队	大队长	王石钧					
×××队	副大队长	聂治长					
	二股 副股长	王增 申绍英					
	营副	徐春银 王其法					
		王建一 毛纯松					
		王淇川					以上系于1943年年份
胶东一分区	副司令	于得水	38	山东文登	1943. 12	牟平南小寨战斗	

一二○师营级以上干部负伤登记表

部别	职别	姓名	年龄	籍贯	负伤		备考
					日期	地点	
二军分区第七团	政治主任	李学勤	28	晋汾阳	30.1	五寨黄土坡	
二军分区第九团	教导员	杨必达	30	陕	31.9	前营子	
二军分区第四团	营长	莲金海	30	湘、茶陵	32.4	五寨周家	
八军分区二一团	营长	张忠如	24	晋、崞县	32.3.15	交城榆林山	
塞北分区教导队	大队长	于少登	31	鲁	31.10	固阳乌素	被敌俘
师政总务科	科长	彭如春	39	晋玉寨	31	右王、二道沟	同上
骑兵支队	副团长	邓堂兰		赣吉安	31.8	武川	
塞北分区游支	副大队长	李明如				左云	
二纵队	副参谋长	邓治彰					

晋察冀（含冀东、平西、平北、冀中）营级以上干部负伤登记表

部别	职别	姓名	年龄	籍贯	负伤		备考
					日期	地点	
第一团	副教导员	王玉华					
第四团	参谋长	周宏					
第五团	营长	胡从明					
第五团	副教导员	李永杨					
第五团	营长	杜先锋					
教导团	教导员	曹华济					
第八区队	副区队长	韩绍宇	28	冀平山		灵寿	
第八区队	总支书	康志中					
第六团	团长	肖思明					
第十一团	政委	吴宗鹏			5	灵丘	
第十三团	团长	单德贵					
第十二团	团长	曾克林					
第十区队	副区队长	朱维潘	36	皖	32. 5. 21	牛角岭	
军区直属队	供给处长	封永顺	32	冀大兴	32. 5. 1	清醒	
第三十五区队	区队长	赵兴					
四十三区队	区队长	王道贯					
三十四区队	政委	杨仲良					
唐定支队	政委	贾其敏	31	辽宁、海城	32. 5. 19	唐县	
二分区四区队	政委	智生元	28	晋定襄		盂县	
青建交区队	副政委	谢继友	29	赣兴国	32. 7 艳	献县东南之马家河	
桑干河工作队	队长	崔肃齐	35	冀・满城	32. 7. 2	广灵之桥尔村	
四团	团长	谢正荣					
三十六团	副团长	丁荣旋					
八区队长		李锐					2844
冀东	二区队长	李满盈					
平北区队	政委	王启刚					
四五区队	政委	白振纲					
十三区队	副参谋长	李大伟					
十九区队		黄永山					
四三团	政委	杨世明					

冀南　营级以上干部负伤登记表

部别	职别	姓名	年龄	籍贯	负伤		备考
					日期	地点	
五分区	副政委	李尔重 刘福胜			43. 8. 30	于霞阳庄（德石路南广川西北）	
五分区	股长	王丁晷			同上	同上	
	组织科长	冯川流			同上	同上	
衡水大队	副大队长	颜乐召			同上	同上	
同	副政委	张前侪			同上	同上	
景南	副政委						

太岳军区营级以上干部负伤登记表

部别	职别	姓名	年龄	籍贯	负伤		备考
					日期	地点	
洪赵支队	政委	吴鉴辉					
二十团	团长	楚大明					
七七二团	副团长	蒲大义					
五四团	政委	金世柏					
十一团	团长	闽学圣					
豫西	副团长	龚连友					

总司令部营级以上干部阵亡登记表

部别	职别	姓名	年龄	籍贯	负伤		备考
					日期	地点	
后勤部	管理主任	曾仁文	35	江西、吉水	1943. 5. 15	和顺北地垴	
后勤部政治部	锄奸科长	黄天祥	28	广西、百色	1943. 5. 15	同	
后勤部	管理副主任	张同生	32	陕西、华县	1943. 5. 15	同	
冀南银行	行长	高捷成	31	福建厦门	1943. 5. 15	邢台白鹿角	

一一五师（山东军区）营以上干部阵亡登记表

部别	职别	姓名	年龄	籍贯	阵亡		备考
					日期	地点	
战工会 鲁中分区	秘书长 政委	李竹如 王甲					
二分区 胶东十六团	司令员 政委	杨永得 张怀旭					
西海分区 西海分区	政委 参谋长	于一吾 于一星					
清河二分区 四团	参谋长 副团长	韩子元 吴光东					
十四团 水东区	副政委 政委	陆升训 唐克威					
	团长 参谋长	刘正肖 胡婉仑					
分区	参谋 主任	陈旺 魏金山					
	副主任 科长	吴涛 陈民					
	保卫科长 二股长	雷茂兴 莫玉培					
	敌工科长 总务科长	许冠英 孙泽					
陆军中学	大队副 学务处长	史树昆 王志清					
	训练副处长 宣教股长	孙厚甫 齐明					
	民运股长 供给处长	王海明 曹胜					
	特派员 营长	魏俊 王兴华					
	营长 营长	陈锡武 李兴中					
	营长 营长	何福 李学善					
清河区 十四团	代政委	苗雨村					
滨海区	政委	符竹庭	29	江西 广昌	1943. 11	日兴（于榆西北）	
	副司令	万毅					
渤海四分区	司令	王儒相					

营以上干部阵亡登记表

部别	职别	姓名	年龄	籍贯	阵亡		备考
					日期	地点	
渤海五分区	司令	赵寄舟	伤				
胶东南海区	副政委	张少虹	伤				
北海分区	政委	李冠元	伤				
鲁南独支	副支队长	董明春	伤				
渤海六分区	副司令	马晓云	亡				
二分区	团政委	李恒泉	亡				

一二〇师　营以上干部阵亡登记表

部别	职别	姓名	年龄	籍贯	阵亡		备考
					日期	地点	
四军分区八团	副营长	张国清	30	陕沔县	三十一年七月十六日	武葱沟	
师部	股长	孙	29	陕	卅二年二月		病故
骑支教导队	教导员	苏义	30	冀河间	卅一年九月	武川东水塔	
二纵队	副司令员	刘德明					
二纵队	副政委 副政委	刘水仔 彭山					

晋察冀（含冀中、平北、冀东、平西）营级以上干部阵亡登记表

部别	职别	姓名	年龄	籍贯	阵亡		备考
					日期	地点	
第一团 第一团	教导员 副营长	平世谟 胡俊让					
第六团 第六团	教导员 副教导员	刘伊山 陈前					
第二军分区 第七区队	侦察股长 总支书	赵锦 贾臣汉					
寿队〈阳〉游击队第二军分区	政委 作战股长	何光翠 姚之伯					
第七区队 第四十二团	参谋长 团长	高瀑 包镇	37	辽凤城	32. 3. 12	曲阳	
第六区队 骑团	区队长 政委	喻忠良 曾海廷	30	湘·平江 赣·瑞金	32. 3. 12 32. 5. 1	曲阳唐县豆铺	
望定大队 第三分区 政治部	政委 宣传科长	张维华 余毅	28	豫？ 粤中山县	32. 5. 10 32. 5. 6	北支合 马耳山	
第三分区 卫生处 第八区队	医务主任 总支书	马振华 许兴昌	28	永新	同		
平定支队 第十七团	副政委 总支书	王松涛 李左东					
第三十六团 第十三分区 十二团一营	团长 营长	罗发明 欧阳波萍	34	赣吉安	32. 5. 9	长寿西 东明村	
冀中卫生部 二分区	副部长 侦察副股长	王育荣 赵锦诞	43 26	冀饶阳 晋代县	32. 5 32. 5. 20	清醒忻县 韩家村	
冀中三十团	代参谋长 总支书	雷吼 沈天笑					

续表

部别	职别	姓名	年龄	籍贯	阵亡		备考
					日期	地点	
四十区队 三十二团三营	政委 副政教	宋有龙 武匡时					
军区交通科 六分区 二十区队	股长 队长	贾封皂 舒忠					
三十四区队 三十五区队	队长 参谋长	王韬 赵文明					
六分区组织部 十八团	科长 主任	李子英 李耀之					
二十三团	总支书 团长	赵士元 姚国民					
三十团 二十二团	团长 团副	欧阳林 孙福如					
四大队 青建交区队	总支书 队长	吴亮抗 王斌	34 32	晋盂县 冀曲阳	32. 4 32. 7 艳	平山 献县东南之马庄河	
六分区 直属队	总支	鲁晒年	23		32. 7. 17	冀县 陈家庄	

晋察冀军区营以上干部阵亡登记表

部别	职别	姓名	年龄	籍贯	阵亡		备考
					日期	地点	
十一分区	政委	王纯一	32	冀定县人	43.7.12	应县穆庄旺	
十九团	团长	刘桂云					
四一团	政委	赵乃禾					
冀东六区队	政委	孔安					
一区队	副区队长	高小安					
平北	区队长	夏青天					
四三区队	政委	刘之甫					
青建交区队		王军					
四〇团	副团长	邓兴龙					
冀东十三团	政委	廖庆先				失踪	

冀南军区营以上干部阵亡登记表

部别	职别	姓名	年龄	籍贯	阵亡		备考
					日期	地点	
五分区		赵义京 陈耀元					
	股长	李左军					
武邑大队	大队副	曹侥衰					
	副政委	范振溪					
阜东大队	副政委	刘金名					
晋南	政教						
五分区	司令员	朱程			43. 9. 28		
四分区	政治主任	袁鸿化				临清东南之陈皮营反合击突围	
八分区	政委	肖永智			1943. 10		
五分区	司令员	赵义亭			1943	枣强东北之南臣赞突围	
	副司令	陈耀元					
一分区	参谋长	郑前学			1943. 6	大名县西北之沙圪瘩反扫荡	
六分区	参谋长	王树棠			1944. 4	枣强西南之崔各庄被俘	

太岳军区营以上干部阵亡登记表

部别	职别	姓名	年龄	籍贯	阵亡		备考
					日期	地点	
五分区	司令员	康俊仁	35	山西夏县	1943	条西夏县	
	副司令	刘沿潮			1943	野峪（间正东）	
二十团	代主任	郭禾人					
洪赵支队	副支队长	张成宽					
	参谋长	蔡发祥					

200. 晋绥军区部队抗战第七周年战斗统计
(1944 年 5 月)

战斗次数	救出群众	我军伤亡			夺获	武器弹药军用品损失情况																		
						损失						弹药消耗												
		负伤	阵亡	伤亡马匹	羊	长短枪	各种子弹	手榴弹	掷弹筒弹	粮食	电线	步马弹	驳壳弹	手枪弹	冲锋弹	轻机关枪弹	重机关枪弹	合计	迫击炮弹	枪榴弹	掷弹筒弹	手榴弹	地雷
1420	353	715	517	167	723	310	1712	290	47	4050	17500	186538	251	38	550	27249	2414	186995	75	92	1543	3186	94
单位	名	名	名	匹	支	支	发	颗	发	斤	斤	186995						发	发	发	发	颗	个
附记	此统计是一九四三年六月至一九四四年五月																						

201. 清河区在敌人“扫荡”中根据地群众损失统计
（1944 年 5 月）

清河区一九四三年敌人扫荡时根据地群众损失统计

年	月	日	地点	品名	数量	单位名称	物品单价		总价		备考
1943	4	25	垦利县刘家屋子	狐子皮袄	1	件	1500	00	1500	00	扫荡者王元、李清山、张京月、周盛方、杜学先，鬼子等配合
				铁锨	20	张	150	00	3000	00	
				烧柴	5000	斤	1. 2	00	6000	00	
				麦子	300	斤	8	00	2400	00	
				小米	250	斤	4	00	1000	00	
				吉豆	20	斤	3	00	60	00	
				大锅	1	口	1000	00	1000	00	
				大缸	6	个	250	00	1500	00	
				沙杆子	10	条	200	00	2000	00	
				桌子	4	张	500	00	2000	00	
				凳子	6	根	80	00	480	00	
合计									101940	00	

续表

年	月	日	地点	品名	数量	单位名称	物品单价		总价		备考
1943	11	23	垦利刘家屋子	白土布	1370	匹	250	00	342500	00	
				色土布	360	匹	400	00	144000	00	
				洋布	110.5	匹	2500	00	276250	00	
				棉军衣	1000	套	500	00	500000	00	
				狐子皮袄	4	件	1500	00	6000	00	
				羊皮大衣	15	件	600	00	9000	00	
				毛衣	2	套	1000	00	2000	00	
				炸弹袋	2050	个	40	00	82000	00	
				布背包	800	个	45	00	36000	00	
				衬衣	200	套	300	00	60000	00	
				皮腰袋	1050	条	75	00	78750	00	
				红牛皮	485	片	1500	00	727500	00	
				生牛皮	90	张	1200	00	108000	00	
				皮背包	16	个	600	00	9600	00	
				铁锨套	66	个	120	00	7920	00	
				芝麻皮	4	片	1800	00	7200	00	
				手枪套	80	个	130	00	10400	00	
				皮匣枪套	140	个	185	00	25900	00	
				偏带	30	个	140	00	4200	00	
				转带	22	条	800	00	17600	00	
				棉便衣	330	套	450	00	148500	00	
				毡帽	900	顶	450	00	40500	00	
									2643820	00	

续表

年	月	日	地点	品名	数量	单位名称	物品单价		总价		备考
1943	11	23	垦利刘家屋子	棉军帽	1800	顶	30	00	54000	00	鬼子配合汉奸拉网大扫荡
				化学扣	400	罗	120	00	48000	00	
				码线	500	码	50	00	25000	00	
				大刁驼黄	80	斤	1200	00	96000	00	
				大刁煮黄	250	斤	1100	00	275000	00	
				大刁煮绿	40	斤	1000	00	40000	00	
				元青	420	斤	40	00	16800	00	
				机器架子	1	架	2000	00	2000	00	
				麦子	3134	斤	7	00	21938	00	
				粗粮	18785	斤	3	00	56355	00	
				小米	3032. 5	斤	4	00	12130	00	
				吉豆	67. 5	斤	3. 5	00	236	25	
				烧柴	30000	斤	1. 2	00	36000	00	
				荆条	20000	斤	1. 5	00	30000	00	
			以上在刘家屋子	皮子弹盒	600	个	80	00	48000	00	
			在惠鲁村	缝衣机	29	架	10000	00	290000	00	
			同	机子零件	132	套	550	00	72600	00	
			同	案子	77	床	500	00	38500	00	
				大锅	28	口	1000	00	28000	00	
			毛司坨	大缸	74	口	250	00	18500	00	
			毛司坨	沙杆子	122	条	250	00	30500	00	
			刘家屋子	钢干子	2250	个	4	00	9000	00	
合计									1248559	25	

续表

年	月	日	地点	品名	数量	单位名称	物品单价		总价		备考
1943	11	23	垦利刘家屋子	大剪子	70	把	50	00	3500	00	
				烙铁	160	把	45	00	7500	00	
				浆刀子	40	把	20	00	800	00	
				沙轮子	1	个	1200	00	1200	00	
				砧子	1	个	1500	00	1500	00	
				风箱	1	桌	500	00	500	00	
				锤子	31	把	35	00	1085	00	
				方桌	20	张	500	00	10000	00	
				凳子	14	条	80	00	1120	00	
				大钢锉	6	把	80	00	480	00	
				小钢锉	4	把	60	00	240	00	
				螺丝扳子	10	个	20	00	200	00	
				大车	1	辆	5000	00	5000	00	
				骡子	5	头	10000	00	50000	00	
				驴子	3	头	3500	00	10500	00	
				马子	7	头	7000	00	49000	00	
				大猪	12	口	1200	00	14400	00	
				山羊	2	只	500	00	1000	00	
				房子	238	间	2000	00	476000	00	
				鞋子	550	双	60	00	33000	00	以上全是在1943年11月大扫荡损失的地点亦与上同
				鞋帮子	400	双	30	00	1200	00	
									668225	00	

续表

续表

年	月	日	地点	品名	数量	单位名称	物品单价		总价		备考
1944	5	1	广北王家庄子	毛巾机	2	张	2000	00	4000	00	鬼子扫荡
				土线	93	斤	58	00	5394	00	
				芦古	100	个	2	00	200	00	
				口袋	5	条	100	00	500	00	
合计									10094	00	
总计									5205888	25	

202. 晋察冀军区 1937 年至 1944 年我军伤损统计表
(1944 年 5 月)

抗战七周年战斗总统计

九	我军伤亡		十二	
	伤	3488 名	我损坏	
	亡	2078 名	轻机枪	13 挺
	失踪被俘共	734 名（被俘 458）	掷弹筒	12 个
	共计	6300 名	步马枪	46 枝
十	我消耗			
	炮弹	77 发	附记：我伤亡团级干部	
	掷弹筒弹	4930 发	伤：谢正荣	4R 长
	枪榴弹	3013 发	丁荣选	36R 付
	手榴弹	20336 发	李锐	8S 长
	步机弹	624744 发	李满盈	13B2S 长
	短枪弹	2068 发	王启刚	平北 S 政委
十一	我遗失		白振纲	7B45S 政委
武器弹药	轻机枪	15 挺	马卫华	42R 参
	掷弹筒	14 个		10B 副参
	步马枪	1336 枝	亡：赵乃禾	42R 政委
	短枪 手机枪	130 枝 7 枝	孔安	13B6S 政委
	刺刀	184 把	高小安	13BS 副区队长
	掷弹筒弹	47 发	夏青天	平北 S 长
	枪榴弹	170 发	刘立甫	10B43S 政委
	手榴弹	2095 发	冯克	8B 青建交参谋长
	步机弹	27342 发	王均	8B 青建交 政治主任
	短枪弹	472 发	被俘：廖庆先 13B13R 政委 贾铁林 13B13R 总支书	

注：表中代号 R 为团，B 为旅，S 为营。

晋察冀军区

一九四三年战斗统计一览表

<table>
<tr><td colspan="2">主要项目</td><td>数目</td><td>每次战斗平均数</td></tr>
<tr><td colspan="2">作战</td><td></td><td></td></tr>
<tr><td colspan="2">毙伤敌伪</td><td></td><td></td></tr>
<tr><td colspan="2">俘敌</td><td></td><td rowspan="2"></td></tr>
<tr><td colspan="2">俘伪</td><td></td></tr>
<tr><td colspan="2">敌投诚</td><td></td><td></td></tr>
<tr><td colspan="2">伪反正</td><td></td><td></td></tr>
<tr><td rowspan="9">主要缴获</td><td>山炮</td><td>2 门</td><td rowspan="7">1.59</td></tr>
<tr><td>迫击炮</td><td>12 门</td></tr>
<tr><td>重机枪</td><td>22 挺</td></tr>
<tr><td>轻机枪</td><td>142 挺</td></tr>
<tr><td>掷弹筒</td><td>86 个</td></tr>
<tr><td>步马枪</td><td>8301 枝</td></tr>
<tr><td>短枪</td><td>686 枝</td></tr>
<tr><td>子弹</td><td>533306 发</td><td>91.8</td></tr>
<tr><td>手榴弹</td><td>14429 个</td><td>2.4</td></tr>
<tr><td rowspan="4">我军伤亡被俘失踪</td><td>伤</td><td>6125 名（内团级 3、营级 5、连级 117）</td><td>1.05</td></tr>
<tr><td>亡</td><td>4065 名（内团级 8、营级 7、连级 107）</td><td>0.7</td></tr>
<tr><td>被俘失踪</td><td>2494 名</td><td>0.43</td></tr>
<tr><td>共计</td><td>12684 名</td><td>2.18</td></tr>
<tr><td rowspan="2">我消耗</td><td>子弹</td><td>762908 发</td><td>131.4</td></tr>
<tr><td>手榴弹</td><td>29936 个</td><td>5.15</td></tr>
<tr><td rowspan="5">我军遗失</td><td>重机枪</td><td>2 挺</td><td rowspan="4">0.66</td></tr>
<tr><td>轻机枪</td><td>76 挺</td></tr>
<tr><td>步马枪</td><td>3692 枝</td></tr>
<tr><td>掷弹筒</td><td>75 个</td></tr>
<tr><td>子弹</td><td>120000 余发</td><td>20.66</td></tr>
</table>

冀东 1943 年 3 月—1944 年 6 月　9B1944 年 1 月—6 月主要缴获损失统计

我	亡　团级 4（苏然、高小安、李安、王波） 伤　团级 2（李满盈、王晓生） 亡　营级 1（钟奇） 伤　营级 2（向军、杨思禄） 亡　连级连长 6、连副 7、政指 4 亡　排级 37 伤　排级 31 亡　战士 938 伤　战士 1047 被俘　廖庆先、贾铁林等 14 失踪 127 耗炮弹 79 子弹 247896 短弹 314	手榴弹 8170 掷弹 609 枪榴弹 76 瓦斯弹 17 地雷 56 损失轻机 5 步枪 407 短枪 29 掷弹 1 子弹 4978 手榴弹 470 短枪弹 52 刺刀 94 炮弹 1 地雷 2 望远镜 2 枪榴筒 3	损坏轻机 5 掷筒 1 步枪 8 枪榴筒 1 刺刀 3	缴获 重机 2 轻机 32 掷筒 59 步马枪 2234 短枪 304 决枪 24 手机枪 1 子弹 92974 掷弹 602 手机弹 6489 损失 轻机 4 掷筒 4 步马枪 256 短枪 19 枪榴筒 3

203. 太行军区5月份人员物资损失消耗统计表

(1944年5月)

一九四四年五月份全军区

战役自一九四　　年　月　日起

至一九四　　年　月　日止

战斗次数及收获消耗损失统计表（秘密）

一九四　年　月　日于　填

数目 部别 区别			一	二	三	四	五	六	七	八	总计
资材											
我军伤亡	负伤	旅干									
		团干									
		以下干部	2	3							5
		战士	6	37		8	1		5		57
		其他人员									
		小计	8	40		8	1		5		62
	阵亡	旅干									
		团干									
		以下干部	3			1					4
		战士	1	7		13	1				22
		其他人员									
		小计	4	7		14	1				26
	失连络	旅干									
		团干									
		以下干部		1							1
		战士		1		13			6		20
		其他人员		1							1
	合计			3		13			6		22

续表

区别		一	二	三	四	五	六	七	八	总计
消耗弹药	各种子弹	1429	2496		3148	72		510		7455①
	各种炮弹	20								20
	掷弹筒弹	30	17		9					56
	手榴弹	28	113		64			8		212②
	化学弹									
	地雷	13	10							23
	合计									
损坏武器	步马枪									
	短枪									
	自动步枪									
	轻机									
	重机									
	掷弹筒									
	合计									
	迫击炮									
	山炮									
	炮									
	合计									
损失武器	刺刀									
	其他刀矛									
	工具器具									
	合计									
	步马枪		2		14					
	自动步枪		1							

(表头：数目　部别 / 区别)

①② 原文如此，计算有误。

续表

区别			一	二	三	四	五	六	七	八	总计
损失武器	短枪										
	轻机										
	重机										
	掷弹筒					2					
	合计			3		16					
资材											
我军伤亡	负伤	旅干									
		团干									
		以下干部							7		7
		战士	1			8	49		94		152
		其他人员									
		小计	1			8	49		101		159
	阵亡	旅干									
		团干									
		以下干部							2		2
		战士				9	16		23		48
		其他人员				1					1
		小计				10	16		25		51
	失连络	旅干									
		团干									
		以下干部									
		战士				4	1		2		7
		其他人员									
	合计					4	1		2		7

续表

数目 区别	部别	一	二	三	四	五	六	七	八	总计
消耗弹药	各种子弹	1630	1436		3352	7658		12075		26151
	各种炮弹					9		96		105
	掷弹筒弹		2		2	91		60		155
	手榴弹	40	59		10	504		522		1135
	化学弹	19								19
	地雷	14				5				19
	合计									
损坏武器	步马枪									
	短枪									
	自动步枪									
	轻机									
	重机									
	掷弹筒									
	合计									
	迫击炮									
	山炮									
	炮									
	合计									
损失武器	刺刀									
	其他刀具									
	工具器具									
	合计									
	步马枪				5	6		8		
	自动步枪					1				
	短枪									
	轻机									
	重机									
	掷弹筒									
	合计				5	7				

204. 冀南军区第1军分区1943年至1944年人员物资损失消耗统计表
(1944年6月22日)

一分区半年战役自一九四三年十二月二十二日起

至一九四四年六月二十二日止

战斗次数及收获消耗损失统计表（秘密）

一九四四年十一月二十日于

数目 部别 区别				总计
我负伤	旅级			
	团级			
	营级			
	连级	4		
	排级	6		
	班级	2		
	战士	43		
	政工人员			
	供给人员			
	卫生人员			
	事务人员			
	其他			
	合计	55		
我阵亡	旅级			
	团级			
	营级			
	连级	2		
	排级	3		
	班级	7		
	战士	24		
	政工人员			
	供给人员			
	卫生人员			
	事务人员			
	其他			
	小计	36		

205. 晋绥军区前后方抗战各周年伤病统计
(1944年6月)

晋绥军区后方医院各周年疾病分类负伤部位负伤弹类手术统计

四四年六月于贺家川

第一周年统计表　　年　月　日

项目/数目/种类	原有	增加	减少	转院	现有	备考
步枪弹伤		六四二	四三六		二〇六	
机枪弹伤		三七四	二四八	二	一二四	
炮弹伤		一一九	五四		八五	
飞机弹伤		三〇	一九		一一	
手榴弹伤		一〇	七		三	
地雷弹伤						
刺伤		一〇二	八三		一九	
跌伤		一〇九	八三		二六	
其他		五〇	三四		一六	
合计		一四五四	九六四	二	四九〇	
附记	1. 减少格内将死逃治愈数目均填在内 2. 第一周年统计（37. 9—38. 6）					

后方医院第二周年统计表　　年　月　日

种类＼数目＼项目	原有	增加	减少	转院	现有	备考
步枪弹伤	二〇六	四一九	三八七	一一〇	一二八	
机枪弹伤	一二四	一六〇	一一六	九七	七一	
炮弹伤	八五	一七二	一一四	二二	一二一	
飞机弹伤	一一	一五	一〇	一一	五	
手榴弹伤	三		三			
地雷弹伤						
刺伤	一九	七	一六		一〇	
跌伤	二六	三一	四二	一	一四	
其他	一六	三	一四		五	
合计	四九〇	八〇七	七〇二	二四一	三五四	
附记	1. 减少格内将死逃治愈数目均填在内 2. 第二周年统计（38. 7—39. 7）					

第三周年统计　　年　月　日

种类＼数目＼项目	原有	增加	减少	转院	现有	备考
步枪弹伤	一二八	四四三	三七一	四	一九六	
机枪弹伤	七一	一一七	一二九	八	五一	
炮弹伤	一二一	二〇	九四	一二	三五	
飞机弹伤	五	七	四	二	六	
手榴弹伤		一八	一一	二	五	
地雷弹伤						
刺伤	一〇	一七	二四		三	
跌伤	一四	一五	一四		一五	
其他	五	三五	三六		四	
合计	三五四	六七二	六八三	二八	三一五	
附记	1. 减少格内将死逃治愈数目均填在内 2. 后方医院第三周年统计					

师直后方医院及手术医院弹类统计表

项目/数目/种类	原有	增加	减少	转院	现有	附记
步枪弹	一四五	二四五	三一九	三四	三七	
机枪弹	九三	八二	一三二	三〇	一三	
炮弹	九	一四四	一一二	二六	一五	
飞机弹		三二	二三	五	四	
手榴弹	二一	一三	二八	五	一	
地雷						
刺伤	二	十一	十一	一	一	
跌伤		五三	四四	七	二	
其他	五四	五六	八三	二二	五	
合计	三二四	六三六	七五二	一三〇	七八	
备考	1. 此表内包含有医院各所手术医院 2. 此表是四〇年七月至四一年九月止 3. 手术医院是从四〇年十二月起至四一年九月止					

第五周年统计表　　年　月　日

项目/数目/种类	原有	增加	减少	转院	现有	备考
步枪弹伤	三四	六九	五三		五〇	
机枪弹伤	一一	九八	六七		四二	
炮弹伤	一七	四	一五		六	
飞机弹伤	四	四	八			
手榴弹伤	一	一七	一〇		八	
地雷弹伤						
刺伤	一	九	七		三	
跌伤	二	二四	二一		五	
其他	五	二六	二六		五	
合计	七五	二五一	二〇七		一一九	
附记	1. 减少格内将死逃治愈数目均填在内 2. 此表是一三二干附所及手术医院统计 3. 此表自四一年十月至四二年六月止					

第六周年弹类统计表　　年　月　日

种类＼数目＼项目	原有	增加	减少	转院	现有	备考
步枪弹伤	五〇	四六	八四		一二	
机枪弹伤	四二	三七	五九		二〇	
炮弹伤	六	一六	二〇		二	
飞机弹伤						
手榴弹伤	八	五	一三			
地雷弹伤						
刺伤	三	三	五		一	
跌伤	四	三五	三〇		九	
其他	六	一七	一八		五	
合计	一一九	一五九	二二九		四九	
附记	1. 减少格内将死逃治愈数目均填在内 2. 此表是抗战第六周年后方医院（转站在内）一九四二年七月至四三年六月统					

四三年七月十二日于贺家川统

抗战七周年弹类统计表　　年　月　日

种类＼数目＼项目	原有	增加	减少	转院	现有	备考
步枪弹伤	二二	二八九	二三〇		八一	
机枪弹伤	一〇	八一	八六		一五	
炮弹伤	二	三一	二三		一〇	
飞机弹伤		二〇	二〇			
手榴弹伤						
地雷弹伤						
刺伤	一	二八	二八		一	
跌伤	九	七七	七〇		一六	
其他	五	一二	一五		二	
合计	四九	五三八	四七二		一二五	
附记	1. 减少格内将死逃治愈数目均填在内					

后方医院第一周年　负伤部位统计表　　年　月　日

伤别＼区别	头颈部									胸腹部								
伤类	枪伤 贯通	枪伤 盲贯	炸伤	刀伤	擦伤	挫伤	跌伤	刺伤	合计	枪伤 贯通	枪伤 盲贯	炸伤	刀伤	擦伤	挫伤	跌伤	刺伤	合计
原有																		
增加	31	6	10		22		2	5	76	52	13	12		15		8	24	124
治愈	19	3	3		11		1	3	40	22	7	3		5		3	21	61
转院																		
死亡	5	3	2		2			1	13	5	3	3					1	12
逃亡	1								1	2		1		1				4
现有	6		5		9		1	1	22	23	3	5		9		5	2	47

伤别＼区别	背部									臀部								
伤类	枪伤 贯通	枪伤 盲贯	炸伤	刀伤	擦伤	挫伤	跌伤	刺伤	合计	枪伤 贯通	枪伤 盲贯	炸伤	刀伤	擦伤	挫伤	跌伤	刺伤	合计
原有																		
增加	65	25	10	5	23		13	9	150	50	33	31	5	13		14	15	161
治愈	37	8	6	5	13		5	5	79	32	11	9	5	6		11	10	84
转院																		
死亡	2	2					1	1	5	4	1	3					1	9
逃亡	3		1		2		1		7		1				1		1	3
现有	23	15	3		8		6	3	58	14	20	19		6		3	3	65

伤别＼区别	上肢									下肢									总计	附记
伤类	枪伤 贯通	枪伤 盲贯	炸伤	刀伤	擦伤	挫伤	跌伤	刺伤	合计	枪伤 贯通	枪伤 盲贯	炸伤	刀伤	擦伤	挫伤	跌伤	刺伤	合计		第二周年(三八年七—三九年七止)
原有																				
增加	253	64	65		43	8	37	35	505	203	50	72		38	9	52	14	438	1454	
治愈	163	35	23		20	8	17	27	293	136	21	26		15	9	35	9	251	808	
转院																				
死亡	10	4	3						17	13	6	3						22	79	
逃亡	9	2	5		13		8	3	40	3	3	5		9		2		22	77	
现有	71	23	34		10		12	5	155	51	20	38		14		15	5	143	490	

后方医院第二周年　负伤部位统计表　　年　月　日

伤别＼区别	头颈部								
伤类	枪伤 贯通	枪伤 盲贯	炸伤	刀伤	擦伤	挫伤	跌伤	刺伤	合计
原有	6		5		9		1	1	22
增加	2	3	5	1			2		13
治愈	6	1	4	1	7			2	20①
转院			1						1
死亡	1	2	1						4
逃亡									
现有	1		4		2		3		10

伤别＼区别	胸腹部								
伤类	枪伤 贯通	枪伤 盲贯	炸伤	刀伤	擦伤	挫伤	跌伤	刺伤	合计
原有	23	3	10		9			2	47
增加		7	2		7				16
治愈	12	7	5		14			2	40
转院	5	3	2						10
死亡	4								4
逃亡									
现有	2		5		2				9

伤别＼区别	背部								
伤类	枪伤 贯通	枪伤 盲贯	炸伤	刀伤	擦伤	挫伤	跌伤	刺伤	合计
原有	20	8	15	1	6	1	6	1	58
增加	8	4	12				3		27
治愈	12	8	19	1	3		6	1	50
转院	6	1	1						8
死亡	1	1	1				1		4
逃亡	1								1
现有	8	2	6		3	1	2		22

伤别＼区别	臀部								
伤类	枪伤 贯通	枪伤 盲贯	炸伤	刀伤	擦伤	挫伤	跌伤	刺伤	合计
原有	24	10	21		6		3	1	65
增加	34	4	10		9		4		61
治愈	28	5	16		11		5	1	66
转院	12	4	2						18
死亡	2	1	1						4
逃亡									
现有	16	4	12		4		2		38

伤别＼区别	上肢								
伤类	枪伤 贯通	枪伤 盲贯	炸伤	刀伤	擦伤	挫伤	跌伤	刺伤	合计
原有	74	23	36		10		11	1	155
增加	121	13	80		7	2			223
治愈	130	22	46		9		8	1	216
转院	19	8	8						35
死亡	5	1	1						7
逃亡	4		3						7
现有	37	5	58		8	2	3		113

伤别＼区别	下肢									总计	附记
伤类	枪伤 贯通	枪伤 盲贯	炸伤	刀伤	擦伤	挫伤	跌伤	刺伤	合计		
原有	56	20	38		14		15		143	490	1. 此表系抗战第二周年统计(三八·六一三九·七) 2. 因有残部二四名未统增加数内
增加	341	26	65			2	9		443	783	
治愈	164	27	30		7		17		245	637②	
转院	136	13	19				1		169	241	
死亡	3		1				2		6	29	
逃亡		2	2						4	12	
现有	94	4	51		7	2	4		162	354	

①② 原文如此,计算有误。

后方医院第五周年　负伤部位统计表　　年　月　日

区别 / 伤别	头颈部									胸腹部									背部									臀部									上肢									下肢									总	附记
	枪伤									枪伤									枪伤									枪伤									枪伤									枪伤										
伤类	贯通	盲贯	炸伤	刀伤	擦伤	挫伤	跌伤	刺伤	合计	贯通	盲贯	炸伤	刀伤	擦伤	挫伤	跌伤	刺伤	合计	贯通	盲贯	炸伤	刀伤	擦伤	挫伤	跌伤	刺伤	合计	贯通	盲贯	炸伤	刀伤	擦伤	挫伤	跌伤	刺伤	合计	贯通	盲贯	炸伤	刀伤	擦伤	挫伤	跌伤	刺伤	合计	贯通	盲贯	炸伤	刀伤	擦伤	挫伤	跌伤	刺伤	合计	计	1. 此表是后方各所及手术医院的统计 2. 转院是发前方八吕的 3. 自四一年十月至四二年六月
原有	1				1				2		1				1			2	1		4					1	6	1	2							3	21	1	3						25	29	2	13	1		2			47	85	
增加	3	1	2	1	1		1		9		2	3		3			3	20①	9	3	1		2		4		19	6		8			2	4		20	23	6	5	1	2	5	8	2	62②	63	17	10		7	3	11	4	115	245③	
治愈	2		2	1	1				6	3	1			2				6	7	2	3		1		4	1	18	2		5			2	4		14	33	5	7	1	2	5	7	2	62	46	6	13	1	5	5	7	3	86	192④	
转院															1			1																																					1	
死亡										3	1	2						6			2						2			1						1										7								7	16	
逃亡																																					2								2										2	
现有	2	1			1		1		5	3	1	1		1			3	9	3	1			1				5	5	1	2						8	19	2	1				1		23	39	13	10		2		4	1	69	119	

①②③④　原文如此，计算有误。

部位统计表　　年　月　日

区别 伤别	头颈部									胸腹部									背部									臀部									上肢									下肢									总计	附记
	枪伤									枪伤									枪伤									枪伤									枪伤									枪伤										
伤类	贯通	盲贯	炸伤	刀伤	擦伤	挫伤	跌伤	刺伤	合计	贯通	盲贯	炸伤	刀伤	擦伤	挫伤	跌伤	刺伤	合计	贯通	盲贯	炸伤	刀伤	擦伤	挫伤	跌伤	刺伤	合计	贯通	盲贯	炸伤	刀伤	擦伤	挫伤	跌伤	刺伤	合计	贯通	盲贯	炸伤	刀伤	擦伤	挫伤	跌伤	刺伤	合计	贯通	盲贯	炸伤	刀伤	擦伤	挫伤	跌伤	刺伤	合计		此表系一九四二年七月至四三年六月份统计(第六周年包括医院)(各所及转运站)
原有	2	1			1		1		5	3	1	1		1			3	9	3	1			1				5	5	1	2						8	19	2	1				1		23	39	13	10		2		4	1	69	119	
增加	2	1			1				4	6	1	1				1		9	1	4	1				1		7	2	2	3				3		10	22	8	5	4			11	1	51	25	8	11	3	5	2	25		79	161	
治愈	3	2			2		1		8	6	2	2		1			3	14	3	2	1		1		1		8	5	3	5				3		16	35	8	5	4			8		60	46	15	20	3	5	2	24	1	116	222	
转院																																																								
死亡	1								1	1								1		1							1																			3	1							4	7	
逃亡																																						1							1										1	
现有										2						1		3	1	2							3	2								2	6	1	1				4	1	13	15	5	1		2		5		28	49	

部位统计表　　年　月　日

区别／伤别	头颈部									胸腹部								
伤类	枪伤		炸伤	刀伤	擦伤	挫伤	跌伤	刺伤	合计	枪伤		炸伤	刀伤	擦伤	挫伤	跌伤	刺伤	合计
	贯通	盲贯								贯通	盲贯							
原有										2						1		3
增加	11	6	3	3		1	7	7	38	20	8	8		1		5	10	52
治愈	6	6	2	2		1	6	6	29	17	8	6		1		5	10	47
转院																		
死亡	2		1	1					4	2		1				1		4
逃亡																		
现有	3						1	1	5	3		1						4

区别／伤别	背部									臀部								
伤类	枪伤		炸伤	刀伤	擦伤	挫伤	跌伤	刺伤	合计	枪伤		炸伤	刀伤	擦伤	挫伤	跌伤	刺伤	合计
	贯通	盲贯								贯通	盲贯							
原有	1	2							3	2								2
增加	16	1	4		2	2	6	2	33	16	11	5		1		5	1	39
治愈	14	3	4		2	1	5	2	31	10	11	5		1		4	1	32
转院																		
死亡	1								1									
逃亡																		
现有	2					1	1		4	8						1		9

区别／伤别	上肢									下肢									总计	附记
伤类	枪伤		炸伤	刀伤	擦伤	挫伤	跌伤	刺伤	合计	枪伤		炸伤	刀伤	擦伤	挫伤	跌伤	刺伤	合计		
	贯通	盲贯								贯通	盲贯									
原有	6	1	1				4	1	13	15	5	1		2		5		28	49	1. 此表系抗战第七周年统计 2. 残病六十一名在外但增加总数内已增加了
增加	90	30	13	4	1	5	8	3	154	133	26	17	3	1	7	43	2	233①	606②	
治愈	71	20	8	4	1	3	7	4	118	113	20	11	3	3	6	37	2	195	451③	
转院																				
死亡			1						1	6	2	2				1		11	21	
逃亡																				
现有	25	11	5			2	5		47④	29	9	5		1	1	10		55	125	

①②③④　原文如此，计算有误。

医院第一周年疾病分类统计(37 年 9 月—38 年 6 月止)

数目	战伤：贯通	盲贯	炸伤	擦伤	刺伤	跌伤	挫伤		计
原有									
增加	649	198	167	175	102	109	50		0①
治愈	409	85	83	57	75	72	27		1454
转院		2							2
死亡	39	21		13	5	1			79
逃亡	18	6	23	10	3	10	7		77
残废									
现有	183	86	61	99	19	26	16		490

数目	传染病：天花	流感	伤寒	发疹伤寒	脑膜炎	赤伤		计
原有		1	1			2		4
增加	37	175	34	10	5	92		353
治愈	18	154	26	3	2	72		275
转院								
死亡	5	2	5	5	2	8		27
逃亡	1	2				1		4
残废								
现有	13	18	4	2	1	13		51

数目	消化系病：急性肠加嗒尔	慢性肠加嗒尔	急性胃加嗒尔	消化不良	胃酸过多	胃酸缺乏	胃神经痛	胃溃痛	痔疮	慢性胃	计
原有		2	2	2	1	1	1			2	11
增加	54	53	65	114	21	24	19	7	32	38	427
治愈	32	41	20	89	17	18	10	5	28	20	314
转院											
死亡	3	2	2					1		2	10
逃亡	2		3	9	3	4	1		1	2	25
残废											
现有	17	12	8	18	1	3	9	2	3	16	89

数目	呼吸疾病：急性气管支炎	慢性气管支	气管支喘息	肺炎	肺结核	肋膜炎	计
原有	1	1					2
增加	46	27	13	9	13	5	113
治愈	24	18	4	4	3	2	55
转院							
死亡		1	1	3	4	1	10
逃亡	2	2	2		1		7
残废							
现有	18	7	7	2	5	2	41

数目	其它：淋疾	肾脑炎	睾丸炎	结膜炎	贫血	偻麻质斯	计
原有	1						1
增加	8	2	2	11	4	9	36
治愈	3		2	5	2	3	15
转院							
死亡					1		1
逃亡	4			4	1	4	13
残废					0		
现有	2	2		2		2	8

数目	外科：溃疡	浓	疥疮	烫伤	冻伤	计	总计
原有	3	4	1		2	10	28
增加	54	68	106	3	13	244	2627②
治愈	45	60	95	2	13	215	1682③
转院							2
死亡							127
逃亡	2	2	10		1	15	141
残废							
现有	10	10	2	1	1	24	703

①②③ 原文如此,计算有误。

206. 晋绥军区第8军分区及各支队卫生处1944年上半年伤亡登记册
(1944年6月)

第八军分区卫生处及各支卫一至六月份死亡伤亡登记册民国三十三年六月

第八军分区死亡与伤亡登记册	队职别	离东一区村长	二支队四连战士	二支队司号员	七七一团战士	五支队三连侦察员
	姓名	康米	郭根	王兆元	杨金山	尹培峰
	年龄	32	22	20	22	28
	性别	男	同	同	同	同
	通讯地址及收信人	离石柳林	河北	河北定县	河北	山西赵城
	病别	胸背部刺刀伤	右手掷弹炸伤	左股部盲贯伤	上腹部贯通伤	右下肢炸伤
	病伤亡日期	1.19日	1.23	2.11	1.31	2.24
	埋葬地点	小木沟	小木沟	兑久	同	小木沟
	入伍日期					
	是否党员					
	主治医生	徐补成	徐补成	刘振中	同	徐补成
	证明人					
	备考		并破伤风			

七七一团五连班长	二支队三连班长	大众剧社通信员	二支队四连战士	静乐大队战士	二支队四连战士	一支队四连班长
张垣义	李根全	温正成	刘长锁	王六则	刘长发	杨化普
23	24	19	20	26	23	24
同	同	同	同	同	同	同
河北魏县	河北深泽	山西太原	河北赵县	山西静乐	河北永年	河北博野
右下肢贯通伤	流感	流感	流感	副伤寒	尿结石	腹部贯通枪伤
3. 3	2. 9	4. 15	2. 25	4. 4	4. 25	3. 9
同		上裁横				
同	石生弟	樊本元	石生弟	张福利	石生弟	郭成生
并破伤风						

第八军分区死亡与伤亡登记册	队职别	一支队四连战士	四大队战士	一支队一连战士	二支队三连战士	警备连战士
	姓名	闫小定	郭三娃	石春发	冯生	刘怀远
	年龄	25	18	20	22	21
	性别	同	同	同	同	同
	通讯地址及收信人	河北晋兴〈县〉	山西徐沟	河北赵县	河北博野	山西崞县
	病别	头部贯通枪伤	胸部贯通伤	肺炎	亚急性甲状腺炎	肺结核
	病、伤亡日期	3. 9	4. 4	4. 5	4. 4	5. 6
	埋葬地点			兑久	小木沟	同
	入伍日期					
	是否党员					
	主治医生	郭成生	同	刘振中	徐补成	同
	证明人					
	备考					

二支队四连 战士	十九团 战士	警备连 战士	二支队 伙夫	三连 战士	一中队 伙夫	司令部 警卫员
王书义	李佩堂	郭文华	王德清	代保起	闫德元	郑平安
22	25	24	27	18	34	21
同	同	同	同	同	同	同
河北南汾	河北凉城	山西文水	河南化县	河北深县	山西阳曲	河北束鹿
左股部 盲贯伤	头部 刺刀伤	头部 贯通伤	心膜炎	急性肺炎	头部 贯通伤	伤寒
5. 18	5. 21	4. 23	5. 16	4. 15	5. 7	5. 12
兑久	同		上截横		会立村	小木沟
					1940. 4	
刘振中	同		樊本元	石生弟	同	徐补成

第八军分区死亡与伤亡登记册

队职别	一支队 总支书	太行军区 骑兵排长	四大队 班长	一大队 战士	二支队 一连战士
姓名	张奇	张德胂	乔吉来	司文保	张顺才
年龄	25	48	19		23
性别	同	同	同	同	同
通讯地址 及收信人	河北临城	甘肃肃县	山西太原		河北蠡县
病别	肺结核	颈淋巴结核	右上膊 贯通伤	发疹伤寒	猩红热
病伤亡日期	5. 15	6. 19	6. 22	2. 6	7. 3
埋葬地点	小木沟	同	同	窑儿上	大树
入伍日期					
是否党员	是				
主治医生	徐补成	同	同	兰铭祥	石生弟
证明人					
备考					

第八军分区死亡与伤亡登记册	队职别	六支队六连政指	六大队战士
	姓名	刘旭光	张根全
	年龄	23	
	性别	同	同
	通讯地址及收信人	山西灵石	
	病别	鼠蹊部贯通伤	左下肢贯通伤
	病伤亡日期	1.9	1.28
	埋葬地点	窑儿上	窑儿上
	入伍日期		
	是否党员		
	主治医生	兰铭祥	同
	证明人		
	备考		

207. 晋绥军区第8军分区1944年上半年部队战斗阵亡登记册
(1944年6月)

第八军分区阵亡登记册						
	队职别	二支队三连政指	四连战士	一支队二小队班长	一小队班长	四连战士
	姓名	董光翘	梁树芳	周振海	刘喜来	刘鸿钧
	年龄	29	21	28	28	20
	性别	男	同	同	同	同
	通讯地址及收信人	河北巴县	河北河间	河北博野	同	河北磁县
	病别	下肢贯通伤	胸部盲贯刺伤	腹部掷弹炸伤	头胸部刺伤	头部贯通伤
	阵亡日期		1.28	2.23	2.24	2.23
	埋葬地点		静乐县杨家坪	黄大坪	洛池居	清源大凹村
	入伍日期	1938	1938	同	1937.4	1937.5
	是否党员	是		是	同	同
	主治医生					
	证明人					
	备考	未阵亡				

同	二连战士	五支队三连特务长	一连战士	四大队班长	一连战士	三大队班长
马凌周	于廷玉	王金保	王拴贵	郭生凯	王守昌	赵兴龙
22	38	33	26	20	23	32
同	同	同	同	同	同	同
河北定县	河北武清	山西汾阳	山西榆次	山西平遥	山西汾阳	山西襄陵
头部贯通枪伤	颈部贯通枪伤	头胸部刺刀伤	下腹部刺伤	头部贯通枪伤	同	同
2. 23	同	4. 13	4. 13	5. 4	5. 9	5. 29
大凹村	洛池居	下昔村	同	龙头山	窑庄则	汽道东边
1937. 9	1938. 5	1937. 4	1937. 9	1939. 8	1939. 4	1937. 4
同	同	同			是	同

第八军分区阵亡登记册

队职别	二支队三连战士	一支队二小队战士	二小队排长	五支队排长	交西情报站长
姓名	徐凤荣	李丙深	赵拴良	吴天祥	崔德功
年龄	30	33	23	23	34
性别	同	同	同	同	同
通讯地址及收信人	山东冠头	河北新城	河北饶阳	山西灵石	山西长治
病别	左右下肢枪伤				
阵亡日期	5. 16	4. 18	4. 18	2. 12	2. 15
埋葬地点	汗河沟	对坡	古交村	石村	水冲沟
入伍日期		1938. 6	1937. 7	1938	
是否党员		是	同	同	
主治医生	石生第	赵顺	同		
证明人					
备考					

第八军分区阵亡登记册					
	队职别	司令部直属副班长	三大队排长	一大队班长	四大队副班长
	姓名	刘双喜	廉学义	王绍才	牛永福
	年龄	28	22	30	
	性别	同	同	同	同
	通讯地址及收信人	山西霍县	山西泌源	山西汾阳	山西交城
	病别	阵亡	同	同	同
	阵亡日期	2. 15	4. 5	4. 1	3. 10
	埋葬地点	下昔村	西雷庄	南庄	清源
	入伍日期		1940		
	是否党员		是		
	主治医生				
	证明人				
	备考				

208. 太行军区7月份人员物资损失消耗统计表

（1944年7月）

项目＼数目＼部别			一	二	三	四	五	六	七	八	合计	总计
资材												
我军伤亡	负伤	旅干										
		团干										
		以下干部						7	1			8
		战士	3	7		20	15	44	37			126
		其他人员										
		小计	3	7		20	15	51	38			134
	阵亡	旅干										
		团干										
		以下干部				2		2	1			5
		战士	1	5		6	4	6	4			28①
		其他人员										
		小计	1	5		8	4	8	5			33②
	失连络	旅干										
		团干										
		以下干部										
		战士		1					2			3
		其他人员										
	合计			③					④			⑤

①②③④⑤　原文如此，计算有误。

续表

项目		部别/数目	一	二	三	四	五	六	七	八	合计	总计
消耗弹		各种子弹	527	2415		6282	1855	8736	410			20225
		各种炮弹		13			11	80	29			133
		掷弹筒弹	10	2		94	21	46				173
		手榴弹	77	149		477	128	623	179			1633
		化学弹										
		地雷	2	15		4	2	31				54
资材												
我军伤亡	负伤	旅干										
		团干										
		以下干部				2			6			8
		战士		5		73	20	6	87			191
		其他人员										
		小计		5		75	20	6	93			199
	阵亡	旅干										
		团干										
		以下干部		1		1			5			7
		战士		3		39	6		34			82
		其他人员										
		小计		4		40	6		39			89
	失连络	旅干										
		团干										
		以下干部							3			3
		战士		1		8		2	10			21
		其他人员		7					6			13
	合计			8		8		2	19			37

续表

项目 数目 部别		一	二	三	四	五	六	七	八	合计	总计
消耗弹药	各种子弹	1706	835		17098	3294	1224	13210			37347①
	各种炮弹				96	14		95			206②
	掷弹筒弹	47	4		18	72	172	59			372
	手榴弹	109	99		1713	894	72	841			3728
	化学弹					1					1
	地雷	19	6			10	22	20			77
	合计										
损坏武器	步马枪										
	短枪										
	自动步枪										
	轻机										
	重机										
	掷弹筒										
	合计										
	迫击炮										
	山炮										
	炮										
	合计										
损失武器	刺刀										
	其他刀矛										
	工具器具										
	合计										
	步马枪							15			
	自动步枪							3			
	短枪										
	轻机										
	重机										
	掷弹筒										
	合计										

①② 原文如此，计算有误。

209. 冀南军区第1军分区1943年人员物资损失消耗统计表
(1944年8月14日)

于鸭窝　　　　月终战斗统计表

数目 部别 区别		正规军	游击队	总计
我负伤	旅级			
	团级			
	营级			
	连级	1	2	3
	排级			
	班级	2	2	4
	战士	10	9	19
	政工人员			
	供给人员			
	卫生人员			
	事务人员			
	其他			
	合计			
我阵亡	旅级			
	团级			
	营级			
	连级			
	排级	1	4	5
	班级	3	2	5
	战士	3	6	9
	政工人员			
	供给人员			
	卫生人员			
	事务人员			
	其他			
	小计	7	12	19

续表

数目 部别 / 区别		正规军	游击队	总计
我负伤	旅级			
	团级			
	营级			
	连级			
	排级			
	班级			
	战士			
	政工人员			
	供给人员			
	卫生人员			
	事务人员			
	其他			
	小计			
我失联络（生死不明）	旅级			
	团级			
	营级			
	连级			
	排级			
	班级			
	战士		3	3
	政工人员			
	供给人员			
	卫生人员			
	事务人员			
	其他			
	小计			

续表

区别 \ 数目 \ 部别		正规军	游击队	总计
我损失武器	步枪	7	6	13
	短枪		3	3
我损失弹药	步弹	100		100
	手榴弹	10		10
	手枪弹	30		30
我损失其他军用品	铁锹		10	10

210. 晋绥军区第2分区负伤登记表
（1944年9月25日）

部别	一连	同
职别	班长	排长
姓名	郑盛有	宋清泉
年龄	22	25
籍贯	河北	山西孝义
负伤日期	7.9	同
地点	岚、史家凹	同
负伤部位	左腿	左大腿
伤名	贯通	贯通
枪类	步枪	同
备考		

部别	同	武工队
职别	战士	工作员
姓名	赵振喜	刘林业
年龄	22	25
籍贯	山西清源	山西文水
负伤日期	同	8.23
地点	同	岚、二老沟
负伤部位	头部	上下肢
伤名	贯通	贯通
枪类	步枪	步枪
备考		

部别	一连	
职别	副班长	战士
姓名	王三娃	李习儒
年龄	20	20
籍贯	山西徐沟	山西文水
负伤日期	7.9	7.9
地点	岚、史家凹	同
负伤部位	前膊	同
伤名	贯通	同
枪类	机枪	同
备考		

部别	同	同
职别	战士	同
姓名	刘增茂	崔仁
年龄	29	20
籍贯	山西兴县	山西徐沟
负伤日期	7.9	7.9
地点	岚、史家凹	同
负伤部位	前膊	面部
伤名	贯通	同
枪类	步枪	同
备考		

部别	岚游大队	
性别	班长	战士
姓名	张根荣	白巨英
年龄	22	27
籍贯	山西岚县	同
负伤日期	8. 23	同
地点	岚县杀猪峁	同
负伤部位	头部	胸腹部
伤名	贯通	刺伤盲贯
枪类	步枪	同
备考		

部别	二连	一连
职别	战士	战士
姓名	原海明	雷必成
年龄	26	23
籍贯	山西兴县	山西岢岚
负伤日期	8. 25	7. 9
地点	岚、花芳	岚、史家凹
负伤部位	胸部	大腿
伤名	擦伤	贯通
枪类	步枪	步枪
备考		

部别	二连	
职别	班长	战士
姓名	武保珠	王连山
年龄	25	23
籍贯	山西汾阳	山西太原
负伤日期	8. 25	8. 25
地点	岚花芳	同
负伤部位	下腿	臀部
伤名	贯通	贯通
枪类	步枪	同
备考		

部别	岚游大队	二连
职别	班长	战士
姓名	张根补	李贵元
年龄	22	26
籍贯	山西岚县	山西兴县
负伤日期	同	9. 5
地点	岚、山寨	岚寨则
负伤部位	头部	足、臀
伤名	贯通	炸伤
枪类	步枪	
备考	重复	